本书是国家社科基金一般项目"体育产业供给侧结构优化的路径研究"(项目编号:16BTY041)结项成果

体育产业供给侧结构优化的路径研究

刘远祥 孙冰川
著

Research on the Path of Supply-Side
Structure Optimization of Sports Industry

中国社会科学出版社

图书在版编目（CIP）数据

体育产业供给侧结构优化的路径研究/刘远祥，孙冰川著.
—北京：中国社会科学出版社，2024.6
ISBN 978-7-5227-3673-0

Ⅰ.①体⋯ Ⅱ.①刘⋯ ②孙⋯ Ⅲ.①体育产业—体制改革—研究—中国 Ⅳ.①G812

中国国家版本馆 CIP 数据核字（2024）第 110736 号

出 版 人	赵剑英
责任编辑	黄　晗
责任校对	李　锦
责任印制	张雪娇

出　　版	中国社会科学出版社
社　　址	北京鼓楼西大街甲 158 号
邮　　编	100720
网　　址	http://www.csspw.cn
发 行 部	010-84083685
门 市 部	010-84029450
经　　销	新华书店及其他书店
印　　刷	北京明恒达印务有限公司
装　　订	廊坊市广阳区广增装订厂
版　　次	2024 年 6 月第 1 版
印　　次	2024 年 6 月第 1 次印刷
开　　本	710×1000 1/16
印　　张	15.5
插　　页	2
字　　数	208 千字
定　　价	98.00 元

凡购买中国社会科学出版社图书，如有质量问题请与本社营销中心联系调换
电话：010-84083683
版权所有　侵权必究

前　言

　　供给侧结构性改革是党中央、国务院审时度势，根据当前经济运行的主要矛盾、经济发展目标和经济体制改革的核心任务，做出的一个具有统摄性、纲领性和前瞻性的战略决策，借此解决经济运行中的深层次结构性矛盾。体育产业发展正处于结构调整期和矛盾凸显的发展关键期，面临严峻的结构性问题。从供给视角审视中国体育产业发展的现状和经验教训，可以发现体育产业的"供需错位"问题——"有效供给不足"和"有效需求不足"并存，已然成为中国体育产业发展的最大障碍。体育产业供给结构不合理、核心产业发展滞后、区域布局结构趋同、产业关联效应不强、产业附加值不高等问题普遍存在。体育产业供给与居民体育需求多样化之间存在诸多结构性问题，供给侧低质量供给过剩和高质量供给不足，需求侧体育消费需求日趋多元和有效需求不足并存，已成为制约体育产业高质量发展的掣肘。

　　本书在分析供给侧结构性改革深刻内涵与逻辑背景的基础上，以识别和解决体育产业供给侧的问题为导向，以优化体育产业供给结构为目标，以体育产业供给结构优化的"理论逻辑—实践动因—问题成因—价值意蕴—优化路径"作为研究主线。首先，通过文献梳理、问题分析对体育产业供给侧结构性改革与需求侧管理的内涵与外延做出理论阐释和界定，在对体育产业供给侧结构失衡的表现以及成因进行实证分析的基础上，厘清体育产业供给侧存在的主要问题，论证体育产业供给侧结构优化的必要性。其次，系统地梳理了体育产业供给侧结构优化的现实背景与价值意蕴，提出体育产业供给结构优化的目标及根本遵循。最后，基于供需协同管理思想，提出"创新、融合、质量、改革、共享"发展的实施路径。探寻体育产业供给侧结构优化的路径，有效推进体育产业供给侧结构性改革，力求为体育产业供给侧结构优化的理论和实践研究献上绵薄之力，以期解决体育产业供需错配的矛盾，为促进体育产业高质量发展提供新的思路。

体育产业供给侧结构优化应通过需求侧管理与供给侧结构性改革协同发力，共同推进。具体包含五类发展：一是创新发展，提升供给侧"全要素生产率"；二是融合发展，形成新的经济增长动力；三是质量发展，提升体育产业国际竞争力；四是改革发展，构建新时代体育产业发展的治理体系；五是共享发展，推进体育产业数据的共建共享，大力发展数字体育经济，助力体育产业高质量发展。

目　录

第一章　绪论 ··· 1
　第一节　选题依据 ·· 2
　第二节　立题背景 ·· 7
　第三节　研究综述 ·· 17
　第四节　研究思路与主要内容 ·································· 28
　第五节　研究价值 ·· 31
　第六节　研究方法 ·· 32
　第七节　主要创新 ·· 36

第二章　逻辑起点：体育产业供给侧结构性改革的理论溯源 ········ 38
　第一节　供给推力和需求拉力的循环互动是体育产业
　　　　　发展的动力源 ·· 40
　第二节　"需求侧"和"供给侧"是促进体育
　　　　　发展的"一体两面" ··································· 43
　第三节　需求侧管理和供给侧结构性改革是调控体育产业
　　　　　发展的两种基本手段 ································· 58

· 1 ·

第三章　需求结构：体育产业供给侧结构优化的逻辑起点 ……… 63
第一节　体育消费发展趋势 …………………………………… 64
第二节　供给视角下制约居民体育消费升级的因素 ………… 73

第四章　供给体系：体育产业供给侧结构优化的实践动因 ……… 82
第一节　生产要素：全要素生产率有待提升 ………………… 83
第二节　法人单位：类型有待丰富，布局业态亟须均衡 …… 99
第三节　体育产业：供给结构的适应性与灵活性有待提升 … 103

第五章　体育产业供给侧结构失衡的成因分析 …………………… 126
第一节　"供给约束"削弱了体育产业的比较优势 ………… 126
第二节　"供给抑制"致使生产要素不能自由流通 ………… 132
第三节　价格信号扭曲，引发"供给不足"与"需求无应"矛盾 ……………………………………………… 136
第四节　体育公共产品与服务供给不足，抑制居民体育消费需求增长 ……………………………………… 138
第五节　传统路径依赖，削弱了创新驱动力 ………………… 139

第六章　体育产业供给侧结构优化的核心内涵与价值意蕴 ……… 141
第一节　体育产业供给侧结构优化的内在意蕴 ……………… 141
第二节　体育产业供给侧结构优化的原则 …………………… 149
第三节　体育产业供给侧结构优化的目标 …………………… 152
第四节　体育产业供给侧结构优化的价值意蕴 ……………… 157

第七章 体育产业供给侧结构优化的路径 ·············· **161**

　第一节　协同管理：供给侧结构性改革与需求侧管理

　　　　　协同发力 ······································· **162**

　第二节　创新发展：提升供给侧全要素生产率 ······· **173**

　第三节　融合发展：形成新的经济增长动力 ········· **191**

　第四节　质量发展：提升体育产业国际竞争力 ······ **205**

　第五节　改革发展：构建新时代体育市场治理体系 ··· **210**

　第六节　共享发展：推进体育产业数据的共建共享 ··· **224**

第八章　结论 ·· **228**

参考文献 ··· **230**

第一章 绪论

党的十九大报告将"深化供给侧结构性改革"列为"建设现代化经济体系"的首要任务,指出"必须坚持质量第一、效益优先,推动经济发展质量变革、效率变革、动力变革",明确了以供给侧结构性改革作为现代化经济体系建设的主线。习近平总书记和其他国家领导人在许多场合也多次强调要以供给侧结构性改革引领经济社会发展新常态。习近平总书记指出:"要在适度扩大总需求的同时,着力加强供给侧结构性改革,着力提高供给体系质量和效率,增强经济持续增长动力,推动中国社会生产力实现整体跃升。"[1] 李克强同志也在"十三五"规划编制工作会议上强调:"要在供给侧和需求侧两端发力,促进产业迈向中高端。"[2] 将"供给侧结构性改革"这一个学术性意涵很强的概念引入政策话语体系,一时间供给侧结构性改革成为国民经济各行业、各领域的热门关键词,反映了中国经济当前面临的问题的复杂性和深刻性,必须更科学精致地实施应对策略。[3]

---

[1] 《习近平治国理政"100句话"之:着力加强供给侧结构性改革》,http://m.cnr.cn/news/djnews/20160114/t20160114_521139969.html。

[2] 《李克强:紧扣全面建成小康社会目标 科学编制我国"十三五"〈规划纲要〉》,https://www.gov.cn/guowuyuan/2015-11/17/content_2967291.htm。

[3] 金碚:《供给侧结构性改革论纲》,广东经济出版社2017年版,第19页。

第一节　选题依据

供给侧结构性改革是党中央、国务院审时度势，根据当前经济运行的主要矛盾、经济发展目标和经济体制改革的核心任务，做出的一个具有统摄性和前瞻性的战略决策，适用于宏观经济的各行业。将供给侧结构性改革作为主要施政举措，借此解决经济运行中的各类结构性矛盾，着力提高经济运行的质量和效益。属于中观经济层面的体育产业发展，面临严峻的结构性问题。考量中国体育产业发展的现状和经验教训，发现体育产业正处于结构调整期和矛盾凸显的发展关键期。从供给视角审视体育产业发展中存在的问题，可以发现体育产业的"供需错位"问题——"有效供给不足"和"有效需求不足"并存，已然成为中国体育产业发展的最大障碍。如体育产品和服务的供给滞后于居民体育消费结构，供给模式较为单一，无效、低效、错位供给并存，人才队伍供给不足，资本边际投资收益减少，现行的制度机制抑制体育资源配置效率，体育赛事、场馆运营等领域垄断和行业准入壁垒依然存在。再如体育产业供给侧结构不合理、核心产业发展滞后、区域布局结构趋同、产业关联效应不强、产业附加值不高等问题普遍存在。体育产业供给与居民体育需求多样化之间存在诸多结构性问题，供给侧低质量供给过剩和高质量供给不足，需求侧体育消费需求日趋多元和有效需求不足并存，已成为制约体育产业高质量发展的掣肘。

如何破解体育市场中体育产品和服务的供需矛盾，优化体育产业供给侧结构，进一步释放和扩大居民体育消费，是体育产业理论研究和实践界历久弥新的重要课题。在此背景下，体育产业供给侧结构性改革的必要性和动向，学界、政界、商界已达共识，但对于供给侧结构性改革的内在逻辑和内涵有待梳理。有效解决这些问题，关键在于如何有效推进体育产业供给侧结构性改革，通过供给侧结构性改革，提高体育产业供给体系的质量和效率，提高体育产业供给体系对体育需求结构的灵活性和适应性，促进体育产业供需动态平衡，实现体育产业高质量发展。

一　体育产业供给结构优化是适应和引领经济新常态的新举措

2013年中共中央提出，中国经济进入了增长速度的换挡期、结构调整的阵痛期、前期刺激政策的消化期"三期"叠加的新常态，这是对中国当前经济发展矛盾、隐患和挑战的集中概括。习近平总书记多次强调："认识新常态、适应新常态、引领新常态，是当前和今后一个时期中国经济发展的大逻辑。"① 这是国家领导人对于当前社会发展所作的一个重大历史性判断。党的十八大以来，党中央和国务院相继密集出台了一系列有关供给侧结构性改革的文件与政策措施，把提高供给体系质量和效率作为主攻方向，持续深化供给侧结构性改革。从"三驾马车"的单侧管理到"供给侧结构性改革"的提出，体现了党中央认识新常态、适应新常态、引领新常态的新思路和新举措。供给侧结构性改革，成为新常态、新发展理念下经济发展的工作主线。

步入新的运行轨道后，中国经济发展的各种矛盾和问题相互交织，面临一系列新的突出矛盾和问题。属于中观经济层面的体育产业发展，不可避免地面临结构性失衡，体育产业自身的结构性调整势在必行。体育产业供给结构优化是主动适应新常态的战略举措，也是加快推进体育产业转型升级、实现体育产业提质增效的重要途径。必须通过供给侧结构性改革优化体育产业结构，以有效的、优质的产品供给，实现体育产业转型升级，为真正启动内需、打造经济发展新动力提供有效途径。消费转型升级的方向是产业升级的重要导向。中国居民体育消费呈现从注

---

① 本报评论员：《经济运行呈现新特征》，《人民日报》2014年8月6日第1版。

重量的满足向追求质的提升,从有形物质产品向更多服务消费,从模仿型排浪式消费向个性化、多样化消费等的一系列转变。体育产业发展,只有把握新常态赋予体育产业供给侧结构性改革的新机遇和新挑战,围绕体育消费市场的变化趋势进行投资和生产,才能真正通过供给侧结构性改革,最大限度地提高投资和创新有效性,优化体育产业的供给结构,提升产业竞争力和附加值,实现更有质量和效益的增长,并在国家供给侧结构性改革中更好地履行新使命。

二 体育产业供给结构优化是培育体育经济新动能的重要途径

体育产业作为将来重点培育打造的国家战略产业、支柱产业,在助推新旧动能转换、推动产业融合、优化区域发展布局等领域,被赋予越来越多的价值和意义。在当前经济下行压力加大的情况下,体育产业逆势发展。体育产业作为有利于促进消费,提高人民生活质量的民生产业,近年来迎来了快速发展的黄金期,成为扩大内需的新增长点和促进经济发展的新动力。江小涓认为,从体育产业发展的条件和动能来看,中国体育产业将会以前所未有的速度和规模迅速展开。[①] 中国人口规模为世界第一,人均收入持续增加,居民运动和健身需求持续增长,资本供给充裕,商业模式和技术创新活跃,"互联网+"动力强劲,改革释放出大量高水平要素,开放引入全球资源特别是人力资本,政府推动体育产业发展的意愿足并能力强,这些因素都为中国体育产业持续快速发展提供了保障。国家统计局和国家体育总局联合发布的《2022年全国体育产业总规模与增加值数据公告》显示,2022年全国体育产业总规模(总产出)为33008亿元,增加值为13092亿元,体育产业增加值已

[①] 江小涓等:《体育产业的经济学分析:国际经验及中国案例》,中信出版集团2018年版,第3页。

占当年GDP的1.09%。①"十三五"以来，体育产业总规模和增加值均呈现快速增长的态势。

近年来，中国越来越重视体育发展的巨大带动作用，在国家战略中不断调整和完善相关政策，千方百计促进体育产业发展，扩大居民体育消费，以此来拉动经济的快速发展。从政治、经济和社会各角度对体育产业发展提供有力的支持，《体育强国建设纲要》提出："要将体育产业打造为国民经济的支柱产业。"核算数据表明，体育产业正成为中国经济发展的一个新增长点，总量持续快速增长，比重日益上升，在推动经济发展、优化经济结构中发挥着越来越重要的作用，朝着成为国民经济支柱产业的方向迈出新的步伐。按照国际惯例的判定依据，体育产业增加值在GDP中所占比重达到5%左右。2022年中国体育产业增加值占GDP的比例为1.09%，与支柱产业的判定标准存在很大差距。如何加快体育产业供给结构优化，更好地挖掘、释放体育消费潜力，以新消费引领新供给，以新供给创造新需求，加快培育经济发展新动能，推动体育产业高质量发展，已经成为供给侧结构性改革的重点任务。

三 体育产业供给结构优化是解决体育市场供需错配的根本之策

随着经济发展、财富积累和生活水平的不断提高，城乡居民消费需求随之升级，在量的满足之后，开始追求产品的质量、品质、档次和精致。近年来，又显现出对智能化、人文化、个性化的价值新取向。居民对于体育产品和服务的需求日益增长，目前体育产品供给体系滞后于这一发展趋势，尚不能适应居民需求结构的变化。中国体育产业发展正面临着供给侧和需求侧都亟待调整的双重压力，需求侧的问题是有效需求

---

① 《二〇二二年全国体育产业总规模与增加值数据发布》，https://www.sport.gov.cn/n20001280/n20745751/c27266752/content.html。

不足与消费升级、消费外溢并存；供给侧的问题是结构性供给过剩和结构性供给不足并存。这些问题也揭示了现阶段中国经济生活中的供给与需求不匹配、不协调、不平衡的矛盾，而矛盾的主要方面在于供给侧。中国体育产业总体上仍处于粗放式发展阶段，尚未跟上居民消费升级需求，相对于巨变中的需求侧，供给侧的缺陷日渐显现，高端供给不足与低端供给过剩的供需结构性矛盾突出。体育消费需求升级与有效需求不足同在的现象更是普遍存在，体育产品供需错配矛盾日趋严重，已成为体育产业发展的掣肘，体育产业供给侧结构性改革迫在眉睫。

在国家全面实施供给侧结构性改革的大局下，推进体育产业供给侧结构性改革，已成为引领中国体育产业发展的工作重点。通过供给侧结构性改革来适应需求侧升级的要求是解决中国体育市场供需错配问题的根本之策。加快体育产品和服务的有效供给，是更好地满足居民体育消费需求，提高人民生活质量的内在要求。围绕居民体育消费转型升级谋发展、促发展，加快优质体育产品和服务的有效供给，是满足人民群众多样化、多层次、多方面精神文化需求的重要途径，符合社会经济发展的根本目的。体育产业供给结构优化是提高人民生活质量的内在要求，也是推动经济结构调整、转变经济发展方式的重要着力点，有利于更好地满足人民群众日益增长的体育服务需求。

四 体育产业供给结构优化是实现体育产业转型升级的内在诉求

产业结构转型升级是推动产业结构合理化和高级化演进的动态过程。体育产业高质量发展，重点在于体育产业结构的转型升级。李克强同志强调，我国正处于必须依靠经济转型升级才能持续健康发展的阶段，统筹推动"稳增长、调结构、促改革"十分重要，其基本思路体现了对供给与需求关系的辩证把握，其内容是"稳增长、调结构、促改革"的延续和深化。国家体育总局多次提出,要加快转变发展方式,深化"放管服"服务,发挥市场在生产要素资源配置中的决定性作用。着力推进体育产业供给侧结构性改革,促进体育产业高质量发展,为国民经济增长、调整产业结构提供持久动力。只有持续不断地对体育产业的细分行业结构、空间结构、市场结构、组织结构等进行引导、调整和优化,才能促进体育产业转型升级,激发发展动力,提高发展效益。体育产业供给侧结构性改革成为引领体育产业高质量发展的重中之重。

第二节 立题背景

习近平总书记提出我国经济发展进入新常态,高屋建瓴地概括了新常态所具有的速度变化、结构优化和动力转化特征,这一深刻判断已经成为认识经济新常态、找准主要矛盾和精准施策的定盘星。国家领导人提出,供给侧结构性改革的背景是我们当前经济运行出现了阶段转换,必须认识、适应和引领新常态。[1] 供给侧结构性改革提出的实践背景是中国经济发展进入新常态,体育产业供给侧结构优化首先要基于这一大背景,对问题症结做出梳理,然后才能有效地讨论不同的应对方案。体育产业供给结构优化,是形势所迫和问题倒逼。有效推进体育产业供给侧结构性改革,提升体育产业供给体系的质量和效率,是主动适应和引领经济发展新常态的重要推手。很长一段时期内,供给侧结构性改革将是中国刺激经济发展政策的基本架构,要深刻理解和充分认识这一时代背景,准确把握基本要求。从新常态的大逻辑思维,认识中国体育产业的发展,有利于加深对推进供给侧结构性改革时代背景的相关认识,有利于更加深刻地认识并合乎逻辑地推演中国体育产业供给结构优化的方

---

[1] 贾康、冯俏彬、刘薇、苏京春:《供给侧结构性改革理论模型与实践路径》,企业管理出版社2018年版,第38页。

向与实施路径。

一 "三期叠加"新常态下体育产业逆势发展

从"三期叠加"到"新常态",中国政府对当前经济的诊断可以总结为新常态和三期叠加。习近平总书记在亚太经合组织(APEC)工商领导人峰会上清晰地阐述了新常态的主要特征:"第一,新常态下,中国经济增速虽然放缓,实际增量依然可观;第二,新常态下,中国经济增长更趋平稳,增长动力更加多元化;第三,新常态下,中国经济结构优化升级,发展前景更加稳定;第四,新常态下,中国政府大力简政放权,市场活力进一步释放。"[1] 该阐述高度概括了新常态下中国经济发展的趋势特征,清晰阐明了这种趋势下发展路径,为中国新时期的经济发展提供了根本战略指导。进入经济增长速度换挡期,各种矛盾和问题相互交织,也标志着传统的依靠增加要素投入推动发展的模式难以为继,经济增长动力开始发生内生性转换,增长方式面临主动调整性变化,经济下行压力日益凸显。实现经济结构再平衡需要付出代价日渐显现,前期刺激政策的副作用变得越来越明显。新常态是经济不可能再像原来那样高速增长,2011年以后中国经济发展告别两位数增速增长,只处于中高速增长。经济减速是周期性和结构性因素叠加造成的,供给侧结构性改革的大背景是中国经济走向以结构调整、增速换挡和提质增效为主要特征的"新常态"阶段。新常态下经济发展,既有总量矛盾又有结构性问题,而结构性问题主要在于供给,集中表现为供给体系不能适应产业升级和消费升级的需要。体育产业在当前经济下行压力加大的情况下,逆势上扬,快速增长,成为经济新的增长点和居民消费热点。根据国家统计局公布的数据,2012年以来,体育产业增速加快,

---

[1]《习近平在亚太经合组织工商领导人峰会开幕式上的演讲(全文)》,www://gov.cn/xinwen/2014-11/09/content_ 2776634.htm。

与 GDP 增速放缓形成鲜明对比，宏观经济和体育产业发展增速间的差距继续扩大，如图 1-1、图 1-2 所示。

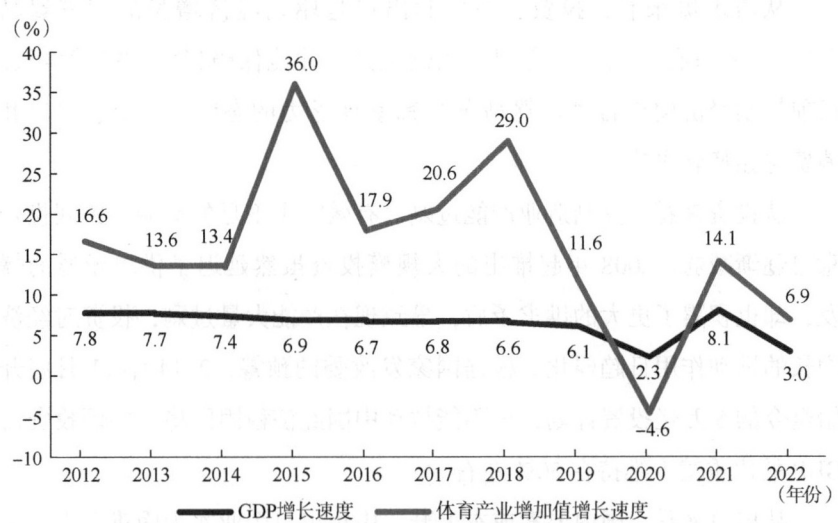

图 1-1　2012—2022 年国内生产总值与体育产业增加值增速

资料来源：根据国家统计局、国家体育总局网站汇总。

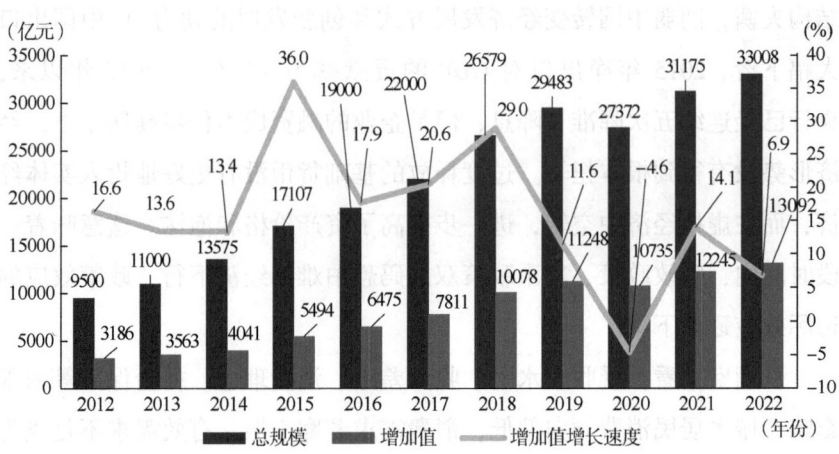

图 1-2　2012—2022 年体育产业总规模、增加值及增加值增长速度

资料来源：国家体育总局网站，增加值增长速度根据统计数据计算而得。

二 "三驾马车"日趋乏力，体育消费转型升级

从需求侧来看，投资、消费和出口是驱动经济增长的"三驾马车"，三者只有形成一个合理的比例关系，才能保障经济的持续增长。目前拉动经济增长的"三驾马车"都呈现乏力的态势，投资、出口和消费尽显疲软之势。

从投资来看，受制造业产能过剩、有效需求不足的影响，民间投资意愿逐渐减弱。2008年起推出的大规模投资虽然延迟了供求矛盾的爆发，却也积累了更大的供求矛盾，导致现在产能大量过剩，投资对经济增长的推动作用日趋弱化。根据国家发改委的预警，2014年11月底开始至今的5万亿投资计划，仍不能拉动中国经济稳固回稳，中国投资占GDP的比重基本维持在50%左右。

从出口来看，国内要素成本上升，中小出口企业尤为困难，出现了改革开放以来罕见的严峻局面。国际金融危机爆发以来，全球经济萧条对中国经济发展的不利影响也已显现，持续贸易顺差必将造成国际收支结构失衡，削弱中国转变经济发展方式和创新发展的动力。[①] 中国出口大幅下滑，2015年净出口对GDP的贡献率为-2.6%。2015年以来，央行已经连续五次降准、降息，但是企业的融资成本仍然高居不下，经济形势没有得到根本扭转。过度释放的基础货币没有更好地投入实体经济，而在虚拟经济中空转，进一步推高了资产价格和泡沫。这意味着一段时间内，财政政策、货币政策双加码恐怕难挡经济下行，政策效应的边际效应逐渐下降。

从消费来看，受收入水平、收入差距、消费理念、社会保障等因素影响，城乡居民消费倾向偏低，消费需求萎靡不振，有效需求不足成为中国经济发展的痼疾。目前世界发达国家居民收入占GDP的比重在

---

① 江小国：《供给侧改革：方法论与实践逻辑》，中国人民大学出版社2017年版，第45页。

65%—70%，而中国占50%左右，居民实际收入偏低，必然导致消费潜力得不到释放。同时，投资挤出效应进一步削弱了消费能力。此外，国内产品不能满足随着经济日益提升的消费水平，导致生产过剩的同时国内消费者却大量采购国外商品的局面，伴随出境游的兴起，中国游客海外购物的"生猛"态势为世界所瞩目。中国人购买力之强，似一股"龙卷风"，所到之处很多货架被一扫而空；当国人的出境游变成购物游时，国内消费增长却一路走低。

中国体育消费一直保持平稳增长，对缓解经济下行压力起到了积极作用。体育消费是体育产业发展的原动力，对体育产品的生产和供给起着引导和拉动作用。体育产品的生产和供给，引导和推动体育消费需求；体育需求通过生产供给来保障，体育生产是体育有效需求实现的必要条件。

三　体育产业供给总规模不足和结构失衡问题并存

供需错位亟须供给侧结构性改革发力，引导供需平衡。商品服务市场呈现"支付意愿强、有效需求高、有效供给相对不足"的特征，商品服务市场结构性过剩与有效供给不足的"供需错配"已经成为中国经济持续增长的巨大障碍。[①] 一方面，部分传统产业产能过剩问题严重。体育产业领域的产能过剩，主要集中在低品质的运动服装、鞋帽、运动器材制造上；另一方面，高品质消费品、新兴产品明显供给不足，主要集中在体育健身休闲、体育竞赛表演等体育服务业的发展上。"海淘热""代购潮"不仅透视了国内产品和服务供给未能及时与消费需求同步升级，而且凸显了国内供给端管理制度建设的滞后，比如质量监管、服务监督机制不健全，产品质量安全问题屡见不鲜，进一步加剧消费需求外溢。

根据国家统计局公布数据测算，2022年中国体育产业总规模达到

---

① 林毅夫等：《供给侧结构性改革》，民主与建设出版社2016年版，第125页。

33008亿元，与2021年的31175亿元相比，年增长率为5.9%，已成为国民经济发展的新增长点。尽管中国体育产业在经济增长速度换挡期实现逆势增长，但体育产业仍处于结构调整期和矛盾凸显期，面临许多新问题，供给整体规模不足和结构性失衡问题并存，制约着体育产业的高质量发展。从国际比较来看，发达国家体育产业增加值占GDP的比重、从业人员占劳动力的比重均领先于中国，见表1-1。据德勤事务所统计，2015年美国体育产业规模约为4984亿美元，接近全球体育产业规模的1/3，产业增加值占美国国内生产总值比重约为3%。另据韩国文化体育观光部数据显示，2015年韩国体育产业规模为42.91万亿韩元，增加值占韩国国内生产总值的2.6%。2015年英国体育经济价值估计为350亿英镑，占整体经济增长的2.3%，就业人数120万人。[①]

表1-1　　　　　不同国家体育产业相关数据情况

国家/地区	年份	体育产业增加值（亿美元）	体育产业增加值占GDP的比重(%)	从业人员（万人）	从业人员占劳动力的比重(%)
美国	2015	4984.00	2.75	320.00	2.13
欧盟	2011	2427.11	1.80	446.00	2.12
日本	2012	1241.00	2.00	49.50	0.90
韩国	2015	380.00	2.75	—	—
英国	2011	530.26	2.33	61.88	2.16
法国	2011	301.63	2.31	41.70	1.67
德国	2011	651.56	2.31	114.60	3.15
中国	2018	10078.00（亿元）	1.10	464.88	0.59

资料来源：中国发展数据来源于国家统计局网站。其他国家数据根据江小涓等《体育产业的经济学分析：国际经验及中国案例》汇总。

[①] 江小涓等：《体育产业的经济学分析：国际经验及中国案例》，中信出版集团2018年版，第8页。

从国内同类产业发展的横向比较来看，体育产业远远滞后于同属幸福产业的文化产业、旅游产业发展。2019年9月，国务院办公厅印发《体育强国建设纲要》，提出："通过落实全民健身国家，加快发展体育产业、培育经济发展新动能等五大战略任务，要将体育产业打造为国家战略性支柱产业。"通过大力发展体育产业，鼓励体育产业创新发展，到2035年把体育产业发展成为国民经济支柱性产业。按照支柱产业占GDP的比重5%的国际判定依据来看，2022年中国体育产业增加值占GDP的比重为1.09%，尚存很大差距。与文化产业、旅游产业相比，体育产业不管是产业规模，还是从业人员都存在较大差距，见表1-2。

表1-2　体育产业与旅游产业、文化产业发展相关数据统计情况

产业分类	年份	产业总规模（亿元）	产业增加值（亿元）	产业增加值增长速度（%）	产业增加值占GDP的比重（%）	从业人员（万人）
旅游产业	2014	—	27524	11.5	4.33	2779
	2015	—	30017	9.4	4.36	2798
	2016	—	32979	9.9	4.44	2813
	2017	—	37210	12.8	4.53	2825
	2018	—	41478	11.5	4.51	—
	2019	—	44989	8.5	4.56	—
	2020	—	40628	-9.7	4.01	—
	2021	—	45484	12.0	3.96	—
	2022	—	44672	-1.8	3.71	—
文化产业	2011	—	13479	22.0	2.85	—
	2012	—	18071	16.5	3.48	229

续表

产业分类	年份	产业总规模（亿元）	产业增加值（亿元）	产业增加值增长速度(%)	产业增加值占GDP的比重(%)	从业人员（万人）
文化产业	2013	—	21351	18.2	3.63	—
	2014	—	23940	12.1	3.76	204
	2015	—	27235	11.0	3.97	229
	2016	—	30785	13.0	4.14	235
	2017	—	34722	12.8	4.20	248
	2018	—	41171	18.6	4.48	375
	2019	—	44363	7.8	4.50	516
	2020	—	44945	1.3	4.43	496
	2021	—	52385	16.6	4.56	484
	2022	—	53782	2.7	4.46	—
体育产业	2012	9526	3136	16.6	0.60	376
	2013	11000	3563	13.6	0.63	388
	2014	13575	4041	13.4	0.64	426
	2015	17107	5494	36.0	0.80	363
	2016	19011	6475	17.9	0.90	440
	2017	21988	7811	20.6	0.94	473
	2018	26579	10078	29.0	1.10	444
	2019	29483	11248	11.6	1.14	505
	2020	27372	10735	-4.6	1.05	444
	2021	31175	12245	14.1	1.07	719
	2022	33008	13092	6.9	1.08	—

资料来源：根据国家统计局网站汇总。

经济发展新常态是中国提出供给侧结构性改革的最大时代背景，然而，回到中国当前的经济发展状态上，供给侧结构性改革的提出还离不开各方面经常会提到的经济下行阶段以及由此引发的"结构性分化"问题。相比宏观经济供给侧结构性改革的重点任务"三去、一降、一补"中的去产能、去库存，当前体育产业供给侧结构性改革除了有共性的一面外，也有特殊性。体育产业发展既有总量不足的问题，又有结构失衡的问题。一方面，体育产业供给总规模仍待加强，体育市场有效供给不足与体育消费有效需求不足并存；另一方面，体育产业结构分化特征明显。体育产业供给与居民体育需求多样化之间存在诸多结构性问题，体育产业核心产业滞后于相关及外围产业发展，体育服务业发展不充分，对第一产业和第二产业支撑力不足。而处于体育产业支柱产业地位的体育用品制造业大而不强，整体上处于价值链的中低端，关键核心技术不强，缺乏有影响力的品牌和产品，核心竞争力有待提升。体育产品和服务的供给不能适应新形势下需求侧多元化、消费升级的需求。体育产业无效、低效供给过剩，高质量供给不足，供需错配问题并存。体育产业发展的不充分、不平衡、不协调、不可持续等问题日渐凸显，这些问题有效解决的关键在于积极推进体育产业供给侧结构性改革。当前体育产业发展的重点任务既包括补短板、增供给，又包括调结构，没有供给规模，供给结构优化就无从谈起。而体育产业供给结构扭曲失衡，亟须通过供给侧结构性改革进行调整。

四 创新驱动成为提升体育产业全要素生产率的动力源泉

从供给侧视角来看，支持经济发展的动力源，主要由土地、劳动力、资本、技术创新、制度五大要素组成。江小国认为凯恩斯主义所信奉的投资、消费和出口需求，都不是财富的源泉，也不是实现经济增长的真正驱动力，按照马克思主义经济学的理解，它们只是价值实现的条件。① 经济理论和国际经验都表明，一般经济体在发展过程的初期阶段与"起飞"阶段，土地、劳动力、资本这三项生产要素对经济增长的贡献更大，形成所谓的"要素投入驱动"的粗放式发展模式。但在进入中等收入阶段之后，技术创新、制度这两项生产要素，可能形成的贡献就会更大，而且极为关键。② 从经济发展阶段的角度来看，可以分为要素驱动、投资驱动、创新驱动和财富驱动四个逐步演进的阶段。③ 经济发展是由自然资源和劳动力等初级生产要素占主导地位，逐渐发展为由资本要素占主导地位，再发展为由技术、制度等高级生产要素占主导地位。

近年来，中国体育产业依靠丰富的劳动力资源供给和廉价的劳动力优势，以及国家持续注入的政策红利，通过廉价生产要素资源的高投入来拉动增长，实现了快速发展。但随着人口红利的消失，政策红利下投资逐渐回归理性、资源约束趋紧，要素高投入，能源高消耗模式难以为继。环境问题突出，环境成本占GDP的比重日益提升，经济发展面临的资源与环境压力日益增大，企业的生产成本不断攀升，传统的粗放式供给模式后继乏力，制约了全要素生产率的提高。低成本优势不复存在，要素高投入难以为继，传统的粗放式经济增长模式难以持续，中国体育产业发展逐渐由之前过度依赖资本、劳动投入数量增加的规模型增长模式，向依赖技术进步、管理创新和资源有效配置的质量效益型增长模式转变，由要素驱动、投资驱动转变为创新驱动。通过创新驱动，实现由要素驱动向效率驱动转变，全面提升全要素生产率，成为体育产业高质量发展动力源泉。

---

① 江小国：《供给侧改革：方法论与实践逻辑》，中国人民大学出版社2017年版，第3页。
② 贾康：《供给侧改革的三个问题》，《学习时报》2016年1月18日第4版。
③ Michael E. Porter, *The Competitiveness Advantage of Nations*, New York: Free Press, 1990.

第三节 研究综述

由于国家领导人短时间内密集提及,"供给侧结构性改革"一词在中国急剧升温。与火热推进的供给侧结构性改革实践不和谐的是,作为一个全新的提法,目前人们对体育产业供给侧结构性改革的概念界定,以及如何进行体育产业供给侧结构性优化的路径等问题,尚未达成理论共识。虽然有关学者和政界、金融界人士对供给侧结构性改革进行了探讨和研究,推出一系列研究成果,但在理解上还有很大差异。前期成果对供给侧结构性改革政策制定实施和下一阶段深入研究提供了重要支撑和文献基础。

一 国外研究现状

习近平总书记指出:"我们讲的供给侧结构性改革,同西方经济学的供给学派不是一回事,不能把供给侧结构性改革看成是西方供给学派的翻版。"[1] 中国的供给侧结构性改革不是西方经济学中的供给学派,但是在中国式新供给理论体系构建之前,"供给侧"一词还带有典型的西方经济学供给学派的影子。

经济学一般的宏观分析方法可以分为两类:一是基于供给侧的分析,其中经典理论是索洛的新古典增长理论;二是基于需求侧的分析,其中经典理论是凯恩斯的宏观经济理论。新古典经济增长理论指出,影响经济增长的主要因素为生产要素和全要素生产率,生产要素指的是资本和劳动力,全要素生产率则是由技术进步所决定的。经典凯恩斯主义的主要经济思想包括充分就业理论、有效需求理论以及经济周期理论。

---

[1] 习近平:《在省部级主要领导干部学习贯彻党的十八届五中全会精神专题研讨班上的讲话》(2016年1月18日),《人民日报》2016年5月10日第2版。

凯恩斯主义的研究强调国民收入问题和就业问题，从国家宏观经济需求角度来解决就业问题，实现充分就业。凯恩斯主义借鉴了奥地利学派和历史学派的心理偏好分析方法，从心理动机方面对理性人的经济活动进行了解释。凯恩斯还将总量分析方法与比较静态分析方法相结合，将局部均衡分析扩展到一般均衡分析。无论是供给侧的分析还是需求侧的分析，其大都是以发达国家已经发展到的阶段为基础而建立的静态理论，两类分析方法在理论基础和分析视角上存在一定差异，分歧的存在导致很难连贯地表达经济转型的内涵。

当凯恩斯主义无力时，经济增长并没有陷入困境。凯恩斯主义在有效刺激需求的时候，结果尽管可以推动数量上的反复，但无法影响供给质量。因此按照马克思主义经济学的观点，一方面劳动可以创造财富，另一方面复杂劳动可以推动供给质量提高和结构优化升级。

以关键词 supply side 与 sport 在 EBSCO 数据库中检索，仅检索出一篇文献，Martin, Roger L. 在 2014 年发表于 *Harvard Business Review Digital Articles* 的文章 "When Talent Started Driving Economic Growth"，其中提到了体育产业；但完全针对体育产业的供给侧研究尚未发现。[1]

二　国内研究现状

通过中国知网（CNKI）开展中文文献检索，检索式为 "TI = '供给' × '产业'"，文献分类目录限定为 "社会科学Ⅱ辑" 之 "体育"。有效避免了对体育相关产业如健身休闲产业、冰雪运动产业等相关文献的漏检。检索到文献共 165 篇，人工阅读后删除征稿指南、英文文献、个别报道性报纸文献后，获得密切相关文献共 154 篇。

其中，期刊论文 129 篇（83.77%）、会议论文 17 篇（11.04%）、

---

[1] Martin, Roger L., "When Talent Started Driving Economic Growth", *Harvard Business Review Digital Articles*, Vol. 30, 2014.

硕士学位论文6篇（3.9%）、报纸报道2篇（1.3%）。发文数量最多的是武汉体育学院的沈克印，共发表论文8篇。

从时间分布来看（如图1-3所示），第一篇论文发表于2009年，为张金桥发表于《四川体育科学》的论文《陕西省体育产业开发的制度供给研究》，从供给角度分析了陕西省体育产业制度的问题，并提出解决对策。① 2015年11月，国家提出"在适度扩大总需求的同时，着力加强供给侧结构性改革"②；2016年1月，习近平总书记强调了不能把供给侧结构性改革看成西方供给学派的翻版。③ 可以看出，2016年开始，体育产业供给侧结构性改革的研究开始爆发性出现。

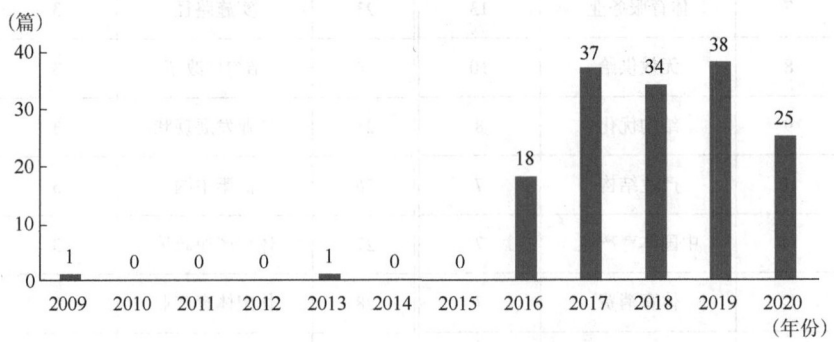

图1-3 中文文献发表分布情况

根据高频主题词（频次3次及以上）的分布情况（见表1-3），可以看出体育产业供给侧结构性改革的研究大致分为五个方面。一是体育产业供给结构相关的理论渊源研究，二是中国产业供给侧结构性改革概念内涵研究，三是中国体育产业供需失衡问题研究，四是中国体育产业供需失衡原因研究，五是中国体育供给侧结构性改革开展对策研究。

---

① 张金桥：《陕西省体育产业开发的制度供给研究》，《四川体育科学》2009年第3期。
② 《习近平主持召开中央财经领导小组第十一次会议》，https://www.gov.cn/guowuyuan/2015-11/10/content_5006868.htm。
③ 蔡昉：《供给侧结构性改革不是西方供给学派的翻版》，https://theory.gmw.cn/2016-08/31/content_21736288.htm。

表1-3　　　　　　　　　中文文献高频主题词

序号	主题词	频次	序号	主题词	频次
1	体育产业	89	17	互联网	4
2	供给侧改革	77	18	体育经济	4
3	体育产业发展	74	19	体育产业链	3
4	供给侧结构性改革	30	20	需求侧	3
5	供给侧	22	21	发展路径	3
6	体育产业结构	13	22	动力培育	3
7	体育服务业	13	23	实施路径	3
8	无效供给	10	24	结构性改革	3
9	结构优化	8	25	产业发展现状	3
10	产业结构	7	26	健康中国	3
11	中国体育产业	7	27	体育产业政策	3
12	体育消费	7	28	休闲体育产业	3
13	体育消费需求	5	29	体育竞赛表演业	3
14	体育用品制造业	5	30	供给侧结构	3
15	产业发展研究	4	31	产业发展路径	3
16	冰雪体育产业	4	32	跨界融合	3

（一）体育产业供给结构相关理论渊源的研究

"供给侧"一词原本属于西方经济学理论范畴，国内的体育学研究对体育产业供给结构相关的理论研究大都从"供给学派""马克思主义政治经济学"等视角下开展。

新供给学派强调有效供给、供给效率以及供给质量，在很大程度上重视供需平衡。① 新供给学派能够为中国体育产业供给结构优化、供给侧结构性改革等提供理论基础。② 而供给侧结构性改革对中国体育产业发展具有重要价值，尤其对体育产业结构失衡、体育产业产能过剩等问题的解决具有借鉴作用。③ 从新供给学派"新供给创造新需求"视角出发，从人口、土地等角度提出体育产业供给侧结构性改革的思路。④

大量学者指出，马克思政治经济学是供给侧结构性改革的基础。⑤ 马克思政治经济学明确提到了"生产关系要适应生产力发展水平"，这是体育产业供给侧结构性改革的逻辑起点。⑥ 马克思政治经济学中提到的"供需矛盾"能够反映出中国公共体育服务现存的供需问题，例如公共体育服务内部结构不合理、区域布局失衡等问题。⑦ 中国体育产业供给侧结构性改革，需要以马克思政治经济学为基础，结合中国经济发展实际，进行体育产业供需错位的结构性调整。⑧

(二) 体育产业供给侧结构性改革概念内涵的研究

在体育产业供给结构相关的理论渊源研究下，中国学者关于体育产

---

① 李丰荣、龚波：《中国职业足球"供给侧改革"的理论源流、选择动因与路径研究》，《武汉体育学院学报》2017年第12期。

② 李格非：《供给侧结构性改革与中国体育产业发展》，《武汉体育学院学报》2016年第4期。

③ 黄道明等：《"供给侧改革"视域下我国体育产业的供给困境与治理对策》，《中国体育科技》2018年第2期。

④ 沈克印、吕万刚：《体育产业供给侧结构性改革：学理逻辑、发展现实与推进思路》，《武汉体育学院学报》2016年第11期。

⑤ 沈克印、吕万刚：《体育产业供给侧改革的现实诉求与实施策略——基于资源要素的视角》，《西安体育学院学报》2017年第6期。

⑥ 沈克印、吕万刚：《体育产业供给侧改革的现实诉求与实施策略——基于资源要素的视角》，《西安体育学院学报》2017年第6期。

⑦ 姜同仁：《我国公共体育服务供给现状与结构优化对策》，《上海体育学院学报》2015年第3期。

⑧ 范尧：《供给侧改革背景下体育用品供需困境与调和》，《体育科学》2017年第11期。

业供给侧结构性改革的概念内涵研究不断深入，从生产率、制度供给和供需平衡等角度展开论述。

结合中国经济新常态的现状，体育产业供给侧结构性改革应该从供给端、生产端入手，通过提高生产率提升商品质量，进而促进体育产业发展。[1] 有学者指出，体育产业供给侧结构性改革的本质在于解决体育产品和服务供需不平衡的问题，应该解决中高端体育商品生产率不足的问题。[2] 此外，体育产业供给侧结构性改革应该加强体育产业发展新空间的拓展，加强新动能的培育。[3]

体育产业供给侧结构性改革的核心是制度供给与制度创新。[4] 在中国大环境下，政策制度在体育产业供给侧结构性改革中起到主导性作用，政策制度的调整能够调整体育商品的投入和供给。[5] 在中国体育产业的发展过程中，制度的约束在很大程度上阻碍了体育产业的发展，因此需要对各利益主体之间进行矛盾调解。[6] 在公共体育服务中，其供给侧结构性改革的核心也是政策制度的供给。[7]

（三）中国体育产业供需失衡问题的研究

中国体育产业供需矛盾的研究主要集中在供给不足和供需失衡两个角度展开。中国体育产品供给不足主要表现在产品质量的不足和产品供

---

[1] 李乐虎、高奎亭、黄晓丽：《我国体育产业供给侧结构性改革的研究述评》，《首都体育学院学报》2019年第6期。

[2] 梁枢、王益民：《"互联网+"视域下体育制造业供给侧改革研究——O2O商业模式的开发与应用》，《体育与科学》2016年第4期；李博：《"供给侧改革"对我国体育产业发展的启示——基于新供给经济学视角》，《武汉体育学院学报》2016年第2期。

[3] 刘亮、付志华、黎桂华：《供给侧改革视角下我国体育产业发展的新空间及动力培育》，《首都体育学院学报》2017年第1期。

[4] 张康平：《全民健身公共服务供给侧结构性改革研究》，《体育文化导刊》2016年第11期。

[5] 李乐虎、高奎亭、黄晓丽：《我国体育产业供给侧结构性改革的研究述评》，《首都体育学院学报》2019年第6期。

[6] 王飞、池建：《我国体育产业发展的制度约束》，《首都体育学院学报》2014年第4期。

[7] 郑丽、张勇：《农村公共体育服务供给侧改革协同治理路径研究》，《沈阳体育学院学报》2016年第3期。

给方式不足层面。① 中国体育产业在当前阶段,在人才、投资和场地供给方面均存在不足。② 目前中国体育产业供给侧还处于低端、单一化的模式,而需求侧已经转向高端、多元化的模式,因此供给侧结构性改革迫在眉睫。③ 中国体育市场资源存在的主要问题是,现有体育资源配置体制机制难以适应当前的需求结构。④ 在冰雪消费方面的供给侧结构性改革研究也比较多,现有的冰雪体育商品的数量、质量,冰雪场地和运动装备的供给均不能满足日益增长的冰雪体育消费需求。⑤

供需失衡方面,当前中国体育资源市场供需存在"供需错位"和"供需缺位"双重矛盾,一方面低端体育产品和服务出现大量剩余,另一方面中高端体育产品和服务出现明显短缺。⑥ 因此,低端体育商品严重过剩和中高端体育商品严重短缺是中国体育产业供给侧结构性改革的重点。⑦ 在公共体育方面,出现了"供给失灵"的现象,然而单一调整资源配置,无法根本性解决供需失衡现象。⑧

(四) 中国体育产业供需失衡成因的研究

中国体育产业供需失衡一般集中在经济体制原因、国家体育发展战略原因以及大众需求结构原因三个方面。

---

① 李乐虎、高奎亭、黄晓丽:《我国体育产业供给侧结构性改革的研究述评》,《首都体育学院学报》2019 年第 6 期。

② 付群、王萍萍、陈文成:《挑战、机会、出路:我国体育产业供给侧结构性改革研究》,《天津体育学院学报》2019 年第 1 期。

③ 任波等:《中国体育产业结构的内涵解析与供给侧优化》,《北京体育大学学报》2018 年第 4 期。

④ 刘亮、刘元元:《公平视角下我国体育资源非均衡现状及"供给侧"致因分析》,《西安体育学院学报》2016 年第 3 期。

⑤ 程文广、刘兴:《需求导向的我国大众冰雪健身供给侧治理路径研究》,《体育科学》2016 年第 4 期。

⑥ 范尧:《供给侧改革背景下体育用品供需困境与调和》,《体育科学》2017 年第 11 期。

⑦ 殷俊海:《体育产业供给侧改革的方向》,《中国体育报》2016 年 4 月 22 日第 6 版。

⑧ 沙金、姚瑶:《"健康中国"背景下全民健身供给侧改革研究》,《中国体育报》2017 年 4 月 28 日第 6 版。

在一定时期内，中国处于计划经济体制下，体育的举国体制属性更强化了其自主权的缺乏。无论是运动员、教练员的选拔还是赛事活动的经营管理，都由国家部门直接管理，对经济效益没有任何追求，没有任何经营创收意识和行为。[①] 在改革开放后，经济体制发生了变化，但原有体制下体育产业存量结构的刚性较大，原有体育产业结构失衡问题已经较为严重，新的产业增量持续投入已经失衡的体育产业，进一步加剧了其失衡。此外，由于当时政府部门还存在权责不明的情况，出现了管理上的问题，阻碍了体育产业的发展，制约了体育产业的结构优化。

新中国成立初期，中国侧重于对竞技体育事业的重视，对群众体育等方面的重视不足，导致体育事业本身内部出现结构失衡。体育事业的失衡使得体育产业的出现和发展均受到不良影响。近年来，从国家层面乃至各县区层面相继出台了若干促进体育产业发展的政策文件，旨在推动体育的市场化、产业化发展，实现体育产业的结构优化。但是，已经严重失衡的体育事业基础，给体育产业发展带来了较大的阻力。

过去，中国经济基础较为薄弱，人们为满足基本物质生活而进行劳作和努力，对非物质生活消费的支出极低。但随着生活水平的提高，居民人均可支配收入不断增加，体育消费的购买能力不断增强，但是体育消费的动机还是不足。[②] 此外，在体育消费人群中，购买运动鞋服的比例最高，[③] 大众体育消费结构不合理支出，大量的实物型消费仍制约体

[①] 任波、黄海燕：《我国体育产业结构性失衡与供给侧破解路径》，《体育学研究》2020年第1期。

[②] 卢嘉鑫、张社平：《体育产业发展——理论与政策》，北京大学出版社2011年版，第19页。

[③] 国家体育总局：《2014年全民健身活动状况调查公报（2015年11月6日）》，https://www.sport.gov.cn/n315/n329/c216783/content.html。

育产业结构的优化升级。

(五) 中国体育产业供给侧结构性改革对策的研究

在分析体育产业结构性失衡原因的基础上，中国体育供给侧结构性改革开展对策研究数量较为可观，学术界对中国体育供给侧结构性改革的开展策略进行了大量探讨。

一是充分发挥市场的决定性作用。供给侧结构性改革的实质是要充分发挥市场的作用，明晰市场与政府的关系。[1] 激发市场主体活力，不断创新体育商品的供给方式和形式，扩大体育产品和服务的层次和种类。通过不断优化体育市场环境，调整体育产业管理体制，进而推动体育事业和体育产业协调发展。[2] 不断创新体育供给模式，增加需求端的多样性，减少无效供给。[3] 通过引导市场，社会多方投入，推动体育产业供给主体多样化，逐步形成政府主导、多元参与的体育产业供给新格局。[4]

二是推进体育产业供需平衡。随着国家政策的密集出台，健康中国、体育强国建设的不断深入，体育产业的发展潜力逐渐被挖掘释放，体育产业的供需平衡发展需要充分兼顾经济效益和社会效益，体育产业供给需要满足大众多层次、多样化的体育需求。体育产业供需平衡发展需要以需求为导向，目前居民有体育商品的购买欲望，也有体育商品的购买能力，[5] 但当前，中国体育产业还存在着供给与个性化、高端化、多元化等体育需求之间的矛盾。要以需求为导向，以需求的变化为基准，调整供给结构，以更好地服务体育需求。

---

[1] 朱克力主编：《供给侧改革引领"十三五"》，中信出版集团 2016 年版，第 68 页。
[2] 张瑞林主编：《体育管理学》（第三版），高等教育出版社 2015 年版，第 347 页。
[3] 任波、戴俊、黄海燕：《中国体育产业供给侧结构性矛盾与改革路径》，《天津体育学院学报》2018 年第 5 期。
[4] 戴健主编：《体育蓝皮书：中国公共体育服务发展报告（2013）》，社会科学文献出版社 2013 年版，第 5 页。
[5] 任波、戴俊、黄海燕：《中国体育产业结构的形塑逻辑与供给侧改革路径》，《天津体育学院学报》2019 年第 1 期。

三是不断丰富需求市场。需求是体育产业高质量发展的牵引力,[①]供给应该以需求为目标。第一,可以对现有的体育服务、体育产品进行布局优化,丰富体育需求的来源;第二,吸引更多社会力量办体育,通过财政、税收等政策优惠,优化社会力量办体育的环境;第三,增加体育商品优质供给,提高体育产业供给对需求的灵活性,提供服务于国家发展、社会需要、居民需求的体育有效供给,推动体育产业供给与需求的均衡发展,丰富体育需求市场。

三 研究趋势

中外学者对体育产业供给结构优化的研究日益加强,关于体育产业供给侧结构优化研究的必要性已趋共识。相比之前研究的多是"体育产业的内部业态结构",现在更多的是强调体育产业供给体系的结构,宽泛意义上的"产业结构"被"供给体系结构"取代,指向更加鲜明,研究方向和重点也更加突出。

(一) 愈加重视体育产业结构优化的研究

李克强同志强调"中国已进入只有调整经济结构才能促进持续发展的关键时期"[②]。研究如何破解中观经济层面体育产业的结构性桎梏,化解体育产业发展中的深层次结构问题,提升体育产业的整体素质,将是今后研究的热点和难点。

(二) 除需求侧外,愈加重视供给侧的研究

在生产要素禀赋结构发生巨大变化,从劳动力富裕、资本稀缺变为劳动力短缺、资本相对富裕的国家,技术水平也有一定提升的背景下,

---

① 黄海燕:《我国体育产业新阶段特征及发展趋势》,《体育学研究》2018 年第 1 期。
② 《李克强:关于调整经济结构促进持续发展的几个问题》,https://www.gov.cn/ldhd/2010-06/01/content_1618022.htm。

如何化解居民体育消费有效需求不足和有效供给不足（供需错配），优化配置各类生产要素，提升生产要素的使用效率，将是今后一段时间的研究热点。

四 文献评述

通过对相关文献的点评与廓清，可以发现上述关于供给侧结构性改革的理论，以及党的十九大报告关于供给侧结构性改革的新要求，为中国体育产业供给结构优化提供了重要的指导。这些相关研究切中当前中国体育产业发展的要害，在理论研究及现实应用方面做了有益探讨。所列文献基本反映了体育产业供给侧结构优化研究的主要内容和研究水平，对本书涉及的相关理论做出简要综述，以更好地勾画理论基础。现有研究从不同的视角对体育产业供给的相关问题进行了论证和研究，取得了一些学术成果，但现有研究可能仍存在以下几点不足之处。

第一，研究内容上，肯定了体育产业供给侧结构优化研究的必要性和重要性，认为体育产业供给侧结构性改革势在必行，这一观点学界、政界、商界已达共识。研究成果推进了体育产业供给侧结构性改革的理论与实践探索，但关于体育产业供给结构优化的研究尚未形成系统全面的理论体系。相关学者对体育产业供给侧结构性改革的理解大致趋同，大多数文章无法对供给侧结构性改革勾画出清晰的理论边界，而更多地将其分析集中于不同角度的解读，研究普遍不够深入，对于供给侧结构性改革的内在逻辑和内涵有待进一步梳理。

第二，研究方法上，比较多的学者基于中国体育产业专项统计数据开展了实证研究，试图通过调查分析和统计数据，掌握体育产业的供需结构，较多地关注产业层面的业态结构内容，对于生产要素、企业产品层面的实证研究较少。鲜有基于实态调查数据的分析，难以反映体育产业供需结构的真实现状。

第三，研究结论上，较多的学者从需求侧或供给侧单方面地提出对策建议，对供需协同管理的辩证分析不足。供给结构优化方案缺乏系统针对性和可操作性。

第四节　研究思路与主要内容

一　研究思路

在系统分析供给侧结构性改革深刻内涵与逻辑背景的基础上，以马克思政治经济学、系统科学和供给侧结构性改革理论为理论依据，坚持理论与实践相统一的原则，以识别和解决体育产业供给侧的问题为导向，以体育市场逻辑和供需平衡为理论出发点，以优化体育产业结构为目标，以体育产业供给结构优化的"理论逻辑—实践动因—问题成因—价值意蕴—优化路径"作为研究主线。首先，通过文献梳理、问题分析对体育产业供给侧结构性改革与需求侧管理的内涵与外延做出理论阐释和界定，在对体育产业供给侧结构失衡的表现以及成因进行实证分析的基础上，厘清了体育产业供给侧存在的主要问题，论证了体育产业供给侧结构优化的必要性。其次，系统地梳理了体育产业供给侧结构优化的现实背景与价值意蕴，明确提出体育产业供给结构优化的目标及根本遵循。最后，基于供需协同管理思想，提出"创新、融合、质量、改革、共享"发展的实施路径。力求为体育产业供给侧结构性改革的理论和实践研究献上绵薄之力，探寻体育产业供给侧结构优化的路径，加强体育产业供给侧结构性改革，以期解决体育产业供需错配的矛盾，为促进体育产业高质量发展提供新的思路，研究思路如图1-4所示。

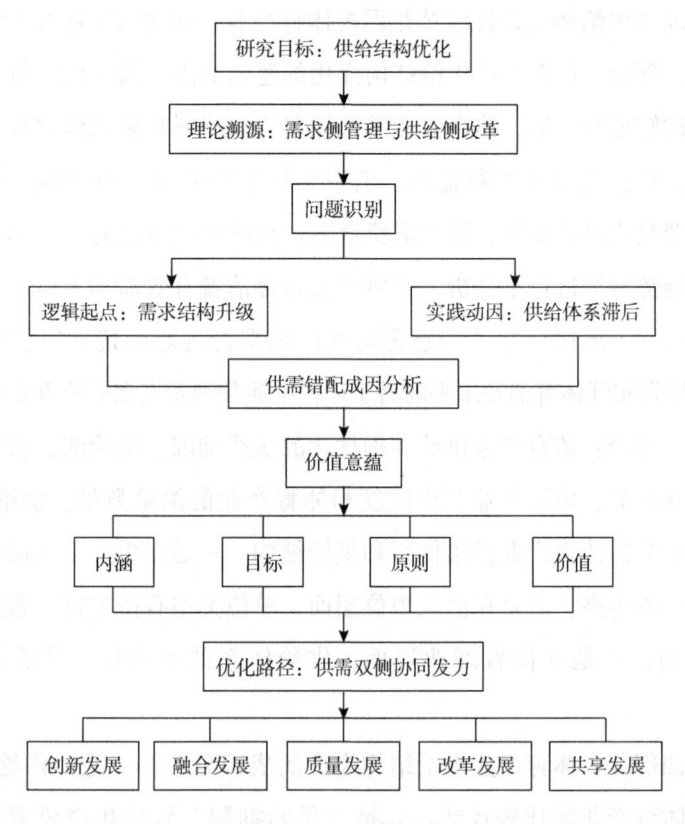

```
                    研究目标：供给结构优化
                              │
                              ▼
                  理论溯源：需求侧管理与供给侧改革
                              │
                              ▼
                          问题识别
                         ╱       ╲
                        ▼         ▼
              逻辑起点：需求结构升级   实践动因：供给体系滞后
                         ╲       ╱
                          ▼     ▼
                     供需错配成因分析
                              │
                              ▼
                           价值意蕴
                  ┌────┬────┼────┬────┐
                  ▼    ▼    ▼    ▼
                 内涵  目标  原则  价值
                              │
                              ▼
                  优化路径：供需双侧协同发力
           ┌──────┬──────┼──────┬──────┐
           ▼      ▼      ▼      ▼      ▼
         创新发展 融合发展 质量发展 改革发展 共享发展
```

图 1-4　研究思路

二　研究内容

第一部分：体育产业供给侧结构优化的理论溯源。在对相关概念阐释和解析的基础上，系统地梳理了体育产业供给结构优化的发展背景，明确了本书的目的和意义。依据供给侧结构性改革理论、产业经济学理论，从供给与需求的辩证关系出发，分析体育产业供给侧结构性改革与需求侧结构管理的区别和联系，厘清了认识误区，科学把握体育产业供给结构优化的内在逻辑和推进维度，对体育产业供给结构优化的思路进行了系统梳理。提出供给推力和需求拉力的循环互动是体育产业发展的动力源，"需求侧"和"供给侧"是促进体育发展的"一体两面"，需求侧管理和供给侧结构性改革是调控体育产业发展的两种基本手段。

第二部分：体育产业供给结构优化的逻辑起点。需求侧，对于居民需求结构转型升级后，体育消费需求呈现的新特征和新趋势进行了概括和判断。从消费水平不断提高、消费结构不断升级、消费形式不断丰富、消费品质日趋高端、跨界消费意愿日益增强六方面对居民体育消费呈现的趋势特征进行了分析。指出居民体育消费有效需求不足、体育市场供需错配、居民体育消费意愿与实际消费行为之间传导链扭曲等问题，是导致实际体育消费水平滞后于理论推演预测发展水平的重要原因。

第三部分：体育产业供给结构优化的实践动因。供给侧，从生产要素、企业产品、体育产业三个维度和体育产业的供给数量、供给质量、供给效率分析体育产业供给体系和供给结构。一是在生产要素层面，全要素生产率不高；二是在法人单位层面，单位类型有待丰富，布局业态亟须均衡；三是在体育产业层面，供给体系的适应性、灵活性有待提升。

第四部分：体育产业供给结构失衡的成因分析。一是"供给约束"削弱了体育产业的比较优势；二是"供给抑制"致使生产要素不能自由流通；三是价格信号扭曲，引发"供给不足"与"需求无应"矛盾；四是公共产品与服务供给不足，抑制了体育消费需求增长；五是传统路径依赖，削弱了创新驱动力。

第五部分：体育产业供给结构优化的价值意蕴。明确了体育产业供给侧结构优化的核心内涵、战略思路和基本遵循。体育产业供给结构优化是推动体育产业高质量发展的迫切之需，是满足居民体育消费需求的必然选择，是培育体育产业发展新动能的重要途径，是实现体育经济增长方式转变的治本良方。体育产业供给侧结构优化的关键是充分发挥体育市场在生产要素资源配置中的决定性作用，主攻方向是提高体育产业供给体系的质量和效率，着力点是提升体育产业全要素生产率，重点任务是补齐短板、促进融合、提高品质、降低成本、调整结构，最终目的是满足居民体育需求，主要目标是供给主体多元化、供给结构合理化、区域布局合理化、供给内容品质化、供给效率高效化。

第六部分：体育产业供给结构优化的实践路径。在供需双侧的辩证关系论证上，重点从"创新发展、融合发展、质量发展、改革发展、共享发展"五个方面，提出以需求侧管理与供给侧结构性改革协同发力为统领的实施路径。创新发展，提升供给侧"全要素生产率"；融合发展，形成新的经济增长动力；质量发展，提升体育产业国际竞争力；改革发展，构建新时代体育产业的治理体系；共享发展，推进体育产业数据的共建共享来实现体育产业供给结构优化，大力发展数字体育经济，助力体育产业高质量发展。

三 重点难点

在国家适度扩大总需求，着力加强供给侧结构性改革的大背景下，以体育产业供给结构优化的路径为研究对象。对体育产业结构优化的理论逻辑、实践动因、价值意蕴以及优化路径进行了系统分析。研究的重点问题包括区分体育产业需求侧管理与供给侧结构性改革的内涵，以及促进体育产业供给结构优化的路径。研究的难点在于，一是从生产要素、企业产品、体育产业三个不同层面对于体育产业结构的现状进行实证分析；二是基于供给与需求协同发力的视角，提出体育产业供给结构优化的创新、融合、质量、改革、共享的发展路径。

第五节　研究价值

正确认识和把握体育产业供给结构优化的政策背景、深刻内涵、本质特征、思路目标，具有重大的理论意义和实践价值。

一　理论意义

近年来，学界对体育产业供给结构优化的研究主要集中在体育产业各业态层面，而对体育产业供给侧结构性改革的研究更是处于理论探讨的起步阶段，如何实现体育产业供给结构优化的实现路径还未明确。系统地梳理体育产业供给侧结构优化研究的来龙去脉，提出研究体育产业供给结构优化的系统框架与路径方法，为体育产业供给侧结构优化提供理论支撑，丰富体育产业研究的理论体系，同时为本领域后续研究者提供参考与争鸣。

二　实践价值

在供给侧结构性改革的背景下，掌握体育产业的现实供给能力和居民体育需求结构，从体育产业、体育产品、体育生产要素三个维度，从体育产业的供给数量、供给质量、供给效率分析体育产业供给体系三个视角，分析了体育产业供给结构，基于体育产业需求侧管理与供给侧结构性改革协同发力的前提，从"创新发展、融合发展、质量发展、改革发展、共享发展"五个方面，提出体育产业供给侧结构性改革路径，为体育产业政策制定提供宏微观数据支撑、量化分析和决策依据。为优化体育产业供给结构、提高供给质量和效率，提供系统的分析思路和现实政策指导。

第六节　研究方法

本书以系统科学、产业结构理论和新供给经济学为理论基础，拟采用定性与定量分析、规范与实证分析、静态与动态分析、系统分析与命题集中研究相结合的方法，以多学科交叉、集成创新的方式研究体育产业供给结构优化的有关问题。

一　文献资料法

利用中国知网、ISI、Google 等数据库搜集体育产业供给侧结构性改革的相关文献资料，对文献进行梳理并撰写文献综述。通过对相关文献资料的查阅分析，从而全面了解国内外关于体育产业供给侧结构性改革的研究现状、研究趋势、现有研究取得的成绩与不足，为本书的研究奠定基础。另外，通过国家体育总局、国家统计局及部分省市体育局的网站，搜集体育产业专项调查的相关统计数据资料，为本书的定量分析奠定基础。通过文献梳理和评述，确定本书的研究思路和方法，形成该研究的理论框架，提出体育产业供给结构优化研究的基本假设和研究内容，使该项研究能够充分吸收相关研究成果并有所创新和突破。

资料来源有以下三种类型。

一是公开统计资料。本书系统收集了体育产业专项统计调查数据，包括 2014—2022 年全时段《全国体育产业总规模和增加值数据公告》，2017—2022 年的《中国体育产业发展报告》《江苏省城乡体育消费调查报告》《山东省城乡居民体育消费调查报告》。本书以 2014—2020 年全时段、全样本量的体育产业政策为基本素材，通过对其进行结构化政策文本的统计，获得可重现、可验证的定量研究结果。

二是内部统计资料。在研究过程中，从体育产业单位名录库中收集了体育产业供给主体的区域分布、业态分布、资本构成、单位类型的统计资料。

三是社会调查资料。针对体育市场的有效供需结构，利用江苏省、山东省城乡居民体育消费调查数据，重点了解不同群体的体育消费需求、体育消费结构、体育消费特征，突出供给视角分析影响体育消费因素，以期准确把握居民体育消费的趋势，保障提出的体育产业供给结构优化路径、措施的针对性和有效性，提高供给结构对需求变化的适应性、灵活性，能够顺应、引领居民的体育消费。对中国国际体育用品博览会、首届山东（临沂）体育用品博览会的部分参展企业进行调查，重点针对参展企业的经营成本及研发情况进行调查，掌握企业在获得生产要素中的困难，以及体育产品和服务的供给情况。对专家、体育产业管理人员进行了深度访谈，收集了政策法规、发展环境等资料，并以此为依据，分析问题和提出优化体育产业供给结构的路径建议。

二 专家访谈法

由于本书的分析框架聚焦在体育产业供给结构调整，针对研究过程的新颖和难以确定的问题，通过实地走访和视频会议等形式，对体育产业相关专家学者、部分省市体育局相关领导同志，进行全面深入的咨询和调研。了解了体育产业供给问题以及体育相关政策制定、落实情况，从而获得可靠的和权威性的意见和信息，为本书的研究提供有力支撑和丰富的实证素材，详见表1-4。

表1-4　　　　　　　　访谈专家情况

序号	姓名	工作单位	职称/职务
1	鲍某某	北京体育大学	教授
2	易某某	温州大学	教授
3	曹某某	上海体育学院	教授
4	肖某某	天津体育学院	教授
5	孙某某	山东大学	教授
6	杨某某	西安体育学院	教授

续表

序号	姓名	工作单位	职称/职务
7	席某某	安徽师范大学	教授
8	沈某某	武汉体育学院	教授
9	翟某某	山东省体育局	处长
10	徐某某	江苏省体育局	处长

三 数理统计法

运用宏观统计数据并结合相关政策依据，梳理体育产业发展的现状及成就。运用统计学中的频数分析、回归分析等方法，针对调研数据和体育产业发展相关统计数据公告公布的数据，从体育产业业态、生产要素投入和生产要素效率、区域结构、各生产要素的供给情况等方面，分析了体育产业供给结构。围绕获取的江苏、山东等地城乡居民体育消费需求的相关数据，重点对居民体育消费特征、体育消费结构、体育消费需求以及对体育市场供给满意度进行了分析。从供需两个视角，对体育产业的市场供给与需求进行了实证分析，掌握体育市场的供需现状，以深刻揭示发展中存在的问题，并为进一步进行原因分析提供数据支撑。

四 逻辑分析法

针对文献及调查获得的信息、论据，通过归纳与演绎、分类与比较、分析与综合、推理与判断等多种逻辑分析方法，对本研究展开分析。阐明体育产业供给侧优化的内涵以及必要性，在对体育产业供给侧现状进行分析的基础上，从制度、机制和技术三个层面提出优化的路径，构成本书的研究论证，形成研究论点。

第七节 主要创新

一 研究视角新

基于马克思政治经济学、系统科学的基本理论，充分借鉴新供给学派观点，从经济新常态视角分析，分析体育产业供给侧结构的优化路径。从供需双侧入手，针对体育产业供给结构问题，从供给体系的生产要素、企业、产业三个维度和供给数量、供给质量、供给效率三个视角进行分析，是研究解决体育产业结构失衡问题的新视角和新思路。

二 研究框架新

本书基于系统理论的研究思路，采用理论构架具体问题集中探讨以及整体实证研究相结合的分析范式，各部分之间贯穿体育产业供给结构优化的主线，以识别供给结构问题和供需错配矛盾作为研究起点，以供给侧结构性改革的理论内涵、优化目标以及体育产业供给结构优化的路径作为研究重点，落脚于如何从供需双侧协同发力消除供给障碍，优化体育产业供给侧结构，实现体育产业供需结构的动态平衡，促进体育产业的高质量发展。层层展开论述，加强了分析方法和内在逻辑结构的严密性。

三 研究内容新

从供需双侧出发，对于体育产业的现实供给能力和居民体育需求结构进行了实证分析。需求侧，在居民需求结构转型升级的背景下，概括预测了居民体育消费结构的特征和趋势。供给侧，从体育产业、体育产品、体育生产要素三个维度和体育产业的供给数量、供给质量、供给效率分析体育产业供给体系三个视角，分析了体育产业供给结构。基于体育产业需求侧管理与供给侧结构性改革协同发力的前提，从"创新发展、融合发展、质量发展、改革发展、共享发展"五个方面提出体育产业供给侧结构性改革路径，为体育产业政策制定提供宏微观数据支撑、量化分析和决策依据。

第二章　逻辑起点：体育产业供给侧结构性改革的理论溯源

供给侧结构性改革的提出和实践是以习近平同志为核心的党中央基于对复杂多变的国际政治经济环境和国内经济发展新常态的认识以及形势判断，针对新常态下中国经济发展中长期存在的结构性问题提出的经济改革方略。习近平总书记在庆祝改革开放40周年大会的讲话中指出："以辩证唯物主义和历史唯物主义世界观和方法论，正确处理改革发展稳定关系是改革开放40周年中国社会主义建设的重要经验，也是中国高质量发展的重要属性。"① 适应新常态，明确中国经济进入新常态的客观事实，应以马克思主义的科学态度去分析它、思考它，通过理论创新和深化改革，走出一条再发展之路。

马克思主义政治经济学为供给侧结构性改革提供了理论基础与方向指引。供给侧结构性改革的理论基础是中国特色社会主义政治经济学，不等于西方的结构主义改革，也不等同于西方的新发展主义。② 马克思在再生产理论中强调，只有生产部门和消费部门之间满足一定

---

① 习近平：《在庆祝改革开放40周年大会上的讲话》(2018年12月18日)，《人民日报》2018年12月19日第2版。
② 中共北京市委党校马克思主义理论研究中心：《中国供给侧结构性改革研究》，中国社会科学出版社2016年版，第21页。

的平衡关系，才能实现简单再生产和扩大再生产，部门之间生产的相对过剩是引起经济波动的重要因素。供给侧结构性改革注重供需匹配，这是马克思主义政治经济学中关于生产和消费互相关系、商品和服务的使用价值与价值平衡关系等理论的实际应用。供给侧结构性改革关注经济结构的调整和优化，这是马克思主义政治经济学中关于价值量结构关系的论述，包括提供产品或服务的生产关系结构、产业结构和产品结构等相关理论的现实应用和发展。供给侧结构性改革是在马克思主义政治经济学理论基础上，借鉴吸收发展经济学关于产业结构、技术结构、区域结构等相关理论的精华，是紧密结合中国国情和发展阶段提出的重大理论创新。要借鉴并吸收西方经济学，尤其是现代经济学的有益成果，将现代经济学集成在创新性的系统科学范畴中，才能够为中国实现供给侧结构性改革的伟大胜利奠定坚实的理论基础。

体育产业供给结构优化主要针对体育产业供给中存在的结构问题进行改革，其理论基础同样可以用马克思主义政治经济学来解释。体育产业供给侧结构优化，必须在坚持马克思主义政治经济学的前提下，深化体制机制改革，综合运用多种研究方法与手段，从供需双侧入手，针对结构性问题进行改革。需求侧，应充分释放居民体育消费潜力，扩大体育消费规模，实现体育消费提质扩容。供给侧，从生产环节入手，激发市场活力，降低企业成本，增加体育公共产品和服务的供给，提高体育产业供给体系对需求结构升级的适应性和灵活性，促进体育产业结构优化升级。本书以马克思主义政治经济学为理论基础，从体育市场供给与需求、体育产业供给侧与需求侧、体育产业供给侧结构性改革与需求侧管理三个层面进行分析，系统阐述体育产业供给侧与需求侧的内涵，综合研判体育产业供需两侧基本现状，是对体育产业供给结构优化研究的逻辑起点。

第一节　供给推力和需求拉力的循环互动是体育产业发展的动力源

供给与需求是市场经济内在的两个基本方面，也是经济学中最基础的概念，二者互为基础，相互依存。现代经济学的理论体系建立在供给与需求概念的基础之上。马克思用"生产与消费之间的关系"深刻地揭示了供给与需求之间的相互依赖性。他认为，要给需求和供给这两个概念下一个一般化的定义是何其困难的，因为它们好像只是同义反复。马克思从资本主义生产关系的角度合理、有效地阐述了供给与需求的关系，市场供给与需求是研究经济结构变动的基本辩证关系。他在《〈政治经济学批判〉导言》中指出，"生产与消费之间，每一方表现为对方的手段，以对方为媒介，这表现为它们的相互依存"①，精辟地阐明了消费与生产之间的同一性关系。有效需求和有效供给对于任何经济体都是不可或缺的增长动力。消费是生产的本源，供给与消费的平衡才是我们发展经济的根本目的；需求是价值实现的条件，供给是财富创造的源泉。供给与需求交替成为制约经济稳定和增长的主要矛盾，推进供给侧结构性改革，必须统筹供给和需求关系。

体育需求与供给也不例外，体育需求和供给是体育经济运行和体育经济发展相互依存又相互矛盾的两个方面，供给与需求是体育市场中的两种辩证的逻辑端，二者呈现交互发展、交替响应的关系。体育供给为体育消费创造作为外在对象的产品和服务，同时又决定着体育需求的对象、水平和结构，是满足体育需求的前提和基础；而体育消费需求为体育供给创造作为内在对象的需要，又反过来引导和倒逼体育产品和服务的供给，为供给创造动力，没有需求，供给就无法实现，二者互不可

---

① 焦佩锋：《〈政治经济学批判〉序言》导读》，中共中央党校出版社2018年版，第72页。

缺，而且还要尽可能对称和相互适应。体育需求是体育发展的原生动力，体育产品和服务供给对消费需求结构的响应构成了体育经济循环，体育产品与服务的供给和需求在总量和结构层面的动态平衡推动了经济的持续增长。供给推力和需求拉力的循环互动是体育产业发展的动力源。[1]

一 体育需求"驱动—倒逼"体育供给

总需求由消费、投资和净出口"三驾马车"组成。消费既是社会再生产的目的，也是社会再生产的起点。体育消费需求会引导体育市场供给，为供给创造动力，没有需求，供给就无法实现。随着中国人均收入和生活水平的提高，中高消费阶层迅速崛起，居民体育健身意识增强，体育需求层次不断提高且日益丰富多元。尤其在健康中国、全民健身等国家战略的推动下，居民体育消费在消费需求、消费方式、消费对象等方面呈现新特征，从以中低端产品为主的基本消费转向逐渐注重产品品质与体验价值的发展型体育消费，更加注重彰显个性化与高端化的享受型消费，对消费质量的要求也越来越高，希望获得更好的商品和更优质的服务。消费结构的变化、消费品质的提升，意味着与人们新的体育消费趋势及体育消费需求相对应的体育产品供给必须进行技术创新，为消费提供新的产品和服务。

当前关键问题在于体育供给和需求错配，即国内体育产品和服务供给的结构、质量和成本难以满足居民消费需求。体育产品供给未能顺应体育消费升级的趋势或滞后明显，供给品质不高，加之供需信息不对称，导致居民的体育消费需求尚未得到有效满足，迫使这部分体育需求外溢，或消费外流。正是居民体育需求变动向体育市场所释放的信号，

---

[1] 张园：《供给侧改革视角下我国养老服务产业化模式与路径研究》，经济科学出版社2018年版，第55页。

迫使并刺激企业以体育消费需求升级为依据，不断创造、创新产品，驱动企业重新汇集，配置生产要素资源，摒弃不能适应新环境和新形势的生产理念和领域，倒逼企业通过技术创新、技术融合等方式，带动相关领域的研发活动，扩大有效供给，减少无效和低端供给。响应体育市场的新变动，顺应居民体育需求的新趋势，实现体育市场供需的有效对接，针对消费需求提供有效供给。有效捕捉市场先机，在满足需求的过程中优化供给，以新供给来创造新需求，以新供给来满足现有需求。

二 体育供给"引领—适应"体育需求

供给指企业在某一时期的某种价格水平之上，愿意并且能够向市场提供的商品或劳务。而广义的供给指所有能对经济发展起到作用的因素或力量，包括经济活动主体、生产要素、结构变动、制度变革等。体育市场供给决定着体育需求的对象、水平和结构，是满足体育需求的前提和基础。伴随大数据、互联网、物联网技术在体育领域的日益深度应用，多样化、多元化、多业态的体育市场发展新格局将会形成，不断催生的体育新产品和提高的产品质量，会更好地挖掘和适应居民个性化、智能化、高端化的体育需求。像大疆无人机等智能硬件技术和智能机器人、3D打印、智能手表、可穿戴设备等技术已经带来了满足中高端需求的产品新供给。技术创新、新产品供给也催生了新的消费领域和消费方式，拉动了新动能的产生。

目前体育市场的产品供给，总体上处于较低水平，有"高原"缺"高峰"，使一部分体育消费潜力无法释放。在健身器材、运动服装、体育赛事等领域又存在"供非所需"，许多低水平赛事、低质量的器材、运动服装供给挤占了体育市场，形成了库存严重的无效供给现象。迫切需要通过供给侧结构性改革，创新供给方式，扩大供给规模，提升供给能力，适应不同层次、不同群体的体育需求。针对不同群体，提供与之相适应的体育产品和服务,实现体育产业供给层次的多样化和精准化,通过以供给创新来适应需求结构变动,逐步扩大体育市场。

第二节 "需求侧"和"供给侧"是促进体育发展的"一体两面"

需求侧与供给侧是经济发展的"一体两面","需求侧"管理和"供给侧"改革是促进经济增长的两种方式。"三驾马车"是对需求侧消费、投资、出口活动的形象描述;而供给侧则是指产品或服务的供给方,包括劳动、资本、技术等要素供给及相关制度等一系列因素。确切地说,制度、人口、技术、资本、资源五大财富才是经济增长的根本动力。在演化经济增长过程中,供给侧的五大要素与需求侧的"三驾马车"相互影响,共同进化,决定了经济增长的方向和速度。需求侧所强调的消费、投资和出口只有关联到供给侧,并形成有效匹配,才有可能对应地成为各自需求的满足状态。①

一 体育产业需求侧的"三驾马车"逆势增长

需求侧,指与需求相关的一系列因素,包括消费者的消费能力、消费欲望以及与需求相关的一系列制度性因素。根据凯恩斯短期分析框架,可得式(2-1)。

$$Y(社会总产出) = C(消费) + I(投资) + (EX - I_m)$$
$$(净出口) + (G - T)(政府购买) \quad (2-1)$$

该公式表明,一个经济体的经济活动总量是由需求总量决定的,而需求总量是由消费、投资、净出口、财政赤字构成的。自2008年国际金融危机爆发以后,中国政府为了应对危机,保持经济稳定增长,采取

---

① 刘春芝:《供给侧改革的经济策略研究》,中国社会科学出版社2019年版,第28页。

了一系列需求侧管理政策，这些政策在当时的形势下，取得了积极效果。经济发展进入新常态后，需求侧管理政策的边际效应呈现递减之势。近年来，相比宏观经济发展中"三驾马车"日渐乏力的作用，体育产业发展中的"三驾马车"却"逆势而为"，快速发展，对经济发展的贡献不断提高。

（一）体育消费支出增速明显

过去四五十年，中国的消费率明显偏低的情况持续存在，不仅低于发达国家，而且低于同样发展水平的发展中国家，甚至低于发展水平更低的国家。[①] 国家统计局数据显示，2001—2010年消费率从2000年的62.3%一路跌至48.2%，进入了前所未有的低谷阶段。从2011年开始，消费率进入新的一轮增长周期，最终消费率开始稳步回升。2012年重回50%以上，到2015年中国消费率已经达到51.8%。最终消费率在一定程度上反映了国民经济发展中的动力来源。最终消费率上升基本意味着投资率或净出口率的下降，表明消费成为GDP中占比最大的部分。尽管如此，相比发达国家消费在经济总量中的贡献率，中国还存在较大差距。在发达国家，消费拉动对于经济增长的贡献占据绝对主导地位，比重多在70%以上，甚至接近90%。欧元区国家的平均消费率在2013年达到77%，高收入国家达到79%；美国2000年的消费率为80%，2013年达到83%；而日本从2000年的74%上升到2013年的82%，变动较为明显。

国家统计局公布数据显示："2018全年全国居民人均消费支出19853元，相比2017年增长8.4%。"[②] 2012年、2013年、2014年人均

[①] 陈宝明、吴家喜主编：《再造新动能——创新引领供给侧结构性改革》，科学技术文献出版社2018年版，第115页。

[②] 《2018年居民收入和消费支出情况》，https://www.gov.cn/xinwen/2019-01/21/content_5359647.htm。

体育消费支出分别为 593 元、645 元、926 元，年均增幅为 28%，人均体育消费支出增幅明显高于人均消费支出，如图 2-1 所示。率先开展居民体育消费调查统计的江苏省的数据显示，2018 年全省城乡居民人均体育消费支出为 2382 元，相比 2017 年的 2028 元增长 17.5%，人均体育消费支出增幅均超过居民人均消费支出增幅。

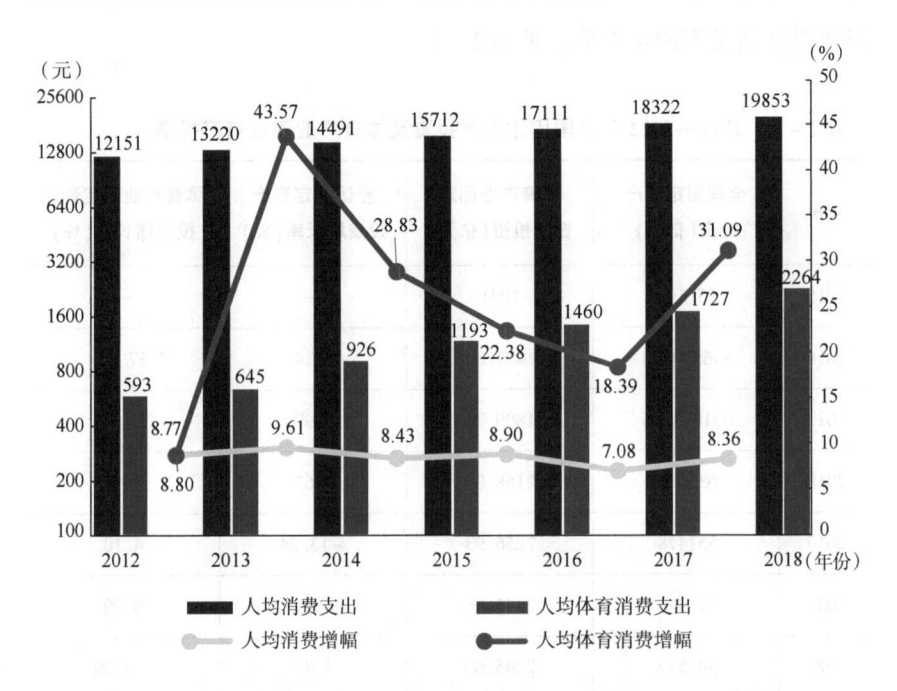

图 2-1 2012—2018 年中国人均消费支出与体育消费支出及其增幅

资料来源：国家统计局、国家体育总局网站。

（二）体育产业投资热情高涨

2000 年以后，中国投资增速快于 GDP 增长是一个常态，[①] 这也反映了投资对经济增长的贡献显著下滑。投资对经济增长的贡献率持续走

---

① 许召元：《为什么投资增速下降没有拖累经济增长》，《中国经济时报》2018 年 1 月 19 日第 5 版。

低,已由 2010 年的 65.2% 大幅下降至 2018 年的 32.4%。国家统计局网站公布数据显示:2015—2017 年全国固定资产投资分别为 551590 亿元、596500.75 亿元、631683.96 亿元,年均增长率为 7.02%。而同期,体育产业固定资产投资分别为 1031 亿元、1421.34 亿元、1809.72 亿元,年均增长率为 32.59%,体育产业固定资产投资增长率是全国固定资产投资增长率的 4.6 倍,见表 2-1。

表 2-1　2015—2022 年全国固定资产投资及体育产业固定资产投资

年份	全国固定资产投资(亿元)	体育产业固定资产投资(亿元)	全国固定资产投资增长率(%)	体育产业固定资产投资增长率(%)
2015	551590	1031	—	—
2016	596500.75	1421.34	8.14	37.86
2017	631683.96	1809.72	5.90	27.32
2018	635636	2168.04	0.63	19.80
2019	551478	2256.93	-13.24	4.10
2020	518907	2475.86	-5.91	9.70
2021	544547	2245.60	4.94	-9.30
2022	572138	1976.13	5.07	-12.00

资料来源:国家统计局。

(三) 体育用品出口增势明显

受 2008 年国际金融危机的影响,近年来出口对经济增长的拉动和贡献也明显减缓。2012 年以来,外贸出口增幅缓慢,2014 年后甚至连续两年出现负增长。随着全球经济发展的衰退,加上近期国际贸易摩擦的进一步加剧,进出口对中国经济发展的贡献可能会再度下滑。但同期运动用品及其零件、附件出口额增势显著,远高于全国出口总额增速,见表2-2。

表2-2 2012—2022年全国出口总额和运动用品及其零件、附件出口额相关数据

年份	全国出口总额（百万美元）	运动用品及其零件、附件出口额（百万美元）	全国出口总额增长率(%)	运动用品及其零件、附件出口额增长率(%)
2012	2048714	35628.96	—	—
2013	2209004	35847.1	7.82	0.61
2014	2342293	38556.53	6.03	7.56
2015	2273468	42687.99	-2.94	10.72
2016	2097631	45169.22	-7.73	5.81
2017	2263345	54593.04	7.90	20.86
2018	2486696	—	9.87	—
2019	2499482	—	0.51	—
2020	2589952	71531.654	3.62	—
2021	3316022	101856.933	28.03	42.39
2022	3544434	—	6.89	—

资料来源：中华人民共和国海关总署。

二 体育产业供给侧的要素供给质量有待提升

相比需求侧的"三驾马车",供给侧则有劳动力、土地、资本、创新和制度五大生产要素。供给的核心本质上是一个生产函数,生产函数是从供给侧进行的分析,决定了生产可能性边界。依据内生增长理论,

在描述经济增长的一般性模型中，可以把经济增长的要素抽象为劳动、土地、技术、资本、制度五大要素，将生产函数表述为式（2-2）：

$$Y = f(A, K, L) \qquad (2-2)$$

其中，Y 为社会总产出，A 为全要素生产率，K 为资本存量，L 为劳动力投入。

从供给角度来看，经济增长主要取决于生产过程中各种生产要素的投入与配置问题。结合当前中国体育产业发展的实际情况来看，这五大生产要素都存在明显的供给约束与供给抑制，导致生产要素难以从无效需求领域转向有效需求领域，无法从低端制造领域向高端制造领域配置。

在体育产业领域，五大生产要素更集中地表现为体育产业的从业人员、体育场馆资源、体育资本、技术创新和体育产业政策五个方面。长期以来，体育产业各类生产要素难以从无效需求领域转向有效需求领域，供给约束和供给抑制问题没有得到实质性的破解，严重影响了各类生产要素在体育产业领域的供给质量和配置效率。体育产业发展中普遍存在人力资本积累缓慢、体育场馆资源利用粗放、体育资本市场尚不健全、科学技术创新不足、体育产业政策效果不佳等问题。上述五大生产要素的优化配置，是当前中国体育产业供给结构优化的关键，这也是构成促进体育产业高质量发展中各种措施实施或政策制定的基本依据。

（一）体育产业从业人员缺口巨大，劳动力成本逐年攀升

体育产业从业人员的供给现状，从从业人员数量上看，体育劳动力短缺。在各类要素供给结构中，由于人口红利逐渐消失，劳动力不再充裕和低廉，劳动力供给面临短缺。体育产业尤其是目前处于支柱产业地位的体育用品制造业属于劳动密集型产业，需要更多的就业人口。从业人员短缺，制约着体育产业的发展规模。体育产业单位名录库分析课题

组公布的数据显示，2019年中国体育产业从业人员为505.1万人，仅占全国就业人员数的0.66%，远低于文化产业、旅游产业的从业人员。这一数据与2025年预计的800万左右从业人口的发展目标，还有着近290多万的就业缺口。体育产业从业人员在就业人口中的占比，与发达国家相比，也存在较大差距。2007—2011年，美国体育产业的就业人口稳定在320万人左右，约占全国总就业人口的2.5%；2011年，欧盟体育产业的就业人口达到446万人，占欧盟就业总人口的2.12%。中国体育产业从业人员占全国就业人口的比例仅为0.61%，缺口巨大，从业人员占全国就业人口的百分比，与体育产业创造的增加值对经济增长的贡献率严重不符。在体育产业中，各地普遍存在"用工难"、劳动力短缺现象。

按照体育产业的不同业态统计，2017年全国体育产业从业人员中从事体育用品及相关产品销售和制造的人员分别为3336092人和1282842人，占体育产业总从业人员的97.66%，体育产业核心产业的从业人员较少。而占体育产业从业人员规模最大的体育用品制造业，从业人员的文化程度普遍较低，属于典型"劳动密集型产业"。厦门大学课题组关于福建晋江国家级体育产业基地从业人员的调研报告显示，初中、高中文化程度的体育制造业从业人数占总体93.1%。[①] 从体育产业从业人员的质量上看，专业技术人才稀缺。体育服务业属于知识密集型产业，从业人员的数量及专业性，决定了体育服务业的发展质量。从事体育服务业的专业技术人员缺口更是巨大，仅占体育产业从业人员的2.34%。2022年体育经济与代理、广告与会展服务业的增加值为113亿元，在体育产业中的占比仅为1.1%。从体育经纪业看，目前中国已拥有3万多名职业运动员，但经国际认可的体育经纪人却不足450人，远

---

① 《体育总局办公厅关于印发〈社会体育指导员工作评估报告（2011—2014年）〉的通知》，https://www.sport.gov.cn/qts/n4986/c670381/content.html。

不能满足体育经纪业发展的需要。

国家体育总局人力资源中心自2009年开展体育行业职业技能鉴定工作以来，截至2019年年底，累计开展职业技能鉴定83.9万人次，有效推动了体育产业发展。尽管如此，开展的项目覆盖面较窄，主要集中在游泳救生员和社会体育指导的12个运动项目，包括游泳、滑雪、潜水、攀岩、跆拳道、健身教练、健美操、武术、网球、体育舞蹈、羽毛球、山地户外，还未能覆盖全部运动项目。根据国家体育总局发布的《"十四五"体育发展规划》，截至2020年年底，全国每千人拥有指导员达到1.86人，仅为2030年实现每千人拥有2.3名社会体育指导员目标的80%，[①] 尚存较大差距。

从劳动力成本上看，体育产业从业人员劳动力成本快速攀升。中国正逐渐步入老龄化社会，自2010年后，社会劳动适龄人口每年净减少数百万人。人口红利的消失，使得中国劳动力供给不再充裕和廉价。统计数据显示，2016年中国制造业从业人员的平均时薪涨至3.6美元，是2006年的3倍。而同一时期，巴西的时薪却从2.9美元降低到2.7美元；南非也从4.3美元降低到3.6美元；印度则基本保持原水平，时薪为0.7美元，见表2-3。快速增长的人力成本造成大规模代工转移现象，2009年耐克关闭江苏太仓工厂，2012年耐克关闭苏州生产基地；2017年阿迪达斯关闭在华唯一一家直属工厂，前往东南亚建厂生产。

表2-3　　　　　中国与部分国家制造业平均时薪比较　　　单位：美元/小时

国家	2007年	2016年
中国	1.2	3.6

---

① 国家体育总局：《"十四五"体育发展规划》，https://www.sport.gov.cn/zfs/n4977/c23655706/part/23656158.pdf。

续表

国家	2007 年	2016 年
巴西	2.9	2.7
南非	4.3	3.6
印度	0.7	0.7

(二) 体育场地设施绝对数量不足与相对闲置浪费并存

体育场地设施是居民进行体育锻炼和比赛的必要场所，是承接体育赛事活动的重要载体，是体育产业发展的条件保障和物质基础。体育场地设施供给，普遍存在供给绝对数量不足却相对闲置浪费严重，供给效率不高的问题。国家体育总局经济司的调查数据显示，截至2019年年底，全国体育场地共354.44万个，平均每万人占有场地数25.28个；体育场地面积共29.17亿平方米，人均场地面积为2.08平方米。[①] 这些数据尚不足美国几年前相应数值的1/10、日本的1/12、西方发达国家的1/15。

此外，体育场地设施的利用率不高，相对闲置浪费现象普遍存在。2019年国内人均场地面积达到2.08平方米，但现有场地设施主要集中在教育、军队、体育系统，体育场地开放率不高，人均可使用的场地面积远低于公布的人均核算占有场地面积。全国《第六次体育场馆普查数据》显示，2013年全国共有体育场地169.46万个，由教育系统管理的场馆高达66.05万个，面积占全国场馆总面积的53.01%。[②] 学校体育场馆，作为距离群众最近和最适合群众使用的场

[①] 《2019年全国体育场地统计调查数据》，https://www.sport.gov.cn/n315/n9041/n9042/n9143/n9153/c968185/content.html。

[②] 《第六次全国体育场地普查数据公报》，https://www.sport.gov.cn/n4/n210/n28/c328625/content.html。

馆，开放率却不足 1/3，学校体育场馆闲置浪费现象严重。在中国的大型国有体育场馆中，对外开放的仅占 35%。体育场地绝对数量不足和相对较低的开放利用率，使得体育场地设施无论是在供给数量上还是供给质量上，均影响到了体育活动的组织和开展，严重制约了体育产业发展。

（三）体育产业投资资金来源较为单一，融资数量和金额下滑严重

产业发展的投资资金来源主要包括政府财政拨款、银行贷款、社会融资、外资以及企业内源资金。据统计，截至 2017 年年底，沪深两市共 78 家 A 股体育相关概念上市公司，其中 22 家国有企业资金来源仍以财政投入为主，其余 56 家民营企业资金来源主要为公司的原始积累，大都由房地产、旅游、广告等其他关联行业的内源资金转入。[①] 正如某投资机构负责人所言："在 A 股市场还没有严格意义上的体育行业上市公司，尽管有些房地产企业拓展体育领域业务，体育领域业务在营业收入中不足 10%。"[②] 在体育产业的核心领域体育服务业中，国有和集体经济性质的单位所占比重较大，尤其是体育组织管理活动和体育场馆管理活动，其国有和集体经济性质的单位所占比重高达 68.4% 和 51.8%。2017 年，中国体育产业单位的机构数为 197071 个，占国民经济机构数的 0.90%，其中内资占 98.29%，而港澳台商和外商投资仅占 1.64%，内资机构远高于港澳台商投资和外商投资机构，见表 2-4。2017 年体育固定资产投资 1809.72 亿元，其中内资企业投资 1791.25 亿元，港澳台商和外商投资 18.47 亿元，仅占投资额的 1.02%。

---

① 孙冰川、刘远祥：《体育产业供给侧改革的理论逻辑、现实问题与实践路径》，《山东体育学院学报》2023 年第 4 期。
② 荆林波：《我国体育产业发展现状、问题与对策建议》，《南京体育学院学报》（社会科学版）2016 年第 4 期。

表2-4　　　　　　　体育产业登记注册类型分布

登记类型	机构数(个)	机构占比(%)
内资	193708	98.29
港澳台商投资	1662	0.84
外商投资	1568	0.80
其他	133	0.07
合计	197071	100

资料来源：2018年全国体育产业发展大会江西财经大学课题组公布数据。

2014年国家将全民健身和体育产业提升为国家战略性产业后，各路资金纷纷布局体育产业，诞生了许多"跨界"企业，其中不乏上市企业。但中国体育产业发展的资金投资回报普遍不高，经历了2015年、2016年连续两年快速增长后，体育产业投资逐渐回归理性。政策红利影响逐渐消退后，2017—2019年，中国体育类创业公司的融资事件和金额总体呈下降趋势，如图2-2所示。

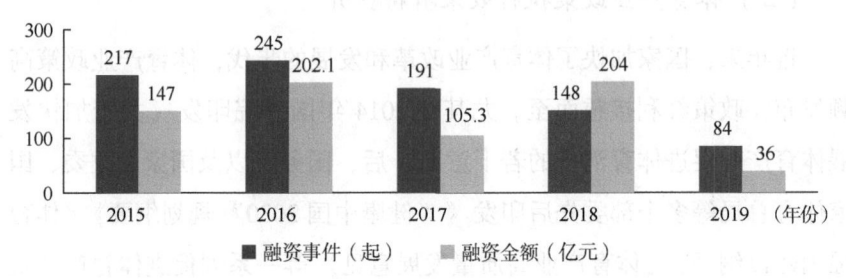

年份	融资事件（起）	融资金额（亿元）
2015	217	147
2016	245	202.1
2017	191	105.3
2018	148	204
2019	84	36

图2-2　2015—2019年中国体育类创业公司融资事件及金额

资料来源：根据互联网公布数据整理汇总。

（四）技术创新有待加强，全要素生产率有待提升

中国体育产业发展粗放，尤其是目前处于支柱产业地位的体育用品制造业过度依赖资源和资金的投入，企业研发投入不足，体育科技人才

匮乏，在体育产品的研发设计方面缺乏创新意识，导致体育产品科技含量不高，企业缺乏核心竞争力。专利的数量和质量代表了企业的创新能力，是反映企业研发实力的关键指标之一。2017年，中国发明专利申请量为138.2万件，授权发明专利42万件，其中国内发明专利授权32.7万件。国外体育品牌生产企业在专利研发中的平均参研人次、平均第一发明人的数量、专利平均申请量，分别是中国企业的10.17倍、12.29倍、12.39倍。① 以"体育"和"运动"为检索词检索体育领域的专利，数量分别为9509件和64191件，发明授权专利仅为306件和3234件，占全部专利数量的3.22%和5.04%。中国体育专利主要集中在实用新型和外观设计专利，体育技术创新机制尚不完善。② 另外，中国体育企业研发投入普遍不足，2011年中国规模以上工业企业平均每个研发项目经费支出仅为217.6万元，同时单个项目绝对投入额增长率很低，7年间仅增长了26.7%。③ 单个项目如此低的投入额，在很大程度上反映了技术创新投资极其分散，根本无法对技术创新形成有效支撑。

（五）体育产业政策执行效果有待提升

近年来，国家加快了体育产业改革和发展的步伐，体育产业政策高频发布，政策红利接踵而至。尤其是2014年国务院印发《关于加快发展体育产业促进体育消费的若干意见》后，国务院以及国家发改委、国家体育总局等多个部委先后印发《"健康中国2030"规划纲要》《体育强国建设纲要》《体育产业高质量发展意见》等一系列促进体育产业发展的国家政策以及冰雪运动、航空运动、山地户外运动和自行车、马拉

---

① 明宇、司虎克：《国外体育品牌生产企业技术创新的竞争情报分析——以耐克、阿迪达斯、锐步、彪马、匡威的专利研发为例》，《西安体育学院学报》2015年第4期。

② 王茜、方千华：《体育技术创新水平的时空模式与国家专利战略的路径选择》，《西安体育学院学报》2011年第3期。

③ 刘中显：《中国产业转型发展：理论与实践》，中国市场出版社2013年版。

松等多个运动项目产业发展规划，从加大体育市场供给和促进居民体育消费双侧发力，助力体育产业高质量发展，见表2-5。中国体育产业政策的目标、措施、方向不断明确和清晰，产业政策的实施手段和方式呈现多元化、多样化特征，产业政策体系逐步完善，对促进中国体育产业的发展，以及优化产业结构起到了积极作用。

表2-5　　2014—2020年出台的体育产业促进政策一览

序号	发布时间	文件名称	发布单位
1	2014.10.20	《国务院关于加快发展体育产业促进体育消费的若干意见》	国务院
2	2015.11.19	《国务院办公厅关于加快发展生活性服务业促进消费结构升级的指导意见》	国务院办公厅
3	2016.4.15	《关于促进消费带动转型升级的行动方案》	国家发展改革委等
4	2016.5.5	《体育发展"十三五"规划》	国家体育总局
5	2016.5.15	《关于推进体育旅游融合发展的合作协议》	国家体育总局、国家旅游局
6	2016.6.15	《国务院关于印发全民健身计划（2016—2020年）的通知》	国务院
7	2016.7.13	《体育产业发展"十三五"规划》	国家体育总局
8	2016.8.11	《体育彩票发展"十三五"规划》	国家体育总局
9	2016.8.30	《竞技体育"十三五"规划》	国家体育总局
10	2016.10.25	《"健康中国2030"规划纲要》	中共中央、国务院
11	2016.10.28	《国务院办公厅关于加快发展健身休闲产业的指导意见》	国务院办公厅
12	2016.11.25	《冰雪运动发展规划（2016—2025年）》	国家发展改革委、国家体育总局、教育部、国家旅游局

续表

序号	发布时间	文件名称	发布单位
13	2016.10.21	《山地户外运动产业发展规划》	体育总局、国家旅游局等8部委
14	2016.10.21	《水上运动产业发展规划》	体育总局、国家发展改革委等9部委
15	2016.10.21	《航空运动产业发展规划》	体育总局、国家发展改革委等9部门
16	2016.11.28	《国务院办公厅关于进一步扩大旅游文化体育健康养老教育培训等领域消费的意见》	国务院办公厅
17	2016.12.22	《关于大力发展体育旅游的指导意见》	国家旅游局、国家体育总局
18	2017.3.7	《国务院办公厅关于进一步激发社会领域投资活力的意见》	国务院办公厅
19	2017.12.12	《自行车运动产业发展规划》	体育总局等11部委
20	2017.12.15	《马拉松运动产业发展规划》	体育总局等11部委
21	2018.10.11	《完善促进消费体制机制实施方案(2018—2020年)》	国务院办公厅
22	2018.12.21	《国务院办公厅关于加快发展体育竞赛表演产业的指导意见》	国务院办公厅
23	2019.1.4	《进一步促进体育消费的行动计划(2019—2020年)》	体育总局、发展改革委
24	2019.3.31	《关于以2022年北京冬奥会为契机大力发展冰雪运动的意见》	中共中央办公厅、国务院办公厅
25	2019.8.10	《体育强国建设纲要》	国务院办公厅

续表

序号	发布时间	文件名称	发布单位
26	2019.9.17	《国务院办公厅关于促进全民健身和体育消费推动体育产业高质量发展的意见》	国务院办公厅
27	2022.10.26	《体育规划管理办法》	国家体育总局
28	2019.12.27	《关于进一步加强和规范体育领域事中事后监管的若干意见》	国家体育总局
29	2020.2.28	《关于促进消费扩容提质加快形成强大国内市场的实施意见》	国家发展改革委等23
30	2020.1.17	《体育赛事活动管理办法》	国家体育总局
31	2020.6.11	《关于促进和规范社会体育俱乐部发展的意见》	国家体育总局、教育部等8部门
32	2020.6.10	《中央集中彩票公益金支持体育事业专项资金管理办法》	财政部、体育总局
33	2020.8.31	《关于深化体教融合 促进青少年健康发展的意见》	体育总局、教育部
34	2020.7.6	《科学有序恢复体育赛事和活动推动体育行业复工复产工作方案》	体育总局
35	2020.9.18	《全国马产业发展规划(2020—2025年)》	农业农村部办公厅、国家体育总局办公厅
36	2020.10.10	《国务院办公厅关于加强全民健身场地设施建设发展群众体育的意见》	国务院办公厅

但通过系统梳理上述体育产业政策，可以发现因为产业政策目标模糊、政策内容趋同和不够明晰、政策法律效力层级较低，有些政策存在选择性、替换性执行，没有得到有效落实，严重影响了体育产业政策的预期，使得体育产业政策目标和实际效果之间存在着明显

偏差。① 体育产业政策的落实，需要涉及财政、国土、税务、公安等多个部门，各部门的利益诉求、权力需求不尽一致，价值取向也不尽相同，体育部门难以统筹各部门的资源，在政策的落实上还没有形成合力，影响了政策执行效果。

第三节　需求侧管理和供给侧结构性改革是调控体育产业发展的两种基本手段

需求和供给是经济系统的两个侧面，需求侧和供给侧从不同角度对经济增长产生影响。需求是人类经济生活中的一种原动力，是经济发展的原生动力。供给对需求的响应机制以及特征，决定经济发展的关键，是划分经济发展阶段的决定性因素。供给侧和需求侧是管理和调控宏观经济的两个基本方向，而供给侧结构性改革与需求侧管理是调控经济运行，促进经济发展的两种手段，不过二者在强调的重点、促进经济发展的机制、影响的深度以及所代表的宏观管理思想等方面均存在差异。② 从理论发展逻辑来看，需求侧管理理论源自凯恩斯主义，强调的是政府通过财政和货币政策等宏观经济调控手段来刺激或抑制需求，防止经济衰退或过热。而供给侧结构性改革是一系列政策主张的集合，指政府通过各种政策来影响市场供给和生产效率，促进总供给和总需求之间的均衡。

自 2014 年 10 月国务院印发《关于加快发展体育产业促进体育消费的若干意见》以来，各级政府积极行动，从供给侧与需求侧两端发力，不断完善体育市场供给，刺激居民体育消费。近年来，相继出台和实施

---

① 刘远祥、孙冰川、韩炜：《促进体育产业结构优化的政策研究》，《山东体育学院学报》2017 年第 1 期。

② 曾宪奎：《新常态和供给侧结构性改革》，人民日报出版社 2020 年版，第 142 页。

的体育产业政策，根据政策作用对象、作用效果和作用方式可以概括为供给侧管理和需求侧管理两大类政策。供给侧，着力解决低端供给过剩与有效供给不足的难题；需求侧，着力破解"有效需求不足与需求外移"并存的困境。① 在供给侧结构性改革和需求侧管理政策的研判与引导上，究竟是以供给侧还是以需求侧作为发力重点，关键要根据当时的经济状况、形势做出相应抉择。② 供给侧结构性改革与需求侧管理并不是非此即彼的选择，经济发展是双方着力的结果。中央的政策逻辑也是一脉相承，自始至终都强调供需双侧管理。在2015年中央工作会议上，习近平总书记指出："在适度扩大总需求的同时，着力加强供给侧结构性改革，着力提高供给体系质量和效率，增强经济持续增长动力。"③ 李克强同志也在"十三五"规划编制工作会议上强调："要在供给侧和需求侧两端发力，促进产业迈向中高端。"④

当前体育产业供给侧结构的优化升级，既离不开供给侧结构性改革，也难以绕开需求侧管理。体育产业供给结构优化不单单是在供给侧方面发力，而是要通过供给侧结构性改革提高体育产业供给体系对居民体育需求结构变化的适应性和灵活性，更好地满足居民体育消费需求，扩大体育消费规模。显然，需求侧"三驾马车"所强调的消费、投资和出口只有关联到消费供给、投资供给和出口供给，才有可能满足相应的需求，这也反映了需求侧"三驾马车"原动力引发的供给侧响应、适应机制，需要将"供给侧"纳入考虑范围。只有通过促进体育产业

---

① 纪念改革开放40周年系列选题研究中心：《重点领域改革节点研判：供给侧与需求侧》，《改革》2016年第1期。

② 齐骥：《文化产业供给侧改革研究：理论与案例》，中国传媒大学出版社2017年版，第49页。

③ 共产党员网：《习近平谈供给侧结构性改革》，https：//news.12371.cn/2017/12/19/ARTI1513642515489574.shtml。

④ 《李克强：紧扣全面建成小康社会目标 科学编制我国"十三五"〈规划纲要〉》，https：//www.gov.cn/guowuyuan/2015-11/17/content_2967291.htm。

"需求侧"与"供给侧"的有效对接，才能共同推动体育产业高质量发展，实现体育经济的增长与进步。

一　需求侧管理旨在提质扩容体育消费，培育和打造体育消费需求

需求侧管理是从经济运行结果出发，主要着眼于经济增长的短期因素，认为供给过剩的经济危机和经济下行源于有效需求不足，强调扩大需求。从需求侧入手，要着力解决"体育消费有效需求不足与需求外移并存"的发展困境，主张通过扩大政府投资，调节消费倾向，释放消费需求来促进经济增长，进而拉动经济持续发展。

体育产业需求侧管理的着力点同样在于加强投资、消费、出口，通过采取增加体育公共物品投资，来促进居民体育消费和扩大产品出口。2016年国家将体育产业列为与人民幸福息息相关的幸福产业，出台了一系列政策，旨在推进体育消费持续提质扩容。对近期出台的相关体育产业政策进行梳理，可以将需求侧体育产业管理的相关政策概括为丰富体育消费需求、培育体育消费理念、拓展运动技能、拓展体育消费空间、刺激体育消费行为和健全体育消费保障六大类。例如，国家体育总局联合国家发改委颁布的《进一步促进体育消费的行动计划（2019—2020年）》《关于加快发展生活性服务业促进消费结构升级的指导意见》和国务院办公厅颁布的《关于进一步扩大旅游文化体育健康养老教育培训等领域消费的意见》《完善促进消费体制机制实施方案（2018—2020年）》《关于进一步扩大旅游文化体育健康养老教育培训等领域消费的意见》等，要求建立健全体育消费监测和统计制度，积极引导竞赛观赏消费，推进体育与文化、旅游、养老、健康、教育、金融等产业融合发展，从不同维度扩大、释放居民体育消费有效需求，打造体育消费的新业态，进一步激发和释放居民体育消费潜力。采取支持消费引领性强的

健身休闲项目发展，遴选体育消费试点城市，发放体育消费代金券，制定健身积分制度等方式，破解制约居民体育消费的体制机制障碍，实现体育消费的提质扩容。

二 供给侧政策旨在优化配置生产要素，丰富和扩大体育产品供给

供给侧结构性改革主张从经济运行源头入手，着眼于经济增长的长期因素，致力于生产要素资源的优化配置和全要素生产率的有效提升，是一个长期性的政策体系。供给侧结构性改革认为，经济滞涨问题不是需求不足，而是供给侧出了问题，着重强调供给效率的提升，以此促进经济效率的提升。从供给侧入手，着力解决"供给不足与供给过剩并存"难题，需从生产要素的优化配置入手，丰富供给内容，提高供给质量，为经济发展提供可持续的动力。2015年党中央提出要在适度扩大总需求的同时，着力加强供给侧结构性改革。随后，国务院各相关部门为落实供给侧结构性改革的发展指导思想，先后出台《关于积极发挥新消费引领作用加快培育形成新供给新动力的指导意见》等政策，显然是希望通过"供需协同管理"，从供需双侧两个维度去解决供需错配的结构性矛盾，扩大社会有效需求，缓解经济下滑的压力。

体育产业供给侧政策以供给侧为改革突破口，以体育产业生产要素资源以及发展方式的优化配置作为着力点，通过简政放权，解除体育产业生产要素资源的供给约束和抑制。通过政策引导更多社会资金进入体育领域，采取财政补助等方式推动体育场馆低收费或免费开放，营造更好的创新环境激励企业创新研发，深化"放管服"等多种方式促进生产要素的流通，提高要素资源的配置效率，驱动体育产业发展由要素投入驱动向创新驱动转变，实现全要素生产率提高。对近期出台的体育产业政策进行梳理，可以将供给侧体育产业管理的政策分为七大类。一

是设立体育产业引导资金，扶持体育产业发展；二是以体育元素为载体，打造体育综合体；三是多渠道增加全民健身场所和设施，推进智慧化场馆运营，实现学校体育资源共享；四是推进体育赛事改革，丰富赛事供给；五是大力发展休闲健身，丰富和完善全民健身活动体系，完善业余体育竞赛体系；六是大力发展体育用品制造，如运动服装、器材设施、纪念品的研发设计、生产制造和销售推广；七是推进实施农民体育健身工程等相关体育产业政策。这些政策旨在通过扩大体育产品和服务的供给规模，提高体育产业供给体系对社会体育需求结构变化的适应性和灵活性，提高体育产业供给体系的质量和效率，满足广大人民群众的体育消费需求，促进体育产业高质量发展。

供给和需求是经济活动中不可分割的两个侧面，供给是为了满足需求，需求引领、倒逼供给。需求侧和供给侧是促进体育发展的"一体两面"，需求侧管理和供给侧结构性改革是调控体育产业发展的两种手段，要同时并举。

第三章　需求结构：体育产业供给侧结构优化的逻辑起点

体育消费市场是体育产业供给侧结构性改革的终端，准确识别居民体育消费需求结构，是体育产业供给侧结构优化的逻辑起点。体育产业供给侧结构优化应以准确识别居民体育消费需求作为前提，只有准确获取消费者的体育需求信号，把握和顺应体育消费升级的趋势，围绕消费者体育消费需求的升级变化进行投资和生产，提供契合居民消费需求的体育产品和服务，提高体育产业供给体系质量和效率，才能解决体育产品市场的供需矛盾。供给主体只有迎合居民的体育消费诉求，针对消费者的体育消费需求和诉求提供有效供给，才能缓解供需错配，实现体育市场总供给和总需求动态平衡。

因此，明晰居民体育消费行为、消费偏好、消费结构，将有助于体育产业供给侧结构优化政策的制定并保证政策的长期效果，全面提升体育产业供给体系的质量和效率，增强供给体系对需求结构的适应性和灵活性，从而为体育消费结构转型升级奠定基础，不断满足城乡居民日益增长的消费需求。

第一节 体育消费发展趋势

随着居民收入水平进一步提高和中产阶级崛起，居民消费需求沿马斯洛需求曲线向上攀升。居民在消费结构、消费品质、消费方式等方面均呈现明显的趋势性变化，居民消费升级趋势明显。居民消费升级也会产生新需求，引领供给结构优化，必须准确识别消费升级的趋势和新特征，通过消费升级倒逼供给侧结构性改革。体育消费作为新兴健康消费的重要内容和方式，被赋予了释放内需潜力、推动经济转型升级、保障和改善民生的重要意义。体育产业作为五大幸福产业之一，也应肩负起提高广大人民群众生活质量和幸福指数、满足广大人民群众较高层次需求的新使命。充分发挥体育消费对经济发展的提振作用，使居民体育消费成为新时代推动中国经济高质量发展，深化供给侧结构性改革的关键着力点。

一 体育消费水平不断提高

中国经济已从高速增长阶段转向高质量发展阶段，居民消费结构的转型升级趋势明显，使得体育消费市场增长潜力巨大，这也成为推动体育消费高质量发展的重要基础。近年来，人均收入的持续提高，优质供给持续增加，家庭消费恩格尔系数不断下降，居民消费结构转型升级趋势显著。国际经验表明，随着收入的提高和恩格尔系数的不断下降，这个时期居民的服务型消费需求会快速增长。国际经验表明，当人均GDP超过1000美元后，居民消费结构由物质品消费向服务品消费转变；当人均GDP超过3000美元后，居民消费结构开始由小康型消费向享受型消费转变；当人均GDP超过6000美元后，居民消费结构由享受型消费向休闲型消费转变。人均GDP达到8000美元后，居民消费结构转型升级趋势明显，居民服务消费开支在消费开支中所占比重将不断上升，非耐用消费品开支所占比重则较快下降，物质消费品开始缓慢下降，消费占比将远小于服务支出。服务消费在消费总支出中的比例继续上升，消费结构从物质消费、必需品消费、生产型消费向物质需求与服务需求并重、发展型消费升级。2022年，中国人均国民总收入12604美元，已居于上中等收入国家的平均水平。全国恩格尔系数已由2013年的31.2%降至2021年的29.8%，根据联合国划分标准，中国已经成为相对富裕国家，居民消费需求结构与档次已基本接近发达国家水平。

中国人口基数大，人均GDP增长速度快，加之互联网渗透率高，以及政府的强大推动力，居民提高生活质量的愿望迫切，体育消费需求旺盛，体育消费在消费总支出中的占比不断提高。国内居民消费结构正由过去追求物美价廉转变为追求品质当先，由追求质量保证转变为追求品牌光环，由追求潮流化时尚转变为追求个性化时尚。居民开始更愿意为自己的健康消费买单，居民体育消费需求逐渐释放，体育消费支出水平不断提高。2017年，全国居民体育娱乐用品零售额比2016年增长15.6%，人均体育消费支出1553元，体育消费支出占人均居民可支配收入的比例超过2.5%。江西财经大学课题组公布的数据显示，2018年全国人均体育健身活动支出同比增长39.3%，高于医疗卫生、交通旅游等支出增幅。[1] 国家统计局公布数据显示，2018年，全国居民人均消费支出19853元，相比2017年名义增长8.4%。[2] 2013—2018年，人均体育消费支出增幅明显高于人均消费支出增幅，如图3-1所示。

---

[1] 李相如：《我国休闲体育的时代特点与发展趋势》，https://www.sport.gov.cn/n20001280/n20745751/n20767279/c21256817/content.html。

[2] 《2018年居民收入和消费支出情况》，https://www.gov.cn/guoqing/2019-01/21/content_5359647.htm。

图 3-1　2012—2018 年人均消费支出增幅与人均体育消费支出增幅

资料来源：国家统计局、国家体育总局网站。

国家统计局公布的数据显示，全国居民人均体育健身活动支出同比增长高于医疗服务、旅游住宿、交通支出等。2020 年中国体育消费规模达到 1.5 万亿元，且体育消费增长空间巨大。经济发达地区的人均体育消费支出已经超过 2000 元大关。2017 年，深圳市居民人均体育消费支出为 2568.54 元①，上海市民人均体育消费支出达到 2030 元②。2018 年江苏省城乡居民人均体育消费支出为 2382 元，比 2017 年的 2028 元增长 17.5%。③ 2019 年山东省城乡居民体育消费支出为 2049.8 元，占当年全省人均可支配收入的 6.49%。④

---

① 深圳新闻网：《深圳居民体育消费 2017 年调查数据发布 人均超 2500 元》，https://www.sznews.com/news/content/2018-12/23/content_21299499.htm。
② 周阳：《〈2017 年上海市全民健身发展报告〉发布》，https://www.sport.gov.cn/n20001280/n20745751/n20767277/c21338791/content.html。
③ 江苏省体育局：《2018 年江苏省城乡居民体育消费统计公报》，http://jssyj.jiangsu.gov.cn/art/2019/11/25/art_79626_9391891.html。
④ 山东省人民政府：《山东首次体育消费专项调查报告出炉》，http://www.shandong.gov.cn/art/2021/8/29/art_97564_428046.html。

二 体育消费结构不断升级

随着居民收入快速增长,中国消费结构正在发生深刻变化,在经历了模仿型、排浪式的消费阶段后,居民正向个性化、多元化、品质化和对接"服务型消费"方向转化,从"衣食住用行"的基本需求向"学乐康安美"的方向升级,向舒适消费、健康消费、快乐消费延伸拓展。教育、健康、养老、文化、旅游等既满足人们生活质量提高需求,又有利于人力资本积累和社会创造力增强的服务消费迅速增长。居民体育消费支出快速增长,消费结构不断升级,由健康理念、消费观念转变所催生的个性化、定制化、多样化消费渐成主流,参与型、观赏型等体育服务型消费支出不断提升。体育消费正引领相关产业、基础设施和公共服务投资迅速增长,结构性的优化细分成为发展时尚体育产业和新兴体育产业的新支撑因素,以消费新热点、消费新模式为主要内容的消费升级,拓展了体育产业未来发展新空间。

随着社会生产水平的不断提高,未来中国居民的工作时间将减少,人们不再为了生存而工作,而是更多的时间用于出游旅行、接受教育或是与家人分享空闲时光;居民消费结构由基础型转向发展型与享受型,消费重点发生了变化,消费结构明显改善,消费层次继续提升,从而教育、文化、娱乐、体育消费支出将进入高增长期。随着人口老龄化趋势显著,中国居民对健康的重视和追求日益增强,健康保险、医疗服务、基因诊断等医疗保健支出将大幅增长,占消费总支出的比例不断提高。多元化消费指数是反映城乡居民消费结构的重要指标,该指标已分别由1998年和2006年超过1.7提高到2015年的1.86和1.82,近年来呈现快速增长的趋势,并逐步趋近2.08的最优值。在此背景下,城乡居民体育消费结构也由生存型消费向发展型消费升级,由物质型消费向服务型消费升级。居民体育消费结构不断升级,体育消费内容正由传统的"实物型"向"参与型""观赏型"消费转变,呈现日趋多元化、个性差异化、品质化的发展趋势。国家体育总局《2014年全民健身活动状况调查公报(2015年11月6日)》显示,2014年20岁以上人群的场租和聘请教练消费支出为876元,首次超过了运动服装鞋帽的支出水平,如图3-2所示。参与马拉松、山地户外运动、冰雪、水上运动项目的居民数量不断增加,户外体育运动用品消费规模不断扩大,居民"体育参与型"的消费倾向越发凸显。

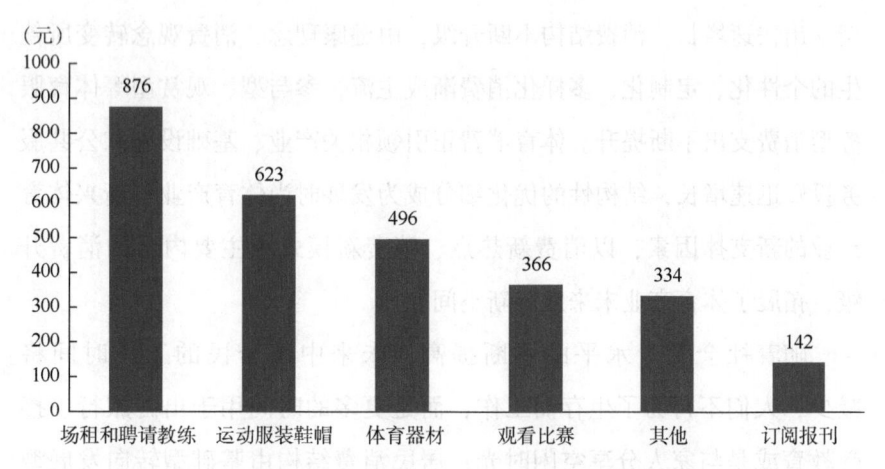

图3-2 2014年全国20岁及以上人群不同体育消费项目的人均消费金额

资料来源:国家体育总局:《2014年全民健身活动状况调查公报(2015年11月6日)》,https://www.sport.gov.cn/n315/n329/c216783/content.html。

体育消费结构指人们在体育消费过程中的多种消费产品和劳务的构成或比例关系。体育消费结构可以反映居民体育消费的质量变化状况以及内在构成的合理化程度。本研究在2019年度山东省城乡居民体育消费调查中,按照国家体育总局《体育消费分类统计办法》,将体育消费分为体育用品消费、体育健身休闲消费、体育赛事观赏消费、体育教育培训消费、体育旅游消费、体育文化消费、体育彩票消费、其他体育消费(含体育保险消费)8个类别。此次调查数据显示,山东省城乡居民体实物型消费,即体育用品消费为893.92元,占体育总消费的44%;居人均体育消费支出的第1位。而服务型体育消费为1155.88元,占体育总消费的56%,其中,体育旅游消费为349.35元,体育健身休闲消费为260.25元,体育彩票消费为200.08元,体育教育培训消费为181.60元,如图3-3所示。

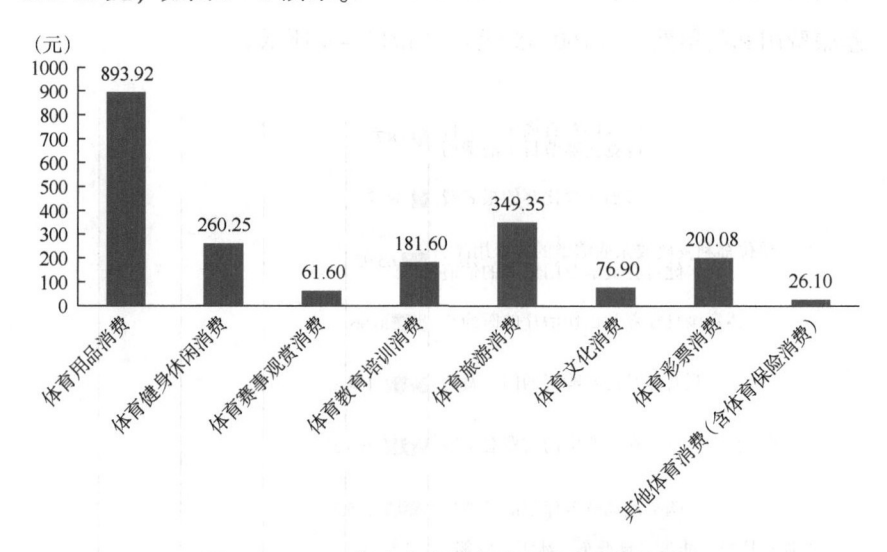

图3-3 2019年山东省城乡居民体育消费结构

资料来源:刘远祥、孙冰川:《2019年度山东省城乡居民体育消费报告》,山东大学出版社2021年版。

因统计口径差异,江苏省在开展城乡居民体育消费调查时,将体育消费支出分为体育用品及器材,体育服装、鞋帽,报纸期刊以及纪念品的费用;体育技能培训费用(包括私人教练费用在内);体育彩票的费用;支付体育俱乐部的会员费;支付运动所需的场馆、场地租金;参加马拉松、徒步、自行车、冰雪、帆船、潜水、漂流、户外宿营、汽车露营等形式体育运动的差旅费用和门票费用;购买运动营养保健品的费用;进行电子竞技消费以及在游戏中的付费总金额;观看体育比赛购买的门票费用;体育康复疗养和创伤治疗的医药费;单位福利发放或亲朋馈赠的体育用品、健身会员卡及门票等的估值;参加体育比赛的报名费；购买体育直播录播节目（含电竞比赛节目）的费用共13个类别。2018年，江苏省城乡居民体育消费支出排在前5位的分别为体育用品及器材，体育服装、鞋帽，报纸期刊以及纪念品的费用（602.51元）、体育技能培训费用（包括私人教练费用在内）（362.85元）、体育彩票的费用（333.37元）、体育俱乐部的会员费（227.70元）、体育运动的差旅费用和门票费用（160.45元），如图3-4所示。

类别	费用（元）
购买体育直播录播节目（含电竞比赛节目）的费用	38.77
参加体育比赛的报名费	39.62
单位福利发放或亲朋馈赠的体育用品、健身会员卡及门票等的估值	65.95
体育康复疗养和创伤治疗的医药费	87.96
观看体育比赛购买的门票费用	104.8
进行电子竞技消费以及在游戏中的付费总金额	105.55
购买运动营养保健品的费用	105.77
参加马拉松、徒步、自行车、冰雪、帆船、潜水、漂流、户外宿营、汽车露营等形式体育运动的差旅费用和门票费用	146.71
支付运动所需的场馆、场地租金	160.45
支付体育俱乐部的会员费	227.7
体育彩票的费用	333.37
体育技能培训费用（包括私人教练费用在内）	362.85
体育用品及器材，体育服装、鞋帽，报纸期刊以及纪念品的费用	602.51

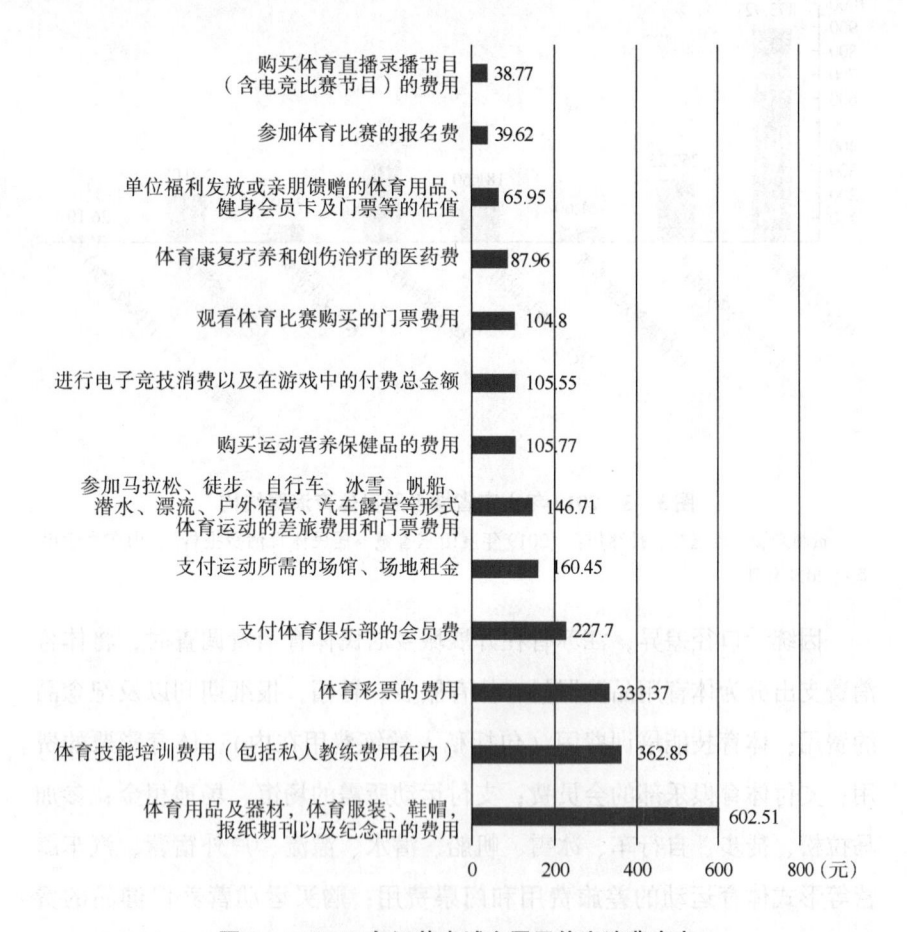

图3-4　2018年江苏省城乡居民体育消费支出

江苏省体育局：《2018年江苏省城乡居民体育消费统计公报》，http://jsstyj.jiangsu.gov.cn/art/2019/11/25/art_79626_9391891.html。

三 体育消费形式不断丰富

"互联网+"的发展和推广,使得线上营销成为企业营销战略实施与推广的重要路径。"互联网+"拓展了居民消费形式,"互联网+运动生活体验""互联网+营销渠道推广"等线上营销策略,拓展了居民体育消费渠道,扩大了体育消费群体的规模,成功地把消费群体延伸扩展至"宅男宅女"。线上消费渠道不断拓展,消费方式由线下向线上线下融合转变,居民消费正从第二消费时代向第三、第四消费时代过渡,线上消费驱动经济增长的新格局正在加快形成。2017年全国网上销售额为7.2万亿元,销售额较2016年增长32.2%,明显高于同期社会消费零售总额10.2%的增速。[1] 运动健康类App的出现,使百姓健身更加便捷和科学,有效调动了居民参与运动的积极性。现在体育健身服务类App已有七大类千余种,不断为用户提供线上专业服务。消费者可以借助可穿戴设备,从线上得到科学健身指导。体育场馆智慧化服务,便于消费者预订和约伴健身,获得更好的专业服务。借助AI和VR技术,挖掘优质赛事数据资源,打通线上线下观赛渠道,吸引更多的观众观看赛事。李宁、安踏、特步、探路者等多家国内外知名企业通过采取线上营销方式,扩大了消费份额。2022年,李宁公司电商收入74.65亿元,占总收入的28.9%;安踏集团电子商贸收益占整体收益的34.3%,较2021年增长30.7%。[2]

四 体育消费品质日趋高端

随着人均收入和生活水平提高,中国居民需求进入了向中高端转变的换挡期,人们的需求从以数量为主转向以品质为主,从以大众化消费

---

[1] 孙博洋:《2017年全年社会消费零售总额增长10.2% 网上零售额超7万亿》,http://finance.people.com.cn/n1/2018/0118/c1004-29773408.html。

[2] 周阳:《〈2017年上海市全民健身发展报告〉发布》,https://www.sport.gov.cn/n20001280/n20745751/n20767277/c21338791/content.html。

为主转向个性化消费为主。消费产品的品质日趋高端，从中低端体育产品和服务为主的基本消费转向注重产品和服务品质与体验价值的发展型消费。随着模仿型、排浪式消费阶段的基本结束，居民个性化、多样化、时尚化、品质化的消费已渐成主流。特别是年轻一代更加偏好彰显个性特征的时尚品牌产品和服务，有效推动了与消费体验、个性化设计、柔性制造等相关产业快速发展。这些新变化对体育产业供给侧影响是深刻的、系统性的，体育需求层次不断提升且日益多样化，大量体育消费从"随意性"转向"专业性"，更加注重专业技能和装备配置。2016年《中国产业发展年度分析报告》指出："我国居民体育、旅游、娱乐消费偏好增强，优质产品和服务备受青睐，消费者对高端体育产品和服务的消费需求越来越高。"[1] 体育产业需求侧的消费类型已开始从中低端的产品和服务为主的基本消费向注重产品和服务品质与价值体现的发展型消费及更加注重个性化与精品化的享受型消费转变。体育产业需求侧的市场逐渐通过换挡升级进入创新更迭变化期，与需求侧发展不相应的是体育市场供给侧的供给错位，需求结构升级与有效供给不足的矛盾日渐显现。

一方面，中高端项目井喷发展。伴随消费结构的转型升级，涌现出的有些体育消费需要付出较高成本，如滑雪、骑行、露营、攀岩、登山、潜水以及马术等户外运动。美国居民户外运动年度消费支出总额达8870亿美元，仅次于医疗、金融保险支出，占个人消费总支出的16%。[2] 这类户外运动在中国也逐渐盛行，吸引了越来越多的中产阶层和年轻人参与，这些项目比传统体育消费更"贵"。另一方面，居民体育消费的品质化趋势逐渐显现，广大消费者特别是中等收入群体对产品的质量和品质提出更高要求，高品质的品牌商品消费发展潜力巨大。消

---

[1] 芮明杰、王小沙主编：《2016中国产业发展年度分析报告——需求变化的视角》，上海财经大学出版社2017年版。
[2] 江小涓等：《体育产业的经济学分析：国际经验及中国案例》，中信出版集团2018年版，第13页。

费者越来越看重体育消费所倡导的健康生活方式,更加注重体育消费的"标签""品牌"等与美誉度、知名度相关的体验。2015年,中国消费者消费奢侈品金额为1168亿美元,占全世界奢侈品消费额的46%,中国成为全球最大的奢侈品消费国家。居民出境购物达1.2亿人次,境外消费支出约1.5万亿元人民币,其中购物花费7000亿—8000亿元,占境外旅游消费的50%左右。

五 体育跨界消费日益增强

体育作为"百搭行业",正在和诸多的行业发生亲密接触,"体育+"跨界融合不断深入,体育与文化旅游、户外休闲、运动康复、教育培训、医养健康等相关产业的融合发展,衍生出众多复合型产业和新型业态,催生了健身健康融合、体育智能网络、体育休闲娱乐、体育教育培训等新兴业态和消费模式。体育跨界消费日益增强,衍生品消费成为新的增长点,形成了以体育为核心,以运动康养、户外旅游、教育培训、休闲健身等为外延的体育大消费格局。2017年,中国泛户外人口已达1.3亿—1.7亿人,户外运动产业的市场规模约为2500亿元;滑雪人次达到1750万人次,冰雪产业总规模达到3976亿元。2017年黄金周时段,全国15条体育旅游精品线路,接待游客730万人次,实现旅游收入31亿元。[①] 户外体育活动热度不减,可穿戴设备成为供给新热点。

第二节 供给视角下制约居民体育消费升级的因素

正如前文所述,居民体育消费转型升级趋势明显,体育消费需求按理应是十分旺盛的,然而居民体育消费有效需求普遍不足。无论是相比

[①] 国家发展和改革委员会:《2017年中国居民消费发展报告》,人民出版社2018年版,第58页。

发达国家的发展规律还是国内人均收入水平提升后的消费结构升级，无论是相比国内体育产业成长速度还是日趋扩大的体育消费需求，当前中国需求侧体育产品和服务总体上仍处于较低水平，居民体育消费有效需求不足，与消费转型升级的发展趋势不相适应，居民体育消费热情尚未被很好地激发释放出来。从体育市场供给视角分析，体育产品和服务供给滞后，群众性体育赛事活动稀少且单一，体育休闲健身产品有效供给不足，难以满足消费多元化、品质化、体验式的发展型和享受型的体育需求，抑制了体育消费的发展规模。

一 消费率较低，体育消费有效需求不足

根据菲利普·科特勒提出的公式，将市场分解为人口、购买需求、购买力，借以分析体育产业发展的市场需求因素。体育人口是体育市场的主力军，是体育产业发展的主体力量，因此体育产业发展必须有庞大的体育人口作为产业发展的目标群体。《体育发展"十三五"规划》指出，"十二五"末中国经常参加体育活动锻炼的人，比例仅为33.9%。2020年，这一比例上升到了37.2%。由此可见，体育人口有待提升。另外，体育消费有效需求不足。体育作为倡导健康生活方式的习惯尚未普遍形成，居民体育意识普遍不强，体育消费尚未成为生活性消费的组成部分。体育消费率仍然过低，对经济增长拉动效果不明显。在欧美一些发达国家，经常参加体育活动的人超过了70%。[①] 总人口约为5亿人的欧盟，体育俱乐部会员数高达7000万人，另有2.71亿人经常性地参与体育活动，体育总人口接近3.5亿人。[②] 美国运动委员会2017年发布的美国人运动参与报告显示，2011—2016年，每年大约72%的美国人

[①] 江小涓等：《体育产业的经济学分析：国际经验及中国案例》，中信出版集团2018年版，第12页。

[②] 江小涓等：《体育产业的经济学分析：国际经验及中国案例》，中信出版集团2018年版，第10页。

参与健身运动。① 相比欧美发达国家，中国体育人口有待进一步培育，见表3–1。

表3–1　　　　中国与部分国家和地区体育人口及所占比重

国家和地区	年份	体育人口（亿人）	体育人口占比（%）
美国	2011—2016	2.200	72.0
欧盟	2007	3.000	60.0
英国	2011—2012	0.155	36.0
日本	2004	0.490	38.5
韩国	2017	0.300	59.2
中国	2020	5.250	37.2

资料来源：江小涓等：《体育产业的经济学分析：国际经验及中国案例》，中信出版集团2018年版，第12页；中国数据来源于国家体育总局《"十四五"体育发展规划》。

尽管各级政府出台了一系列鼓励体育消费的政策文件，旨在促进中国体育消费的快速增长，实现消费内容升级，拓展体育消费空间，将体育产业打造成国民经济支柱产业。但从国际比较和国内消费需求来看，体育产业发展和居民体育消费仍处于相对落后的状况。2019年，国家体育总局、国家发展改革委联合发布《进一步促进体育消费的行动计划（2019—2020年）》，提出"到2020年全国体育消费总规模要达到1.5万亿元的发展目标"。国务院颁布的《关于加快发展体育产业促进体育消费的若干意见》确定了2025年全国体育产业的发展目标，提出总规模要达到5万亿元。国家发改委数据显示，2018年中国体育消费市场规模尚不到1万亿元，② 2014年，在20岁及以上人群中，仅有39.9%

---

① 江小涓等：《体育产业的经济学分析：国际经验及中国案例》，中信出版集团2018年版，第10页。
② 周慧、穆阳芬：《经济发展"新风口"：2018年体育消费有望达万亿》，https://finance.sina.com.cn/roll/2018-08-03/doc-ihhehtqf9985072.shtml。

的居民有过体育消费。① 以目前公布居民体育消费数据的江苏、上海为例，其体育消费总规模分别为1971亿元、691.8亿元；而江苏、上海2025年体育产业发展规模目标分别为7200亿元、3000亿元。由此可见，江苏、上海体育消费总规模对于全国的贡献率均低于体育产业发展总规模对全国的贡献率。2019年全国居民人均体育消费支出仅比2018年增长8.6%，滞后于教育文化和娱乐消费支出12.94%的增速。究其原因，主要是体育人口规模不大和体育产品与服务存在供需错配，居民体育消费需求旺盛，但体育消费有效需求不足。

从能够反映健身休闲市场的健身会员渗透率来看，健身会员渗透率低，加剧了体育消费有效需求不足。中国城市人口的健身会员渗透率为0.4%，与发达国家存在很大差距。加拿大、美国、新西兰、英国、澳大利亚和德国的健身会员渗透率分别为17.9%、17.6%、14.8%、12.9%、11.4%和11.1%。据统计，目前中国共有各类体育俱乐部11447家，其中83.93%的俱乐部从业人数小于等于10人，小、弱、散问题突出。一方面反映了中国体育人口不足，另一方面反映了中国健身服务的供给有待加强。阿里体育和阿里钉钉共同发布首份《职场运动白皮书》，中国职场人群数量超过7.8亿人，其中84%的职场人士没有坚持运动的习惯，40%的职场人士完全不运动。相比文化娱乐方面消费，世界其他国家文化娱乐消费占全部消费的20%，中国这方面的支出城乡比例分别只有8%、4%左右。如果这方面进行改革，中国每年可以增加4万亿的需求，加上连带的消费，对GDP可贡献1个百分点以上或更多。② 中国改革基金会的王小鲁认为，中国的消费率在65%左右是一个最佳临界点，当前消费率为50%左右。若要实现

---

① 李远飞：《2014年20岁以上人群39.9%有体育消费人均费926元》，http://politics.people.com.cn/n/2015/1117/c70731-27825570.html。

② 本书编写组编著：《聚焦供给侧结构性改革》，光明日报出版社2016年版，第242页。

2020年体育消费总规模 1.5 万亿元的目标，体育消费总额的年平均增长速度要达到 38.95%。经济基础好的江苏，2018—2019 年的体育消费规模增长率仅为 2%，体育消费增长后劲不足，实现预定目标的增长压力巨大。

二　供需错配，抑制体育消费有效需求

"供需错配"已成为体育产业发展的主要障碍，"供需不匹配"也是理解"供给侧结构性改革"最基本的背景。供需结构失衡，要从供给、需求两个维度进行分析。

首先，从需求侧进行分析。随着居民生活水平的不断提高，以及健康中国、体育强国等国家战略的深入实施，中国居民体育消费结构正在发生深刻变化，在体育消费需求、消费方式、消费对象等各方面呈现若干新特征。参与型、观赏型、体验型体育消费将成为主流，追求时尚、个性、安全、优质，讲求提高生活品质成为消费者的重要趋势。体育、休闲娱乐、旅游和教育成为消费热点，居民消费进入个性化时代。在经历了排浪式消费阶段后，个性化已成为当前的主流，大规模的简单刺激需求难以再见成效。居民对体育产品和服务消费的需求不断升级，对更加安全、更高品质、更高性能的产品的需求不断增加，对产品质量和安全的关注度超过了对价格的关注。体育用品制造业出现的生产过剩不是因为需求不足或没有需求，而是需求变了，但供给的产品没有变，质量、服务跟不上，已不能满足需求的变化，导致过剩产生，加剧了体育产品和服务市场的供需矛盾，出现了"买不到"和"卖不掉"的双重困境。

其次，从供给侧进行分析。供给是为满足需求服务的，体育产业供给体系效率低下，抑制了居民体育消费需求。与日趋多元化、多样化、品质化的体育需求相比，中国体育产业供给总量有待提升，供给

规模仍然无法满足居民巨大的体育消费需求。现有体育市场供给侧不足的弊端已经凸显，供给总量不足，基本服务需求供需缺口巨大，供需结构不匹配，供给结构和供给方式不适应需求的快速升级，供给能力不能适应居民消费结构升级的需要，或适应不了居民对优质消费品和服务的需要，导致越来越多的中国升级性消费需求外溢。体育产品和服务供给滞后，群众性体育赛事活动稀少且单一，体育休闲健身产品有效供给不足，难以满足多元化、品质化、体验式的发展型和享受型的体育消费需求，抑制了体育消费的发展规模；表现在供给侧领域即为有效供给不足，不仅与发达国家存在较大差距，也落后于文化、旅游等产业的发展。中国有大量的体育消费需求，供给侧却不具备满足能力。山东省城乡居民体育消费调查课题组在开展城乡居民体育消费调查时，将体育消费划分为体育用品消费、体育健身休闲消费、体育赛事观赏消费、体育教育培训消费、体育旅游消费、体育文化消费、体育彩票消费、其他体育消费（含体育保险消费）八大类，并对八类产品的市场供给能否满足消费者需求进行了调查。调查结果显示，居民对体育用品市场供给的满足程度最高，对其他（含体育保险）市场供给的满足程度最低，如图3-5至图3-12所示。

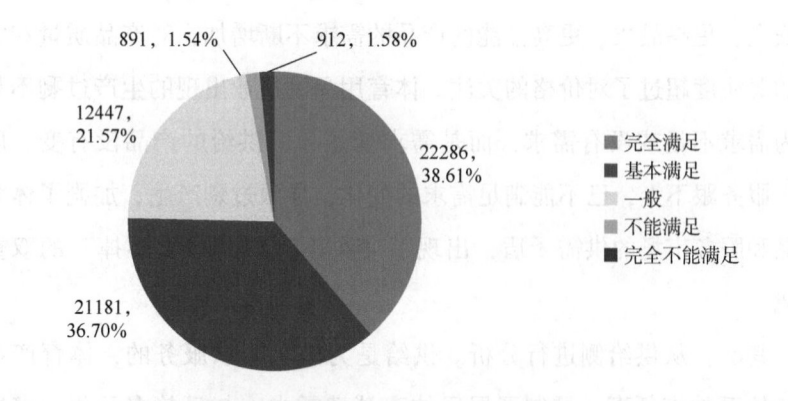

图3-5 山东省城乡居民体育用品市场供给满足程度统计（N=57717）

第三章 需求结构：体育产业供给侧结构优化的逻辑起点

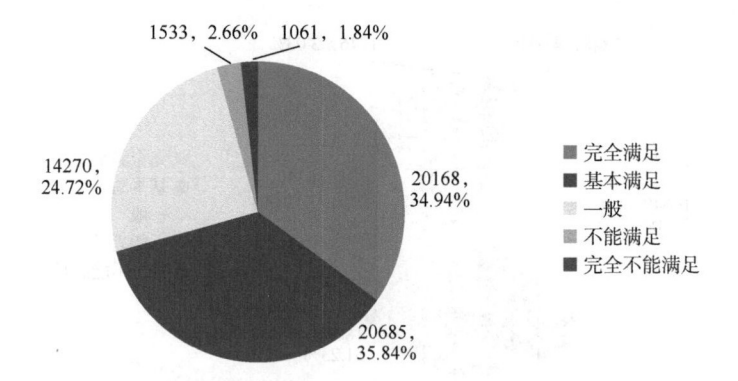

图3-6 山东省城乡居民体育健身休闲市场供给满足程度统计（N=57717）

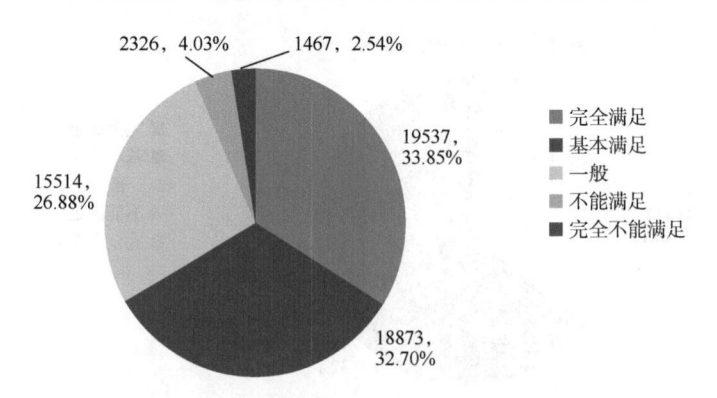

图3-7 山东省城乡居民体育赛事观赏市场供给满足程度统计（N=57717）

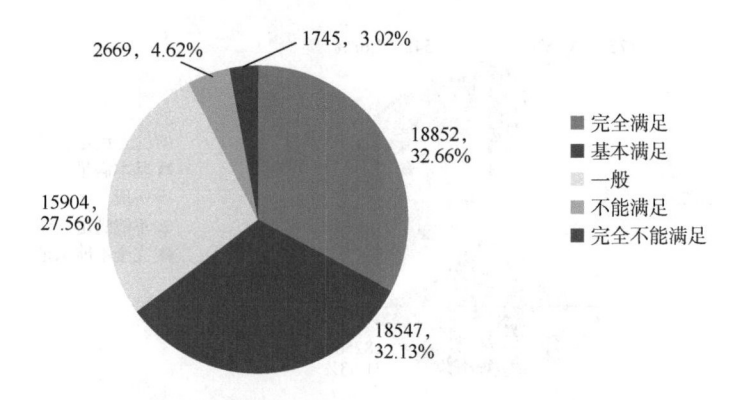

图3-8 山东省城乡居民体育教育培训市场供给满足程度统计（N=57717）

体育产业供给侧结构优化的路径研究

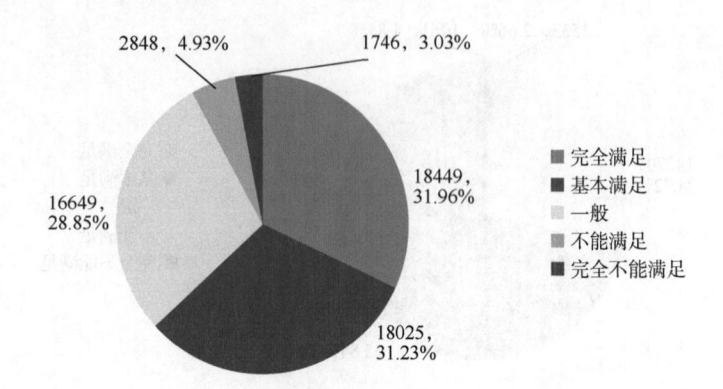

图3-9 山东省城乡居民体育旅游市场供给满足程度统计（N=57717）

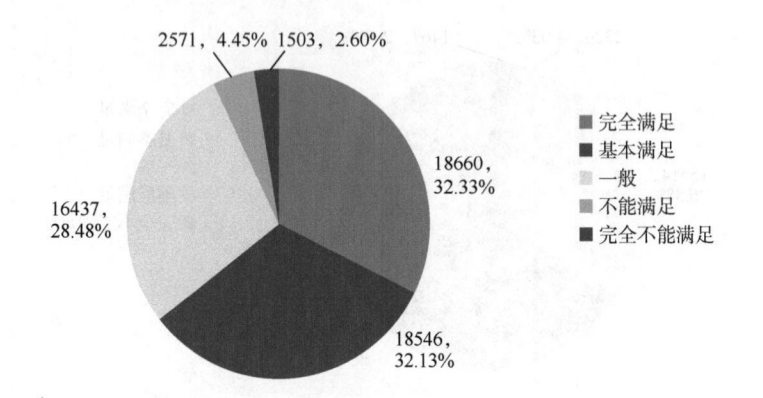

图3-10 山东省城乡居民体育文化市场供给满足程度统计（N=57717）

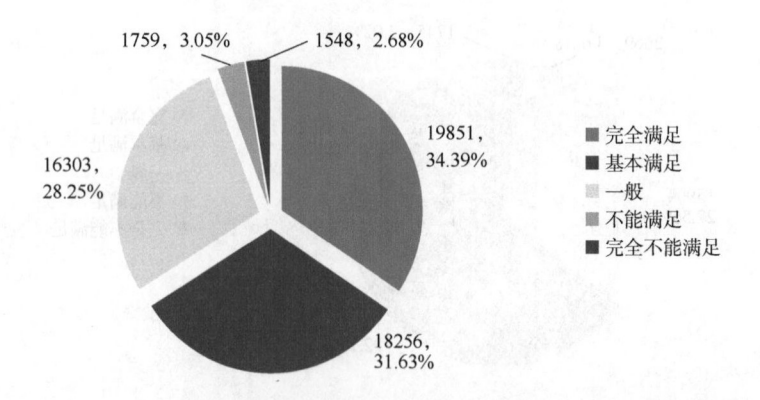

图3-11 山东省城乡居民体育彩票市场供给满足程度统计（N=57717）

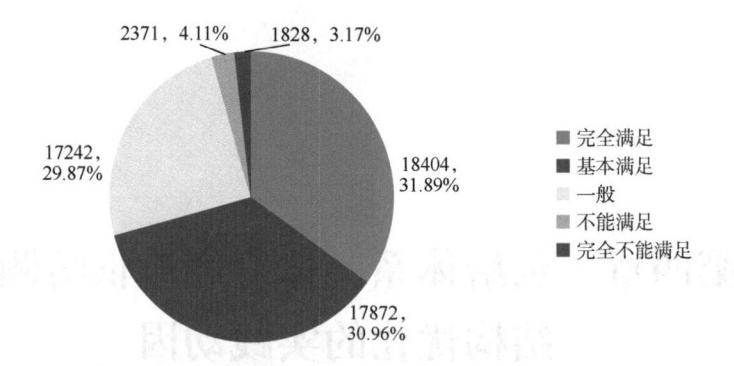

图 3-12 山东省城乡居民其他（含体育保险）市场供给满足程度统计（N=57717）

体育产业供需结构性矛盾突出，这种结构性问题单纯依靠刺激内需是难以解决的，必须转变供给与需求二元对立的思维，转向精准地辨识消费需求，有效增加供给端的投资，扩大供给规模，改善供给结构，让体育产业供给体系能够适应体育消费需求结构的变化，实现由低水平供需平衡向高水平供需平衡跃升，不断创造和引领新的体育消费需求。

三 居民体育消费意愿与实际消费行为之间传导链扭曲

居民体育消费意愿显著提升，由于收入、消费预期不明确，社会保障等福利制度水平不高，导致中国体育消费市场潜在规模远远大于实际消费的数额。居民体育消费意愿与实际消费行为之间传导链条扭曲，造成体育消费未能呈现快速发展的势头，有效需求没有得到完全释放。据统计，目前中国居民体育消费支出仅占可支配收入的2.5%，而美国居民体育消费支出占总消费支出的比例达到15%。中低收入群体对中低端体育产品有足够的消费意愿，但往往因为缺乏收入支撑，无法将消费意愿顺畅转化为有效需求。中高收入群体对于高附加值、高端体育产品有明显的消费能力，但国内产业结构和产品供给结构升级缓慢，无法满足他们的新需求，造成中高收入群体消费潜力受到抑制，甚至高端体育消费外溢。

第四章 供给体系：体育产业供给侧结构优化的实践动因

中央经济工作会议多次强调，当前中国经济主要矛盾是结构性矛盾，而矛盾的主要方面在供给侧。供给侧涉及供给的各方面，这是一个思想体系。体育产业发展水平，取决于整个供给体系的运行效率。新常态背景下，中国体育产业供给力度不断加大，供给体系不断完善，供给总量快速增加，但仍然存在诸多问题亟待解决。这些问题中既有总量不足的问题，又有结构性矛盾，而结构性问题比总量性问题更加突出。供给侧结构性改革的出发点就是为了化解结构性矛盾，供给侧结构性改革主要是针对经济结构失衡问题而提出的。中国的经济改革，从来都是问题导向的。供给侧结构性改革正是在"问题导向"之下，准确抓住阻碍经济增长的关键因素，消除供给抑制和供给约束，解决在经济新常态下继续大踏步前进的迫切问题。要强化问题导向，必须追寻矛盾的源头。因此，准备识别问题是关键，只有问题清晰、方向正确、着力点清晰，才能真正解决问题。供给侧结构性改革要改什么，要看中国经济运行和发展面临的要害问题是什么。中国体育产业发展面临的最主要矛盾是结构失衡问题，其中最为突出的是供需结构、产业结构、生产要素结构错配的问题，而这些问题都集中在了供给侧，体育市场供给与需求不匹配、不协调和不平衡，体育产品供给体系不能适应需求的重大变化而未能做出及时调整，造成供需错配。居民个性化的、多元化的、品质化的体育消费需求得不到满足，导致供需结构失衡。低端产品和服务供给过剩，中高端供给不足，加剧了资源浪费。在体育产业结构中，供给总量有待提升，体育服务等核心产业滞后，使得相关及外围产业发展失去动力；因此体育要素市场供给结构失衡，使得全要素生产率低下。

体育产业供给结构优化本质上是一场面向社会消费需求转型升级所进行的涉及体育产业结构、产品结构、生产要素结构、制度结构的重大变革。供给体系是由生产要素、企业和产品、产业所构成的三个逐次递进的层次，是一个相互影响、共同发展的系统。其中，劳动力、土地、资金、技术等是生产要素投入，企业是生产要素的组织者，产业是供给体系的最终体现。① 供给侧结构性改革，既涉及供求关系这种市场运行层面的问题，同时又涉及整个供给体系数量与结构、质量与效率、供给方式等问题，还兼顾了供给与需求的适应性、变化性，以及隐藏在这些关系背后的辩证协调与创新性问题。对于体育产业发展的结构性问题要从生产要素、法人单位和体育产业三个递进的层次进行审视，分别从供给数量、供给质量、供给效率三个维度进行分析。厘清当前中国体育产业供给侧存在的问题，是推进体育产业供给侧结构性改革的起点。

第一节 生产要素：全要素生产率有待提升

全要素生产率由美国经济学家罗伯特·索洛于20世纪60年代提出，通常叫作技术进步率，是用来衡量生产效率的指标，实际度量的是不能为投入要素变化所解释的全部生产变化，其来源分别为效率改善、

---

① 王昌林等：《供给侧结构性改革的基本理论：内涵和逻辑体系》，《宏观经济管理》2017年第9期。

技术进步和规模效应。从区域发展阶段的角度来看，可以分为要素驱动、投资驱动、创新驱动和财富驱动四个逐步演进的阶段。[①] 经济发展由自然资源和劳动力等初级生产要素占据主导地位，逐渐发展为由资本要素占主导地位，再发展到由技术、制度等高级生产要素占主导地位。经济理论清晰地阐述了经济增长动力源主要有五个：劳动力、土地及自然资源、资本、制度、创新。各经济体在进入中等收入阶段之前，前面三个生产要素对经济增长的贡献容易较多地生成和体现出来，形成以要素投入为主的驱动模式。而进入中等收入阶段之后，后面两个生产要素的贡献更大并且极其关键。要素投入驱动是中国过去经济快速增长的首要推动因素，全要素生产率对经济增长的贡献度偏低。[②] 中国经济进入中等收入阶段以后，人口红利消失，低成本优势逐渐逐渐丧失，以要素投入为主的驱动方式今后难以为继。

按照宏观经济学的理论阐释，供给结构包括投入结构和产出结构。投入结构是指各种生产要素的投入比例关系，包括劳动力结构、资本结构和技术结构。要素投入结构问题表现为资源能源、劳动力、资金等一般要素投入比重较高，人才、技术、知识等高级要素投入比重偏低。体育产业结构问题，可以进一步溯源归结为生产要素结构性矛盾。长期以来，体育产业发展主要依靠低成本的劳动力、资金要素驱动，甚至资源环境。产业结构升级缺乏动力支撑，产业准入门槛设置不合理，资本、技术和资源要素进入中高端产业面临较多障碍。体育产业发展主要经历了要素驱动和投资驱动两个阶段，之前主要发展规模经济，以大量廉价劳动力、资本投入等资源要素为主，而技术、人力资本等高端要素供给不足。传统的要素驱动和投资驱动已不能适应新常态下体育产业的发

[①] Michael E. Porter, *The Competitiveness Advantage of Nations*, New York: Free Press, 1990.
[②] 陈宝明、吴家喜主编：《再造新动能——创新引领供给侧结构性改革》，科学技术文献出版社2018年版，第36页。

展，难以持续推动体育产业发展。化解当前的结构性矛盾，关键在于实现发展动力转变，由要素驱动向创新驱动转变，加大创新投入，提升供给体系的质量和效率，提高全要素生产率和要素资源的配置效率。供给侧的劳动力、土地、资本、制度和技术创新五大要素，在体育产业领域，更集中地表现为体育产业的从业人员、体育场馆资源、体育资本、技术创新和体育产业政策五方面，这五方面的生产要素普遍存在体育人力资源缺口巨大、体育场地设施利用粗放、体育资本市场体系不完善、体育科技创新不足、产业政策执行效果不佳等问题。[①] 体育产业供给结构扭曲，供给约束和供给抑制没有得到实质性的突破，制约了要素资源的有效配置，生产要素的供给质量有待提升。

一 体育产业从业人员缺口巨大且劳动力成本攀升

新常态下，在要素供给结构中，由于人口红利逐渐消失，劳动力供给面临短缺，高质量的劳动力即人力资本更是供给不足。近年来各地不断爆出的"用工荒""招工难"及劳动力工资水平明显上升就是佐证。据学界测算，中国经济发展进入"刘易斯拐点"，劳动力由过剩变为短缺的拐点。改革开放以来，人口红利是中国经济增长的重要驱动力，而近年来老龄化进程逐步加快，人口红利转为人口负债。2019年，中国65岁以上老年人数量已达1.6亿人，占总人口的比例超过11.4%，占全世界老年人口的比例已达22.97%，远远超过联合国定义的7%的老龄化社会标准线。人口老龄化给社会经济发展带来一系列不利影响，如劳动力供给不足、社会抚养负担不断加重、消费增长乏力等。以低廉劳动力"无限供给"为特征的比较优势已不复存在，劳动适龄人口已不再充裕。

---

① 刘远祥、孙冰川：《体育产业供给侧改革的动因与路径研究》，《山东体育学院学报》2019年第6期。

（一）从业人员缺口巨大

体育产业是极具发展前景的绿色朝阳产业，其融"文化、旅游、健康、养老"幸福产业为一体的特征，决定了人才是决定体育产业竞争力的核心要素。中国体育产业的从业人员数量上严重不足，质量上文化素养有待提升，远不能适应和满足市场的需求。体育产业属于劳动密集型产业，需要更多的从业人员。从总规模的增速来看，中国体育产业从业人员数量几乎原地踏步。体育产业单位名录库分析课题组公布的数据显示，2016—2018年，中国体育产业从业人员分别为440万人、472.9万人、464.88万人，年均增速仅为2.89%左右，2018年甚至出现负增长。体育产业从业人员数量增速远远滞后于体育产业总产出增速，如图4-1所示。据媒体报道，预计到2025年，中国体育产业从业人员的缺口将高达500万人。[①]

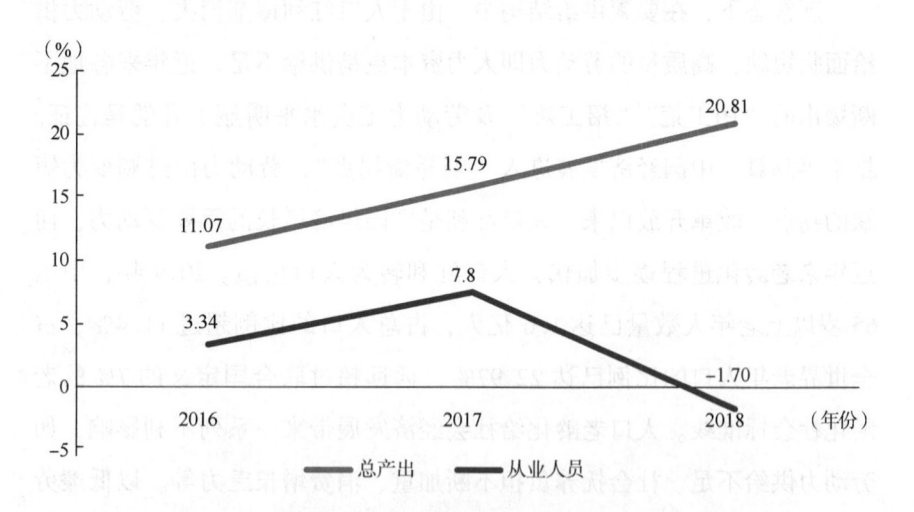

图4-1 2016—2018年体育产业总产出与从业人员增速

资料来源：根据2018年全国体育产业发展大会公布数据计算。

[①] 晓旭：《以新兴体育项目带动体育产业发展——访国家体育总局体育科学研究所研究员杨越》，https://baijiahao.baidu.com/s?id=1702774690148162483&wfr=spider&for=pc。

与发达国家相比，体育产业从业人员占全国总就业人口的比例还有较大差距。2007—2011年，美国体育产业的从业人员稳定在320万人左右，约占总就业人口的2.5%；2011年，欧盟体育产业的从业人员达到446万人，占欧盟就业总人口的2.12%。从统计数据最高的2019年来看，中国体育产业从业人员为505.1万人，仅占全国就业人员数的0.67%，与发达国家相比还有较大差距。

（二）劳动力成本显著上升

人口红利逐渐消失，劳动力成本不断攀升，投资回报率显著下降，全要素生产率提高有所减慢。中国制造业单位劳动成本（工资与劳动生产率之比）自2004年起即呈上升之势，2012年已经上升了40%。中国制造业的单位劳动力成本（工人的平均劳动力成本与平均劳动生产率之比）已经由2004年的0.19，上升到2013年的0.31，劳动力成本的增长速度远远快于劳动生产率的增长速度。2018年各地出现"用工荒"和"招工难"的现象，劳动力供给短缺，加剧了企业劳动力成本上升，体育用品制造业等劳动密集型行业的竞争优势快速下降。工资只是劳动力成本诸多项目中的一项，只不过劳动密集型企业受工资水平上升的影响更大。成本提高直接削弱了中国劳动密集型制造业的比较优势。根据计算，中国传统上具有比较优势并在出口中占主导地位的11种密集型产品的"显示性比较优势指数"，以及中国某类产品出口比重与世界贸易同一比重的比值，从2003年的4.4下降到了2013年的3.4，下降幅度为22.7%。另外，社会保障缴费成为劳动力成本中越来越重要的组成部分，尤其是中小企业深感负担之重。[①]

（三）从业人员学历水平普遍较低

除数量缺口巨大外，从质量上考察，中国劳动力质量还存在巨大缺

[①] 蔡昉：《研判就业形势 防范失业风险》，《中国国情国力》2015年第5期。

口。从从业人员的素质来看，大部分从业人员都是非专业人员出身，缺乏体育常识。体育产业能否实现高质量发展，面临的最大挑战就是从低技能的劳动力向高技能劳动力的转变。但中国体育产业人才还存在总量偏少、素质不高、分布不均等问题，专业人才短缺已经成为制约体育产业高质量发展的主要障碍。2017年，从事体育用品及相关产品销售和制造的人员分别为3336092人和1282842人，占体育产业总从业人员的97.66%；① 而体育服务业的从业人口较少。以体育用品制造业的从业人员为例，虽然从业人员的规模迅速增长，但从业人员的文化程度普遍较低。厦门大学课题组关于福建晋江国家级体育产业基地从业人员的调研报告显示，初中、高中文化程度的体育制造业从业人数占到总体的93.1%。② 目前，高校培养的体育专业人才与社会需求严重脱节，导致体育专业人才供需错配。一方面人才需求缺口巨大，另一方面部分体育相关专业就业难，例如，公共事业管理（体育）专业、社会体育指导与管理专业学生难以就业，上榜教育部2019年公布的15个就业率最低的本科专业。

二 体育场馆绝对数量不足与相对闲置并存

体育场馆是进行体育锻炼和比赛的场所，是承接体育赛事和活动的重要载体，是体育产业发展的物质基础。体育场馆作为体育产业发展中不可移动的生产要素，也是稀缺程度较高的生产要素，普遍存在供给数量不足、供给效率不高的问题。广大群众体育健身无处可去与体育场馆闲置浪费的供需结构性矛盾突出，场地设施薄弱也是中国体育产业发展的主要瓶颈。

---

① 孙冰川、刘远祥：《体育产业供给侧改革的理论逻辑、现实问题与实践路径》，《山东体育学院学报》2023年第4期。

② 刘远祥、孙冰川：《体育产业供给侧结构改革的动因与路径研究》，《山东体育学院学报》2019年第6期。

（一）人均场地面积少，开放利用率较低

体育场地不能满足广大人民群众日益增长的健身需求。截至2022年，全国体育场地共422.68万个，体育场地面积共37亿平方米，①人均场地面积为2.62平方米，②而美国和日本分别为16平方米和19平方米，由此可知，中国人均体育场地面积少，滞后于欧美等地区发达国家平均水平。又因现有场馆主要集中在教育、军队、体育系统，开放率不高，普遍存在相对闲置浪费的现象，人均可使用的场地面积远低于人均场地面积。据《第六次全国体育场地普查数据汇编》发布的结果，中国由教育系统管理的场馆高达65万余个，其中高校场馆数量为48750个，中专中技类学校运动场馆数量为18573个，中小学运动场馆数量为584865个，场馆总计652188个，合计面积占全国场馆总面积的53.01%。③学校体育场馆作为离群众最近和最适合群众使用的场馆，开放率仅有33%左右。④在现有的1093个大型体育场馆中，不开放的场馆为135个，限时开放的场馆为483个，不开放的和限时开放的场馆占场馆总数的56.45%。⑤

（二）体育场馆运营效果欠佳，对于产业发展的贡献度不高

2013年，在中国169.46万个体育场馆中，自主运营的比例占90.03%，⑥

---

① 《中华人民共和国2022年国民经济和社会发展统计公报》，https：//www.gov.cn/xinwen/2023-02/28/content_5743623.htm。

② 华经情报网：《2022年中国体育场馆运营主要产业政策及行业全景产业链分析》，https://baijiahao.baidu.com/s? id=1760216018770792709&wfr=spider&for=pc。

③ 《第六次全国体育场地普查数据公报》，https：//www.sport.gov.cn/n4/n210/n218/c328625/content.html。

④ 刘远祥、孙冰川：《体育产业供给侧结构改革的动因与路径研究》，《山东体育学院学报》2019年第6期。

⑤ 刘远祥、孙冰川：《体育产业供给侧结构改革的动因与路径研究》，《山东体育学院学报》2019年第6期。

⑥ 搜狐网：《新时代我国体育场馆运营模式的变革》，https：//www.sohu.com/a/357186368_505583。

委托运营和合作运营的比例较低。场馆运营市场化程度低，普遍存在亏损等问题。2013年，中国体育场馆总收入为646.1亿元，总支出为662.6亿元，利润率为 -2.6%。[①] 相比场馆建设高达数亿元或数十亿元的投入，年均几百万元收入实在是微乎其微。[②] 2013年，在现有的1093个大型体育场馆中，85%的场馆由事业单位运营，企业运营的场馆仅有163个。据不完全统计，中国90%以上的大型场馆建设获得了政府财政补贴或直接投入，一半以上由政府组建的投资集团、投资基金或国有企业、国有机构为主建设。[③] 为了进一步盘活体育场馆资源，自2014年起，中央财政设立公共体育场馆向社会免费或低收费开放补助资金。《"健康中国2030"规划纲要》明确提出："为提高国民身体素质，不断完善全民健身公共服务体系，支持、鼓励大型体育场馆完善其公共服务职能，保障人民群众对体育健身场地的基本需要。推动公共体育场地、设施免费低收费开放。"[④] 截至2019年，中央财政已累计投放资金54亿元，用于支持和鼓励体育部门所属大型体育场馆向社会免费或低收费开放，有效提高了场馆资源利用率。但从场馆运营的角度分析，对体育参与者低收费或免费开放，并不是长期可持续的模式，也会违背市场主体公平竞争的原则。另外，获得补助的场馆大多由各级地方政府所属的事业单位运营，对于民营机构的场馆运营冲击巨大，不利于体育场馆运营行业的发展。总体来看，场馆服务业总体规模不大。2022年体育场地和设施管理总产出为3046亿元，增加值为1106亿元，在体育产

---

① 搜狐网：《新时代我国体育场馆运营模式的变革》，https://www.sohu.com/a/357186368_505583。

② 江小涓等：《体育产业的经济学分析：国际经验及中国案例》，中信出版集团2018年版，第39页。

③ 江小涓等：《体育产业的经济学分析：国际经验及中国案例》，中信出版集团2018年版，第40页。

④ 《中共中央 国务院印发〈"健康中国2030"规划纲要〉》，https://www.gov.cn/zhengce/2016-10/25/content_5124174.htm。

业增加值中仅占8.4%。① 2018 年从事体育场地和设施管理服务的单位共有4226家,从业人员68884人,② 与中国庞大的从业人员相比,数量明显偏少。

三 资金来源较为单一,融资难与融资贵的问题长期存在

金融是现代经济的核心,是市场运行的血液。一直以来,中国都是储蓄大国,金融机构存款不断提升与大量资金找不到好的投资项目矛盾并存。2019年中国的银行存款突破192.88万亿元,但从资本使用效率看,实体经济得到融资支持的程度不高,中国金融领域存在的供给抑制与供给约束可居世界之冠。③ 一边是大量手上有钱的主体找不到合适的投资对象,另一边是小微企业难以得到融资支持。金融抑制明显,对实体经济的多样化融资和升级换代支持不足。

(一)缺乏金融政策扶持,资金投入来源单一

体育产业作为未来重点发展的支柱性产业,长期存在结构性失衡、金融产品单一和金融风险频发等问题。相比农业、文化、旅游等行业,体育产业缺乏具体的金融服务重点支持政策。例如,《人民银行 银保监会 证监会 财政部 农业农村部关于金融服务乡村振兴的指导意见》、《中央宣传部 中国人民银行 财政部 文化部 广电总局新闻出版总署 银监会 证监会 保监会关于金融支持文化产业振兴和发展繁荣的指导意见》,明确提出为文化产业、乡村振兴的发展提供金融服务,尤其是文化产业与金融结合紧密,探索了"文化债"、互联网金融、文化产业融资租赁等形式,能够有效满足其经营发展的资金需求,

---

① 国家体育总局、国家统计局:《2022年全国体育产业总规模与增加值数据公告》,https://www.sport.gov.cn/n315/n20001395/c27260758/content.html。
② 2018年全国体育产业发展大会江西财经大学课题组公布数据。
③ 贾康、苏京春:《供给侧改革:新供给简明读本》,中信出版集团2016年版,第88页。

推动文化产业与乡村振兴的发展。

体育产业资金的投资来源较为单一。现阶段中国体育产业投资结构失衡，政府、国有和集体经济性质的单位投资所占比重较大，而民资、外资比重较小。政府投资体育产业的作用在于引领体育产业发展的方向和夯实体育产业发展的基础，而民间投资的后续跟进是体育产业发展的动力，但目前民间投资明显跟进不足。从投资总额来看，2017年体育固定资产投资为1809.72亿元，其中内资企业投资为1791.25亿元，港澳台商和外商投资为18.47亿元，仅占投资额的1.02%。从体育产业登记注册类型分布来看，内资机构在体育产业单位中的比例远高于港澳台商投资机构和外商投资机构，尚未形成多种机构类型并存的格局。2018年中国体育产业单位机构数为240030个，其中内资机构占98.33%，港澳台商投资机构和外商投资机构仅占1.67%，见表4-1。2015—2018年，非内资在体育产业投资结构中的占比持续下滑，已由13.53%下滑至1.67%，如图4-2所示。

表4-1　　　　　　　2018年中国体育产业登记注册类型分布

登记注册类型	机构数(个)	机构数占比(%)	从业人员数(人)	从业人员数占比(%)
内资机构	236018	98.33	3782600	81.37
港澳台商投资机构	2225	0.93	536281	11.54
外商投资机构	1787	0.74	329949	7.10
合计	240030	100	4648830	100

资料来源：2018年全国体育产业发展大会江西财经大学课题组公布数据。

（二）项目融资方式较为单一，企业直接融资规模占比较低

中国体育项目融资方式较为单一，PPP融资模式是公共基础设施建设中发展起来的一种优化的项目融资与实施模式，主要是以政府和私人

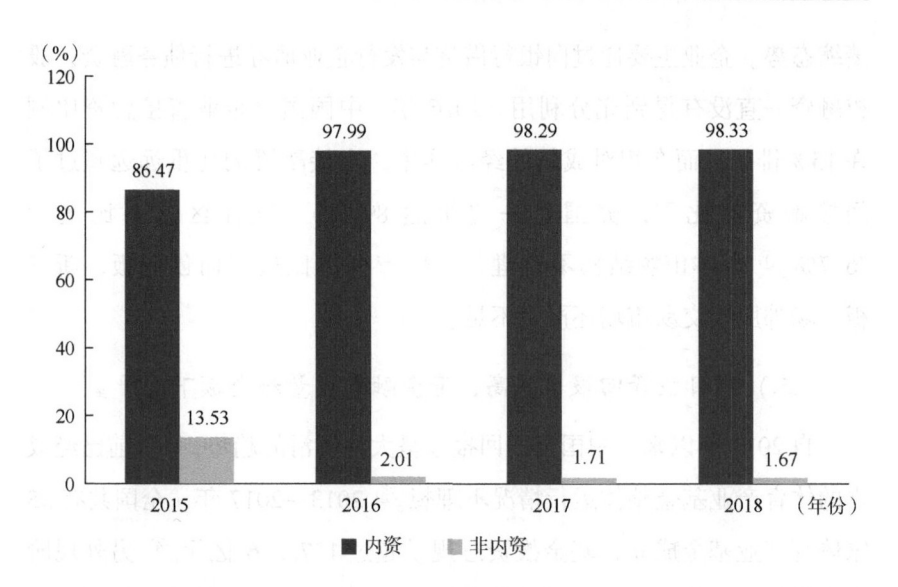

图 4-2　2015—2018 年中国体育产业投资结构

资料来源：根据 2018 年全国体育产业发展大会江西财经大学课题组公布数据绘制。

组织的"双赢"或"多赢"为合作理念的现代融资模式。等融资模式在体育基础设施建设中的应用较少。政府和社会资本合作（PPP）根据全国 PPP 综合信息平台公开信息，截至 2018 年，全国入库项目累计 8654 个，其中体育行业 113 个，占 1.3%；2019 年体育行业新增 5 个，增幅仅为 4.42%。在国家体育总局首批选定建设的 96 个体育小镇示范性试点中，只有江苏仪征的铜山体育小镇和山西长治的陶清湖小镇采取 PPP 模式建设。

股票市场是企业直接融资的重要渠道，截至 2019 年中国上市公司已达 3777 家，其中在上证、深证和港股中的涉及体育经营业务的公司数量为 69 家。[1] 股市融资近年来呈现震荡态势，致使股市融资规模呈现

---

[1] 王先亮、郭学庆、周婷婷：《价值链与创新链耦合赋能体育用品制造业高质量发展研究——基于上市企业研发投入、盈利能力与盈利质量的分析》，《成都体育学院学报》2022 年第 6 期。

萎缩态势。企业主要通过向银行借贷与发行企业债券进行债务融资，股权融资一直没有得到充分利用。2016年，中国国有企业直接融资比例在15%徘徊，而在相对成熟的经济体中，直接融资的比重远远超过了间接融资的比重，美国这一比重达89.7%，欧元区这一比重为76.7%。[1] 资本市场结构不合理，主体市场占比过大而创业板、新三板、场外股权交易市场还严重不足。

（三）项目投资回报率不高，资金融资数量和金额下滑严重

自2011年以来，中国资本回报率呈大幅下滑的趋势，[2] 目前已经成立的体育产业基金整体运行情况不理想。[3] 2013—2017年，全国共有35家体育产业基金成立，基金投资总规模超过1370.56亿元。[4] 另外现阶段成熟的项目偏少，早中期项目偏多，风险高，加上政策扶持体系尚不完善，很难给予大型战略投资者进入的动力。

2014年，全民健身和体育产业被提升为国家战略后，迅速吸引了大量资金涌入体育产业。在经历了2015年、2016年连续两年的快速增长后，体育产业领域的投资逐渐回归理性。在政策红利影响逐渐消退后，体育类创业公司领域的融资数量和金额双双下行，融资事件、融资金额分别由2015年的217起和147亿元降至2019年的84起和36亿元，降幅均超过了75%（如图4-3所示）。

（四）企业资金来源较为单一，中小企业融资难和融资贵问题突出

投资是驱动经济增长的重要力量，资本供给是中国长期经济发展的

---

[1] 中共北京市委党校马克思主义理论研究中心：《中国供给侧结构性改革研究》，中国社会科学出版社2016年版，第145页。

[2] 黄群慧：《经济新常态、供给侧改革与产业发展》，中国社会科学出版社2017年版，第110页。

[3] 江小涓等：《体育消费：发展趋势与政策导向》，中信出版集团2020年版，第181页。

[4] 王菲：《体育产业大洗牌！有创业公司曾经估值2.5亿，如今只能借款为生！》，https：//baijiahao.baidu.com/s? id = 1605135225050258764&wfr = spider&for = pc。

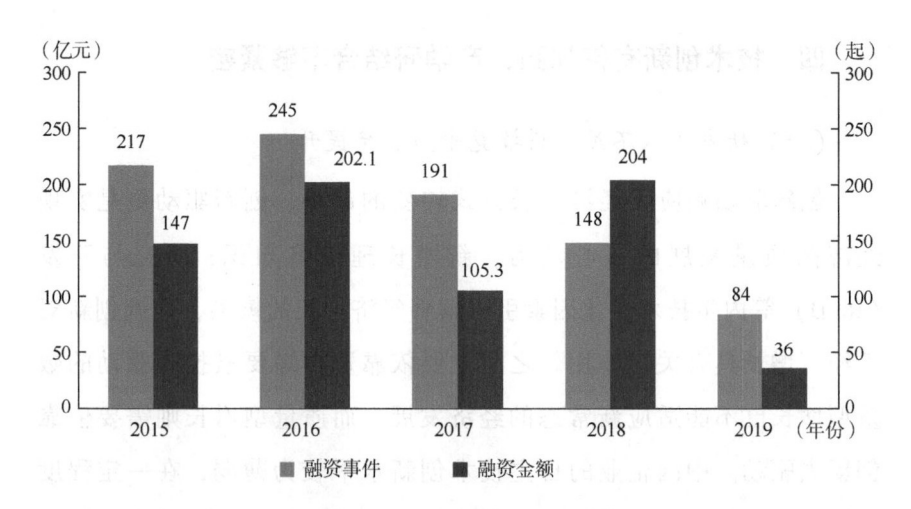

图 4-3 2015—2019 年体育类创业公司融资事件及金额

主要支撑之一。但中国金融对实体经济的多样化融资和升级换代支持不够，民营经济融资成本较高。经济体系中存在大量得不到金融服务的薄弱环节，新兴产业融资难的问题始终没有得到有效解决。高融资成本、高税收成本是制约企业活力的重要因素。麦肯锡的一项针对中国 3500 家上市公司和美国 7000 家上市公司的比较研究，研究结果表明，中国的经济利润 80% 由金融企业拿走，而美国的经济利润只有 20% 归金融企业。[1] 私营企业之所以难以实现产业升级，主要是因为资本市场的支持力度不够，民营经济融资较为困难。[2] 体育用品及相关产品制造业中的中小企业占比为 99.34%，体育服务业中的中小企业占比为 99.75%，中小企业是体育产业发展的主力军，但中小企业融资难、融资贵的现象长期存在，制约了体育产业的发展。体育民营企业融资成本高、融资困难，重创了社会力量投资创办体育产业的热情。

---

[1] 黄群慧：《经济新常态、供给侧改革与产业发展》，中国社会科学出版社 2017 年版，第 319 页。

[2] 林毅夫等：《供给侧结构性改革》，民主与建设出版社 2016 年版，第 10 页。

四　技术创新有待加强，产学研结合不够紧密

（一）研发投入不足，科技竞争力有待提升

创新驱动顺应了经济增长方式转变的趋势，创新驱动更是实现经济高质量发展的核心动力。新增长理论将知识、研究与开发（R&D）等内生技术变化因素引入解释经济增长的模型，强调创新对于经济增长具有关键作用。之前主要依靠资本等要素投入驱动的数量型增长已不能适应新常态的经济发展，而质量型增长则需要依靠创新去驱动。中国企业的自主技术创新水平较为薄弱，在一定程度上制约了中国体育产业技术创新空间的拓展。原始创新能力弱，造成了中国虽然是世界第一的制造业大国，但并不是掌握了绝大多数自主核心技术的制造业强国的尴尬局面。中国体育产业粗放的发展方式广为诟病，尤其是目前处于支柱产业地位的体育用品制造业，过度依赖资源和资金的投入，研发投入不足。体育用品制造业企业很少自行开展基础性或原创性创新，普遍科技人才匮乏，在产品的研发设计方面缺乏创新意识，导致产品科技含量不高，一些核心技术尚未完全掌握，[1] 主要通过应用新材料、新生产技术等，开发新产品、提高生产效率。由于长期享有模仿带来的后发优势，导致基础理论研究投入不足，人力资本积累不足，以及创新能力不强，短时间内无法引领新技术周期，后发优势很可能会转化为后发劣势。[2] 2010年，在世界20个主要国家的创新投入中，中国仅位列第17位。中国企业研发投入费用明显偏低，大中型企业平均研发投入占主营业务收

---

[1] 江小涓等：《体育产业的经济学分析：国际经验及中国案例》，中信出版集团2018年版，第419页。
[2] 陈颇：《我国区域体育用品制造业企业竞争力的比较研究》，《中国体育科技》2010年第2期。

入比重仅为0.9%，尚不到1%，与主要发达国家2%—3%的平均水平差距较大，直接制约了企业创新能力的提升。据数据统计，2015年我国所有上市公司的研发投入额度少于美国苹果公司和微软公司两家之和。①中国福建温州等地具有一定规模的体育产业制造企业的科研经费投入强度仅为0.25%—0.27%。2015年9月，世界知识产权组织发布的《2015年全球创新指数报告》显示，瑞士、英国、瑞典、荷兰和美国是世界上最具创新力的5个国家，中国排第29位。中国科学技术发展战略研究院发布的《国家创新指数报告（2014）》显示，中国国家创新指数排第19位，指标得分为68.4分，在世界30个主要国家中处于第二梯队，而美国指标得分为100分。2019年，中国轻工业联合会发布的全国轻工业百强企业中：综合榜单前百强企业中仅有特步、泰山2家体育产业企业入围；科技百强企业中仅有李宁、捷安特2家体育产业企业入围。尽管官方数字显示，近两年来科技进步贡献率不断攀升，但大量研究表明，近10年来全要素生产率仍处于下降通道。由于创新能力不足，多数企业只能生产低技术含量、低附加值的低端产品，而这种产品在市场上已经处于饱和状态；而市场需求的高技术含量、高附加值的高端产品，中国企业却没有能力生产，直接导致了有效供给不足，难以满足有效需求，而无效供给又过剩的供给侧结构性问题。

（二）科技成果转化率低，产学研结合不够紧密

随着移动互联网和智能化信息服务的发展，体育科技产品成为体育市场供给新热点，体育健身的科技产品逐步进入体育市场。但相比快速增长的体育科技产品需求，目前体育市场的供给滞后。近年来，中国科

---

① 党力、李怡达、彭程：《供给侧改革的探索与创新：欧美经济转型的历程与我国的策略布局》，人民邮电出版社2017年版，第115页。

研人员的论文发表数和专利申请数快速增长,已名列世界前茅。从增长贡献来看,科技进步贡献虽貌似提升,但尚未形成科技成果转换为现实生产力的有效机制,科技成果转向产业、市场的转化率不到10%。由此可知,科技成果转化并未有力支撑相关产业的快速发展。各类专利的数量和质量作为反映企业研发实力的关键指标,在一定程度上代表了企业的创新能力。根据国家知识产权局公布的数据,截至2022年年底,中国发明专利有效量达421.2万件,每万人口高价值发明专利拥有量达9.4件。[①] 国外体育品牌生产企业在专利研发中的平均参研人次、平均第一发明人的数量、专利平均申请量,分别是中国企业的10.17倍、12.29倍、12.39倍。[②] 分别以"体育"和"运动"为检索词检索中国体育领域的专利,数量分别为9509件和64191件,发明授权专利仅为306件和3234件,占全部专利数量的3.22%和5.04%。可以发现,中国体育专利主要集中在实用新型和外观设计专利,发明专利数量较少,体育技术创新机制有待完善。

科技成果转化率是衡量科技成果转换为现实生产力的有效指标。中国的科技成果转化率仅为10%左右,高校科技成果转化率更低,仅为6%,远低于发达国家40%的水平,可以反映出中国科技成果转化不高的严峻现实。按照国际惯例,专利发挥效用往往需要8—10年,甚至更长的时间。中国有效发明专利维持年限多集中在3—6年,仅为发达国家平均水平的一半。专利维持时间短,意味着专利技术水平较低,科技成果并未转换为有效生产力。科技成果转化率低或发明专利维持时间短,说明了体育科技成果尚未对体育产业的创新发展起到应有的关键作用。

---

① 谷业凯:《我国发明专利有效量达421.2万件 每万人口高价值发明专利拥有量达9.4件》,https://baijiahao.baidu.com/s?id=1757664437972757442&wfr=spider&for=pc。
② 明宇、司虎克:《国外体育品牌生产企业技术创新的竞争情报分析——以耐克、阿迪达斯、锐步、彪马、匡威的专利研发为例》,《西安体育学院学报》2015年第4期。

第二节 法人单位：类型有待丰富，布局业态亟须均衡

一 体育产业法人单位机构数快速增长，规模以上企业培育不足

企业是产业发展的载体和关键，体育产业发展需要依赖大量富有生机活力的企业来推动。随着简政放权的深入推进，社会力量办体育的热情不断高涨，全国体育产业法人单位数量快速增长，体育市场活力迸发。全国体育产业法人单位数已由2015年的11.6万个增长到2021年的45.2万个，均年增幅为48.3%。体育市场新增市场主体的增长速度明显快于体育产业发展增速以及宏观经济市场主体的增速，如图4-4所示。

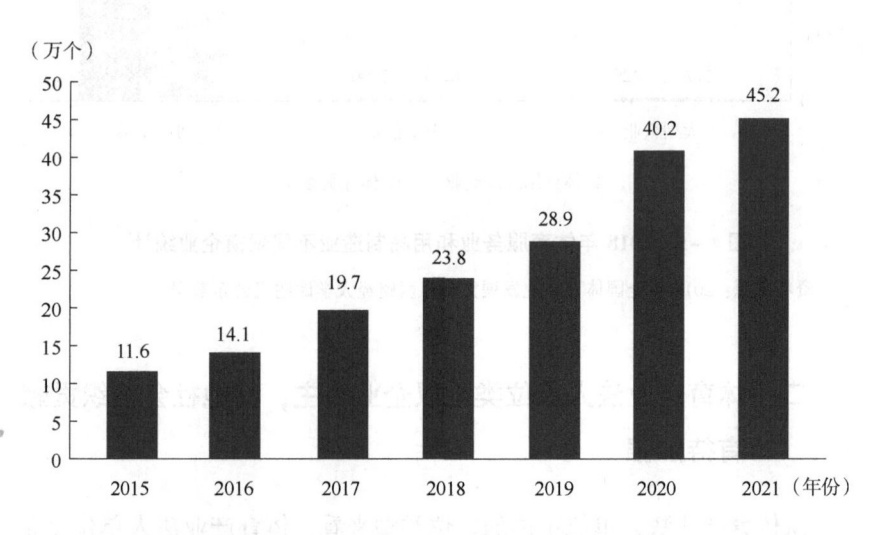

图 4-4 2015—2021 年体育产业法人单位数

资料来源：国家体育总局网站。

从体育产业发展实际来看,经济主体成长不足,规模以上企业培育不足,活力没有显现。体育产业单位名录库建设课题组公布的数据显示,在体育用品及相关产品制造单位中,大、中、小微型企业各为277家、1220家、40445家,其中,中小微企业高达93.34%;在体育服务业单位中,大、中、小微型企业各为429家、2006家、192354家,其中,中小微企业占比超过98.75%,如图4-5所示。大、中型企业占比过低,缺乏有影响力的龙头企业,导致体育产业主体市场竞争力不强。

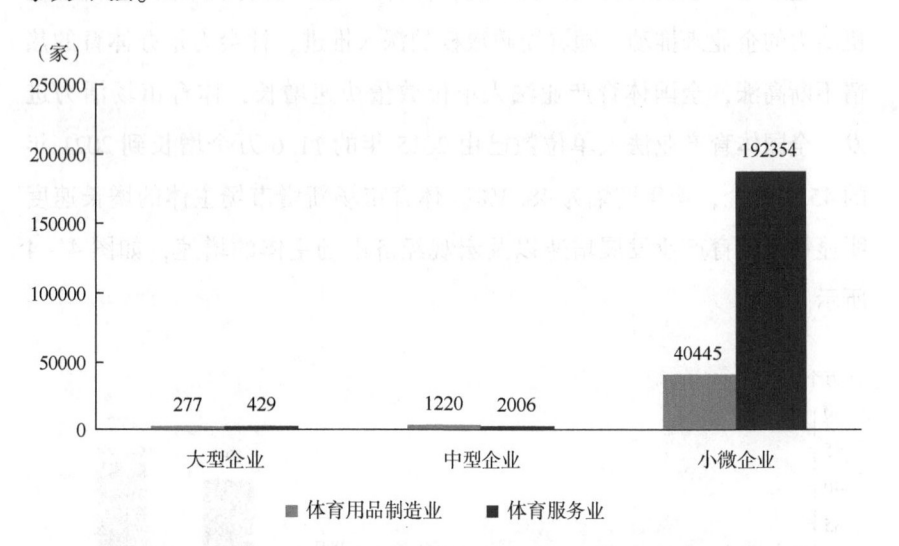

图4-5 2018年体育服务业和用品制造业不同规模企业统计

资料来源:2018年全国体育产业发展大会江西财经大学课题组公布数据。

二 体育产业法人单位类型以企业为主,其他社会组织贡献有待加强

从体育产业法人单位主体的单位类型来看,体育产业法人单位以企业为主。企业机构规模稳步扩大,企业机构数量从2015年的71375家增长至2018年的186773家,增加了161.68%,在体育产业结构中的占

比从 2015 年的 61.69% 增长至 2018 年的 77.81%，企业的市场主导地位进一步巩固。排在第二位、第三位的分别是社会团体和民办非企业单位，分别为 26749 家和 14666 家（如图 4-6 所示），反映了体育社团、俱乐部等社会组织对于体育产业发展的贡献有待加强。

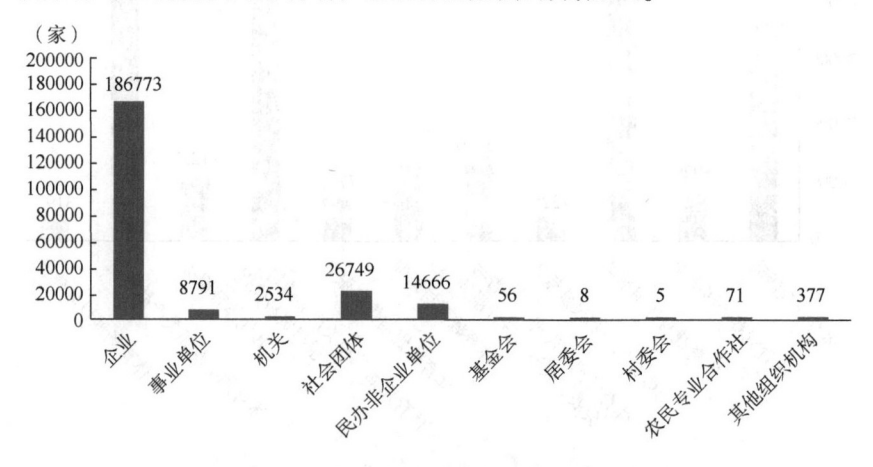

图 4-6　2018 年体育产业不同类型法人单位

资料来源：2018 年全国体育产业发展大会江西财经大学课题组公布数据。

三　体育产业法人单位主要集中在体育用品制造与销售业

根据《体育产业统计分类（2019）》办法，将体育产业分为体育竞赛表演活动、体育健身休闲活动、体育用品及相关产品销售、出租与贸易代理、体育场地设施建设等 11 大类行业。按照 11 大类行业统计，体育产业法人单位以体育用品制造和销售为主，主要集中在体育用品及相关产品销售、出租与贸易代理（55423 家），体育健身休闲活动（45390 家），体育用品及相关产品制造（42053 家），体育管理活动（32764 家），如图 4-7 所示。体育竞赛表演活动、体育场地和设施管理等体育服务业业态的从业主体数量有待进一步培育。

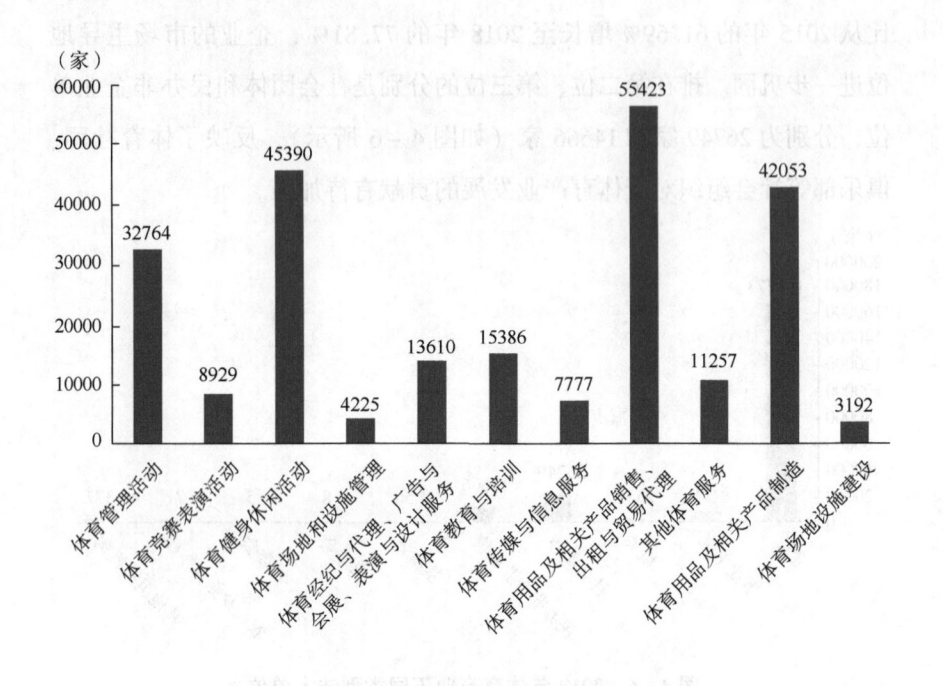

```
(家)
60000
50000          45390                                    55423
40000   32764                                                        42053
30000
20000                                    13610  15386
10000        8929              4225                7777       11257
                                                                        3192
    0
      体  体  体  体  体  体  体  体  体  体
      育  育  育  育  育  育  育  育  育  育
      管  竞  健  场  经  教  传  用  用  场
      理  赛  身  地  纪  育  媒  品  品  地
      活  表  休  和  与  与  与  及  及  设
      动  演  闲  设  代  培  信  相  相  施
         活  活  施  理  训  息  关  关  建
         动  动  管     、     服  产  产  设
                  理  会           务  品  品
                     展                销  制
                     、                售  造
                     表                 、
                     演                出
                     与                租
                     设                与
                     计                贸
                     服                易
                     务                代
                                       理
                                      其
                                      他
                                      体
                                      育
                                      服
                                      务
```

图 4-7 2018 年体育产业不同行业法人单位数

资料来源：2018 年全国体育产业发展大会江西财经大学课题组公布数据。

四 体育产业从业人员数量出现下滑，行业分布失衡

近年来，在政策红利、产业升级和消费升级的多重驱动下，体育产业从业人员数量快速增长。虽然从业人员已由 2012 年的 375.6 万人增长到 2019 年的 505.1 万人，平均年增幅为 4.93%，但远远低于同期体育产业总规模和增加值的平均增幅。2018 年，体育产业从业人员数量首次出现下滑，由 2017 年的 472.95 万人降至 464.88 万人，让本就从业人口缺口巨大的体育产业雪上加霜。

体育产业不同行业从业人员情况，在一定程度上反映了体育产业不同业态的发展情况。基于体育产业从业人员的数据进行统计分析，深入研究中国体育产业从业人员不同业态的分布情况，可以发现体育产业的

从业人员主要集中在体育用品及相关产品制造和体育用品及相关产品销售、出租与贸易代理行业，分别为 2540121 人、598769 人，占体育产业从业人员的 54.65% 和 12.88%，如图 4-8 所示。

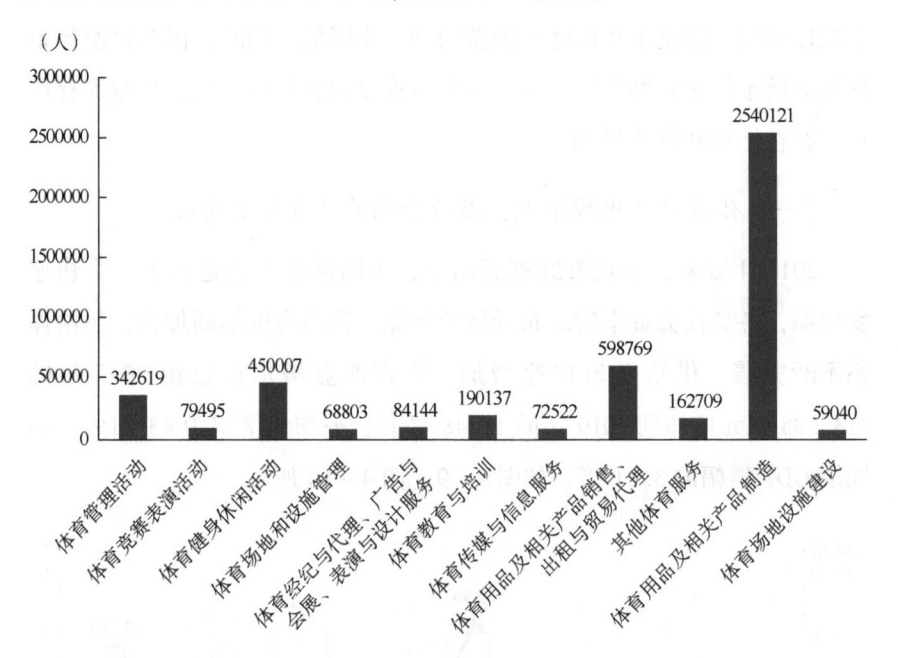

图 4-8　2018 年体育产业不同行业从业人员数

资料来源：2018 年全国体育产业发展大会江西财经大学课题组公布数据。

第三节　体育产业：供给结构的适应性与灵活性有待提升

一　供给数量：低端供给过剩，有效供给不足

目前居民对于高品质的产品和服务需求增长强劲，现有的供给体系却不能充分满足消费需求，结构性的供给过剩和供给短缺的矛盾同时存在。虽然我国体育产业供给力度不断加大，供给体系不断完善，供给总量快速增加，但供给总量仍然不大，产业规模较小，产业结构有待优

化。结构问题不解决，体育产业发展就无法持续，未来数年还要在调结构、稳增长中挣扎。在体育产品和服务的供给中，供需结构错配已经成为体育经济运行中的突出矛盾，居民多元化、个性化、品质化的消费需求难以满足，抑制了居民体育消费的进一步释放。同时，因为供给体系发展滞后于消费转型升级，生产的产品难以消费者所接受，导致库存严重，存在结构性供给过剩。

（一）体育产业规模不大，滞后于相关服务行业发展

2014年以来，在政策红利驱动下，中国体育产业进入了一个快速发展期，各类社会资本纷纷布局体育产业，供给力度不断加大，供给体系不断完善，供给总量快速增加。体育产业增加值已由2012年的3135.95亿元增加到2019年的11248亿元，平均年增幅为43.11%，是同期GDP增幅的3.11倍，如图4-9、图4-10所示。

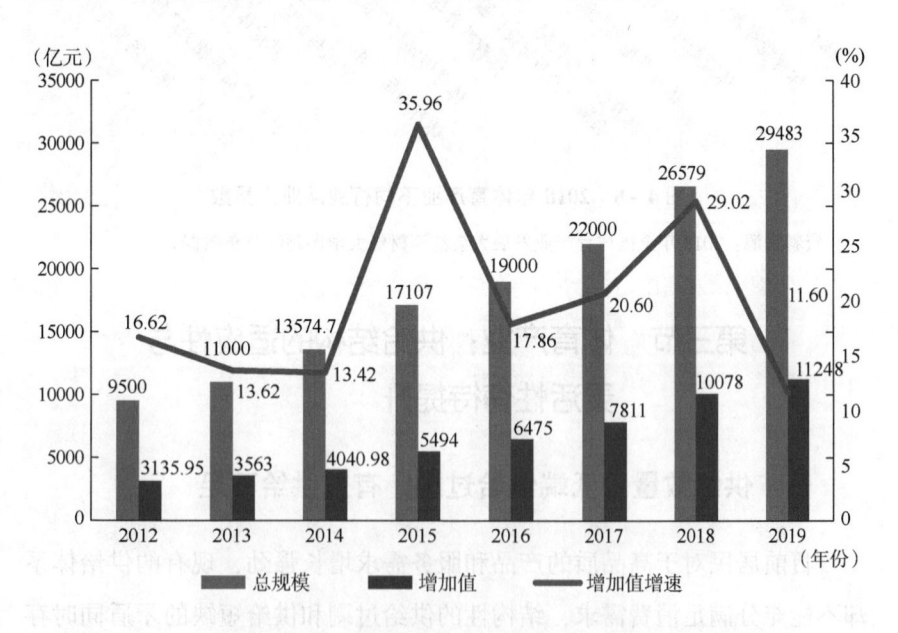

图4-9 2012—2019年体育产业总规模、增加值及增加值增速

资料来源：根据国家体育总局网站数据汇总。

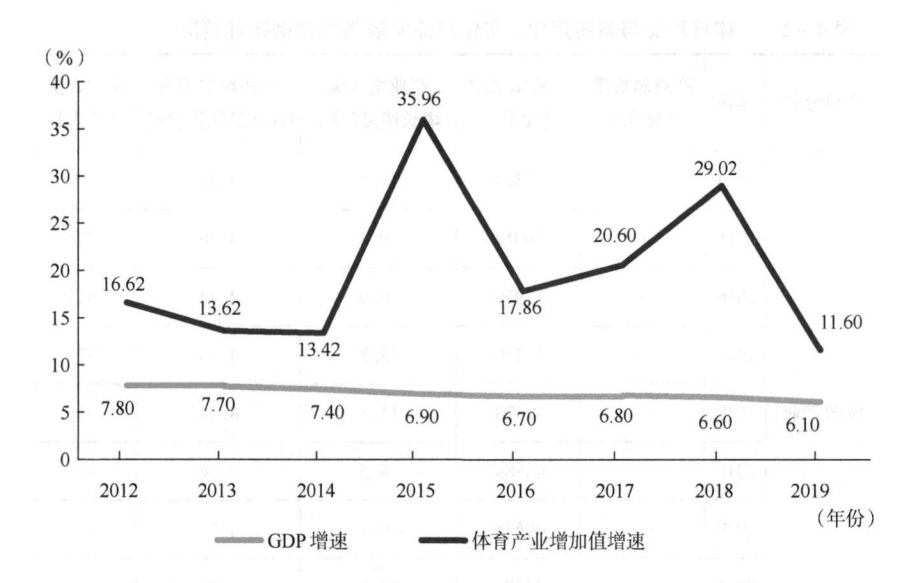

图 4-10　2012—2019 年 GDP 增速与体育产业增加值增速

资料来源：国家统计局、国家体育总局网站汇总。

　　但与日趋多元化、多样化的体育需求相比，中国体育产业发展总体水平滞后，体育产业供给总量仍然不足，整体规模不仅滞后于其他服务行业的发展，而且远低于世界平均发展水平，发展质量亟待提升。从国内同类产业发展来看，2022年全国体育产业总规模（总产出）为33008亿元，增加值为13092亿元，体育产业增加值已占当年GDP的1.09%。体育产业发展滞后于同属幸福产业的文化产业、旅游产业发展。与文化产业、旅游产业相比，现有体育市场供给总量不足，不管是体育产业规模还是产业对国民经济发展的贡献，都远远低于旅游产业和文化产业。2022年旅游产业和文化产业的增加值为44672亿元和53782亿元，在GDP中的占比分别为3.71%和4.76%，见表4-2。体育产业在国民经济中的份额远远低于文化产业和旅游产业，GDP占比还不到它们的1/4。

表4-2　体育产业与旅游产业、文化产业发展相关数据统计情况

产业分类	年份	产业总规模（亿元）	产业增加值（亿元）	产业增加值增长速度(%)	产业增加值占GDP的比重(%)	从业人员（万人）
旅游产业	2014	—	27524	11.5	4.33	2779
	2015	—	30017	9.4	4.36	2798
	2016	—	32979	9.9	4.44	2813
	2017	—	37210	12.8	4.53	2825
	2018	—	41478	11.5	4.51	—
	2019	—	44989	8.5	4.56	—
	2020	—	40628	-9.7	4.01	—
	2021	—	45484	12.0	3.96	—
	2022	—	44672	-1.8	3.71	—
文化产业	2011	—	13479	22.0	2.85	—
	2012	—	18071	16.5	3.48	229
	2013	—	21351	18.2	3.63	—
	2014	—	23940	12.1	3.76	204
	2015	—	27235	11.0	3.97	229
	2016	—	30785	13.0	4.14	235
	2017	—	34722	12.8	4.20	248
	2018	—	41171	18.6	4.48	375
	2019	—	44363	7.8	4.50	516
	2020	—	44945	1.3	4.43	496
	2021	—	52385	16.6	4.56	484
	2022	—	53782	2.7	4.46	—

续表

产业分类	年份	产业总规模（亿元）	产业增加值（亿元）	产业增加值增长速度(%)	产业增加值占GDP的比重(%)	从业人员（万人）
体育产业	2012	9526	3136	16.6	0.60	376
	2013	11000	3563	13.6	0.63	388
	2014	13575	4041	13.4	0.64	426
	2015	17107	5494	36.0	0.80	363
	2016	19011	6475	17.9	0.90	440
	2017	21988	7811	20.6	0.94	473
	2018	26579	10078	29.0	1.10	444
	2019	29483	11248	11.6	1.14	505
	2020	27372	10735	-4.6	1.05	444
	2021	31175	12245	14.1	1.07	719
	2022	33008	13092	6.9	1.08	—

资料来源：根据国家统计局网站数据汇总。

从国际比较来看，中国体育产业的发展水平相较于发达国家还有较大差距，不仅远低于美国、韩国、日本、欧盟的发展水平，更是低于世界平均水平。从增加值GDP的比重和体育产业从业人员占就业人员的比重来看，2011年欧盟、德国、英国分别为1.80%和2.12%、2.31%和3.15%、2.33%和2.16%；2015年美国为2.75%和2.13%；2018年中国为1.10%和0.60%，差距显著（如图4-11所示）。

（二）体育产业结构失衡，核心产业滞后于外围产业发展

产业层面，产品供给能力体现了产业发展高级化程度，尤其是产业结构高级化水平，产业结构越高级，产品供给的种类越丰富，质量

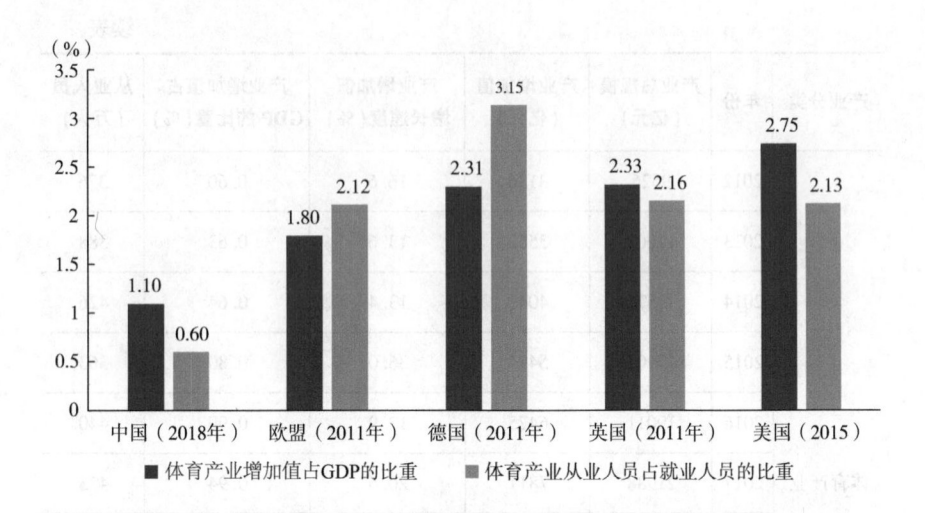

```
        体育产业供给结构优化的路径研究
```

图 4-11 中国及欧美国家（地区）体育产业增加值、从业人员在国民经济中的份额

资料来源：江小涓等：《体育产业的经济学分析：国际经验及中国案例》，中信出版集团 2018 年版，第 12 页；中国数据根据国家统计局、国家体育总局公布数据计算而得。

越高。随着社会经济的发展，服务业在国民经济中的比重越来越大，这是产业结构演化的必然趋势，也是经济发展的规律。对于后发追赶型经济体，由于市场机制尚未完善，存在诸多的要素重置壁垒，进而导致产业结构自发演进能力较弱，演进速度缓慢，并产生结构调整的阵痛。

  体育产业的发展，需要调整产业结构。从产业结构转型的国际经验以及解释、度量经济结构转型的指标变化趋势来看，体育服务业的发展是体育产业结构调整的重要方向。体育服务业的占比在不断提升，是符合经济发展规律的。2019 年国家统计局对体育产业统计分类办法进行了修订，与原分类相比，内容有所调整，大类和中类数量不变，小类增加了 19 个。按照目前的分类体系，可以将体育产业分为体育制造业、体育服务业、体育建筑业三大类别。近年来，体育服务业快速发展，但目前的分类体系中包含体育用品及相关产品销售的产值。如果剔除这一指标，体育产业发展仍不充分、不平衡，结构性矛盾突出，核心产业滞后于相关及外围产业，如图4-12所示。从各行业产值构成来看，体育产业的核心产业远远滞后于体育相关及外围产业的发展。例如，体育产业的核心行业体育健身休闲活动、体育竞赛表演活动，2022年的增加值仅为962亿元和145亿元，仅占体育产业增加值的7.3%和1.1%。

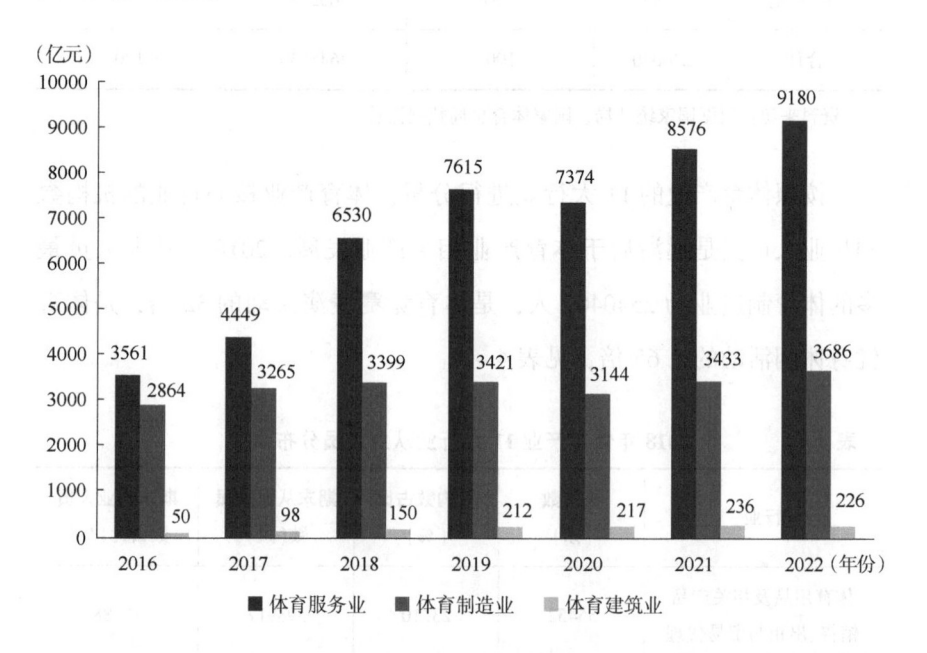

图4-12 2016—2022年体育服务业、体育制造业、体育建筑业增加值

资料来源：根据国家统计局、国家体育总局数据汇总。

体育产业不同行业从业人员情况，在一定程度上反映了体育产业不同行业的发展情况。2018年，三大行业中体育制造业和体育服务业的从业人员分别为2540409人和2047903人（含598917名体育产品销售从业人员），体育用品制造业从业人员比体育服务业多出近50万人，见表4-3。体育服务业的发展仍有待提升。

表4-3　　　　2018年体育产业三大行业从业人员和机构数

三大行业	机构数（家）	机构数占比（%）	从业人员数（人）	从业人员数占比（%）
体育制造业	41942	17.47	2540409	54.65
体育服务业	194789	81.15	2047903	44.05
体育建筑业	3299	1.37	60518	1.30
合计	240030	100	4648830	100

资料来源：根据国家统计局、国家体育总局数据汇总。

按照体育产业的11大行业进行分析，体育产业核心行业的机构数和从业人员更是远滞后于体育产业相关产业发展。2018年从业人员最多的体育制造业为2540409人，是体育竞赛表演活动的32倍，是体育健身休闲活动的5.65倍，见表4-4。

表4-4　　　2018年体育产业11大行业从业人员分布情况

行业	机构数（家）	机构数占比（%）	期末从业人员数（人）	期末从业人员数占比（%）
体育用品及相关产品销售、出租与贸易代理	55452	23.10	598917	12.88
体育管理活动	32762	13.65	342742	7.37
体育竞赛表演活动	8940	3.72	79585	1.71
体育健身休闲活动	45383	18.91	449957	9.68
体育场地和设施管理	4226	1.76	68884	1.48
体育经纪与代理、广告与会展、表演与设计服务	13602	5.67	84053	1.81
体育教育与培训	15384	6.41	189917	4.09

续表

行业	机构数（家）	机构数占比（%）	期末从业人员数（人）	期末从业人员数占比（%）
体育传媒与信息服务	7786	3.24	72630	1.56
其他体育服务	11254	4.69	162582	3.50
体育用品及相关产品制造	41942	17.52	2540409	54.64
体育场地设施建设	3299	1.33	60518	1.27
合计	240030	100	4648830	100

资料来源：根据国家统计局、国家体育总局数据汇总。

（三）供需错配：体育产业结构演化滞后于需求结构变化

体育产业结构演化滞后于需求结构升级。中国已经实现从低收入国家向中高等收入国家的转变，但目前的生产供给体系并没有发生根本性转变，供给体系调整滞后于消费需求结构变化，供给结构不适应需求结构的升级。多数行业处于国际分工的低端，产业附加值较低，存在行业集中度低、产能利用率低和亏损面广的"两低一广"问题。[①] 消费需求升级后，消费者更加关注商品的品质，而供给体系未能及时调整，之前以量为导向的供给模式与消费者对商品品质的要求脱节。与日益多样化、多元化、品质化的体育需求相比，目前的产品和服务大多停留在低端供给水平，无法满足居民升级后的消费需求，造成了商品的结构性过剩和严重的库存。另外，高端产品、知名品牌产品、高质量产品供给不足，形成了高质量产品、高端服务业、新兴产业、公共产品的供给不足与低端产品和服务产能过剩同时并存的结构性矛盾，无法激发、释放更多的体育消费潜力。中低端产品和低技术含量、低附加值产品供大于求，低端体育产品供给过剩；而高技术、高附加值的中高端产品及服务

[①] 李锦：《国企供给侧改革难点与对策》，研究出版社2016年版，第5页。

供给面临明显供给短缺，中高端体育产品供给不足。产能过剩和供给不足共同存在，有效供给不足和无效供给过剩已经成为制约中国体育产业发展的主要矛盾。

低端供给过剩。根据各年度全国体育产业总规模与增加值数据公告，中国体育用品制造业快速发展，2016—2022年体育用品及相关产品制造业总规模分别为11962.1亿元、13509.2亿元、13201亿元、13614.1亿元、12287亿元、13572亿元、14529亿元，占当年体育产业总产出的比例为62.9%、61.4%、49.7%、46.2%、44.9%、43.5%、43.2%，成为体育产业的支柱性产业，这种快速发展源于较为廉价的劳动力和较低的行业进入壁垒。低端的体育服装、鞋帽、器材充斥市场，导致体育产品价格低、档次低，企业利润率不高。国内要素价格不断上涨，产品价格优势减少，加上国外经济持续低迷，出口难以扩大。体育产品尤其是运动服装、鞋帽过于依赖低价优势，产品质量和结构也无法满足国内居民升级后的消费需求，过剩的产能和库存已成为制约中国体育产业发展的重要因素。

在经济学上，通常用产能利用率来衡量产能利用程度，产能利用率也叫设备利用率。产能利用率是实际产量与实际生产能力之间的比率，见式（4-1）。

$$产能利用率 = 实际产量/实际生产能力 \times 100\% \quad (4-1)$$

产能利用率的大小反映了产能过剩的严重程度，一般情况下，若产能利用率低于80%，即可视为产能过剩。2015年《中国企业经营者问卷跟踪调查报告》显示，全国近六成企业的产能利用率低于75%。[①]在国家级体育产业基地福建晋江，在运动鞋企云集地区的200万人口中，有超过1/3围绕造鞋产业链而生活。在经历了要素投入驱动的扩张期后，进入了发展瓶颈期，低端供给过剩已成为当前发展桎梏。正如

[①] 本书编写组编著：《聚焦供给侧结构性改革》，光明日报出版社2016年版，第26页。

《棱镜》所报道的一般，晋江鞋企昙花十年：一年造的鞋十年都卖不完。过剩产能难以出清，在德尔惠和喜得龙倒塌之前，晋江鞋企早已集体沉沦。①

体育产品中高端供给不足现象更为明显。体育产业中高端产品供给不足，居民多样化、个性化、品质化、高端化需求难以得到满足，供需不匹配，供需结构错位的问题严重。在健康中国、体育强国等国家战略的驱动下，居民体育健身热情空前高涨，居民对体育赛事活动、运动康养等产品和服务的需求愈加旺盛。因为供给抑制和供给约束的存在，社会力量难以进入这些产品和服务的供给领域，导致这些产品和服务的供给严重不足，大量的潜在消费需求无法得到释放。"有需求而缺少有效供给"成为中国居民体育消费需求释放面临的最主要问题之一，造成了巨大的供给缺口。只有满足消费者新消费需求的东西才能卖出去，以前价低质低的产品已经无法满足消费者对品质的追求。作为体育产业核心行业的体育竞赛表演活动和体育健身休闲活动发展滞后于体育用品制造业，国内有影响力的本土原创赛事稀缺，高质量的赛事供给严重不足，无法满足群众参赛、观赛的消费需求。在冰雪运动产业中，中国雪场、冰场器材设备主要采购国外品牌，消费者宁愿高价购买国际品牌，也不愿意低价购买国内品牌的产品，仅日本滑雪装备品牌就占中国市场50%以上的份额。② 运动健康服务业发展严重滞后，运动健康产业链不完整，运动健康管理和康复领域存在大量空白。运动健康产业增加值在 GDP 中的占比不足5%，与美国健康服务业在 GDP 中占17.6%、其他 OECD 国家健康服务业在 GDP 中占10%左右的比重相去甚远。

---

① 李超：《德尔惠们的膨胀与陨落：晋江鞋企的昙花十年》，https：//baijiahao.baidu.com/s? id =1589756080847768930&wfr = spider&for = pc。

② 李锦：《国企供给侧改革难点与对策》，研究出版社2016年版。

综上分析，可以看出体育产业是供给过剩和有效供给不足同时存在。低端体育用品市场行业产能严重过剩，甚至拖累整个体育产业进入通缩状态；中高端的体育健身休闲、竞赛表演市场有效供给不足，远远满足不了市场需求。大量产品卖不出去和大量民众到国外采购或"海外代购"的现象并存。在目前体育产业供给体系难以满足居民有效体育消费需求的情况下，许多企业供给的产品质量与市场需求不匹配，产品库存严重，产品卖不出去和消费需求得不到满足，成为困扰企业发展的突出问题。供给侧结构性改革的本质就是要让供给和需求相匹配，在结构调整中提升体育产业发展的速度与质量。

（四）区域结构失衡，区域间协调发展不足

体育产业供给体系和供给活动在空间上表现为体育产业发展的区域分布态势，即供给能力在区域经济空间中的实现和发展。观察和研究体育产业供给结构优化，不能忽视供给体系和供给结构的区域条件和区域间关系。体育产业区域发展尚未形成与市场需求相适应，以及与资源禀赋相匹配的生产结构和区域布局，综合效益有待提高。

供给侧结构性改革需要加强市场供求的"空间匹配"。中国体育产业发展当前正出现一系列供给与需求"空间不匹配"的现象，在区域和空间分布上不均，区域结构"东强西弱"，区域发展不平衡及不协调问题较为严重。2017年，体育生产企业数量排名前五的省份依次为山东、广东、福建、浙江和江苏，企业数量总和为74280家，占全国的48.35%，且均处于东部地区。从2018年全国体育产业法人单位和从业人员来看，东部地区更是一枝独秀。东部地区体育产业法人单位数为156258个，占全国的65.10%；从业人员为3350062人，占全国的72.06%，见表4-5。

表4-5　　　　　2018年体育产业法人单位分布情况

	单位个数（个）	单位个数占比（%）	期末从业人员数（人）	期末从业人员数占比（%）
东部地区	156258	65.10	3350062	72.06
中部地区	39114	16.30	732577	15.76
西部地区	34707	14.46	427307	9.19
东北地区	9951	4.15	138884	2.99
合计	240030	100	4648830	100

资料来源：根据国家统计局、国家体育总局数据汇总。

从体育产业发展规模来看，体育产业区域分布不均衡性凸显，"东稠西疏"特征明显。区域布局结构的不合理，加剧了供给侧的结构性矛盾，限制了社会有效需求的形成。体育产业要素资源在东部地区集聚，导致空间布局结构失衡。东部地区一枝独秀，成为体育产业发展的高度集结地，远远领先于其他城市发展。2022年体育产业总规模排在前五位的省份依次是福建、广东、江苏、浙江、山东，分别为6573.14亿元、6500亿元、5963.68亿元、4648亿元、4239.89亿元（见表4-6），这五个省份体育产业总规模占全国体育总规模的84.60%。

表4-6　　2021—2022年全国及部分省份体育产业总规模与增加值

	2021年		2022年	
	体育产业总规模（亿元）	体育产业增加值（亿元）	体育产业总规模（亿元）	体育产业增加值（亿元）
全国	31175	12245	33008	13092
福建	6008.78	2020.75	6573.14	2198.75
广东	6258	2081	6500	2130

续表

	2021年度		2022年	
	体育产业总规模（亿元）	体育产业增加值（亿元）	体育产业总规模（亿元）	体育产业增加值（亿元）
江苏	5652.78	1915.14	5963.68	2026.98
浙江	4272	1362	4648	1444
山东	3712.69	1395.78	4239.89	1565.56

资料来源：根据国家统计局、国家体育总局数据汇总。

二 供给质量：产品质量有待提升，供给体系的适应性有待增强

体育产业供给质量可以分为供给产品质量和供给体系质量。供给产品质量指体育产业提供的产品和服务具有较高性价比，能够满足规定需要和潜在需要的特征和特性。供给体系质量指体育产业提供的产品和服务满足消费者需求的程度。目前，体育产业的供给产品质量和供给体系质量均存在一些问题，如产品质量不高，产品供给种类与需求不相匹配，体育产业供给体系不能适应居民体育需求结构的变化。这既说明了体育产业生产要素的配置效率和质量存在供给短板，也说明各类生产要素投入后的产出（提供的产品服务）不能满足居民的有效需求，需要通过供给侧结构优化来提高供给质量。

（一）产品质量：体育产品质量有待提升

供给质量本身就意味着一组特性满足需求的程度，提高供给体系质量实质就是提高产品和服务满足需求的程度。受制于供给能力约束，中国现有体育市场供给质量不高，体育产品全球竞争力整体水平不强，产品层次处在中低端，附加值较低，很多产品与国外产品存在很大差距。产品雷同，高端产品供给不足，供给缺乏科技含量，国际

化程度较低,国际竞争力不强,无法满足消费者多元化、个性化、差异化、品质化的消费需求,催生了"海淘热""代购潮"。这与国内供给乏力和供需脱节错位有关,极大影响了中国体育产业的发展质量和发展水平。

从体育产业增加值的构成来看,体育用品制造业占比超过49.7%,属于体育产业的支柱行业。从体育产业的内涵来看,体育竞赛表演活动和体育健身休闲活动属于体育产业的核心行业。不管是目前处于体育产业支柱行业地位的体育用品制造业,还是属于体育核心行业的体育竞赛表演活动和体育健身休闲活动,供给质量不高的问题普遍存在。

1. 体育产业的核心行业:体育竞赛表演业

体育竞赛表演业作为体育产业的核心产业,近年来虽然发展迅猛,但仍滞后于体育用品制造业的发展,总产出和增加值在体育产业中所占份额较小。与发达国家相比,中国体育竞赛表演业无论在项目数量、队伍数量,还是市场成熟度方面都比较低,较多停留在竞赛层面,无法为观众提供沉浸式的赛场环境、赛场服务以及赛事体验。赛事供给数量少、赛事的观赏性差、附加活动少、观众与运动员的互动性差,体育竞赛表演业未能得到有效开发,消费者观赛的需求无法得到满足,制约了体育竞赛表演产业的发展。以中国职业化程度较高的足球、篮球、乒乓球为例,体育现场观众的总人数低于许多发达国家,反映了中国竞赛表演产业与发达国家的差距。与文化娱乐产业相比,职业体育产品制作水准仍相对较低。[①] 2017 年中国泛娱乐核心产业产值约为 5484 亿元,同年体育竞赛表演增加值约为 231.4 亿元。2017 年《战狼 2》票房收入 56.83 亿元,而中国化职业程度最高、收入最高的职业联赛——中超,

---

① 江小涓等:《体育消费:发展趋势与政策导向》,中信出版集团 2020 年版,第 18 页。

赛季联赛收入约为14.8亿元。2016年中超场均观众达到24159人，列世界第五位，与德甲场均观众数为4.5万人和英超均观众数为3.6万人相比，还有较大差距。中超的现场观众数不到600万人次，而德甲和英超现场观众数超过了1300万，但两个国家的总人口仅为我国的1/20左右。

国内联赛开展较早的中国男子篮球职业联赛（CBA）和竞技水平较高的乒乓球超级联赛，上座率也远低于发达国家同类赛事。CBA现场平均观众数为4717人，与NBA场平均观众数17276人相差甚远。全赛季CBA观众数为179万人次，而NBA观众数超过2100万人次。2015—2016年赛季，常规赛到场观众总人数为179万人次，场均到场观众为4714人次，平均上座率为62.78%，央视直播平均收视率为0.6%。2016年乒超联赛的现场观众每场为1000人次左右，电视收视率平均值为0.2%左右。美国NFL的《周日夜赛》节目，已经连续多年霸占美国年度电视收视榜头名位置，NFL的球场平均容量超过6万人次，保持着99%的上座率。[①]

再以体育竞赛表演业中的马拉松赛事为例，近年来国内马拉松赛事快速发展，赛事数量和规模陡增。在中国田协注册的马拉松赛事已由2013年的39场发展到2019年的1828场，6年间赛事数量增长了45.9倍。但马拉松赛事质量提升滞后于数量增长，具有影响力的品牌赛事稀少。在全球71个金银铜标马拉松赛事中，金标赛事中国仅占6个，银标赛事只有3个，与世界著名的"六大"马拉松赛事差距更是巨大。

2. 体育产业的核心行业：体育健身休闲业

体育健身休闲业是以体育运动为载体，以参与体验为主要形式，以

---

① 江小涓等：《体育消费：发展趋势与政策导向》，中信出版集团2020年版，第182页。

促进身心健康为目的,向参与者提供相关产品和服务的一系列经济活动。体育健身休闲产业是体育产业的核心行业,更是体育产业的重要组成部分。近年来虽然快速发展,但也进入了发展的瓶颈期。体育健身服务主要处于产业链前端较低水平,基本为提供健身场所的模式,产品同质化严重,服务内容和种类比较单一,健身俱乐部、健身会所以打价格战、拼硬件设施作为吸引客户的主要手段,未能深度开发场景化、智慧化、科学化的服务内容,与市场需求不同步,服务质量被忽视,健身产业链的协同效应未充分发挥。盲目的价格战,也导致了各供给主体苦不堪言,利润较低甚至亏损经营。据央视《经济新闻》报道,因体育健身俱乐部健身设施器材、场租等投入相对较高,资金周转速率较慢,目前国内有60%的健身俱乐部存在亏损。[1] 青橙科技的调查数据显示,2018—2019年体育健身俱乐部月均收入已经下滑了8.6%,其间,关闭健身房3099家,关闭率为4.36%,其中成立一年内关闭的健身房达到528家。[2] 中国健身会所平均续费率只有15%—20%,[3] 健身会所产品同质化现象严重、体验差、服务缺失、娱乐性差、管理难度大等问题直接导致健身会所续约率低。消费者需要性价比更高的优质健身服务,健身服务供给与消费需求之间的错位问题日渐显现。与日益增长的健身需求相比,体育健身产业的复合增长速度明显低于健身人口复合增长速度。体育健身休闲行业处于供给严重不足的状态,不管是每万人拥有的健身俱乐部数量,还是俱乐部会员的渗透率,都远低于发达国家的发展水平。北京是中国健身行业发展最好的城市,但人均健身会所拥有量也只有0.233个/万人,上海、深圳、广州、武汉均不到0.101个/万人。

---

[1] 然玉:《六成健身房亏损 供大于求是症结》,《中国商报》2018年8月14日第2版。
[2] 腾讯网:《黑天鹅之下,2020年健身品牌如何应对挑战》,https://new.qq.com/rain/a/20200418A0LXVE00。
[3] 网易网:《圈钱跑路,续费率仅15%,平均存活半年时间,健身房怎么了?》,https://m.163.com/dy/article/EGTEJGSU0511LN6J.html。

2011—2015 年，中国健身俱乐部数量分别为 3200 家、4520 家、5000 家、6000 家、4425 家，同期健身俱乐部会员人数分别为 450 万人、484 万人、499 万人、547 万人、633 万人。[①] 2012—2017 年，中国健身行业年均增长为 12%，2017 年市场规模达到 60 亿美元。会员渗透率有待提高，剔除农村人口，2015 年中国每百万人拥有 5.6 个健身会所，远低于韩国（136 个）、美国（108 个）、英国（95 个）、日本（46 个）和全球（25 个），如图 4-13 所示。中国健身会所会员数占总人口的比例仅为 0.4%，而加拿大、美国、新西兰、英国、澳大利亚和德国的会员渗透率分别为 17.9%、17.6%、14.8%、12.9%、11.4% 和 11.1%。[②]

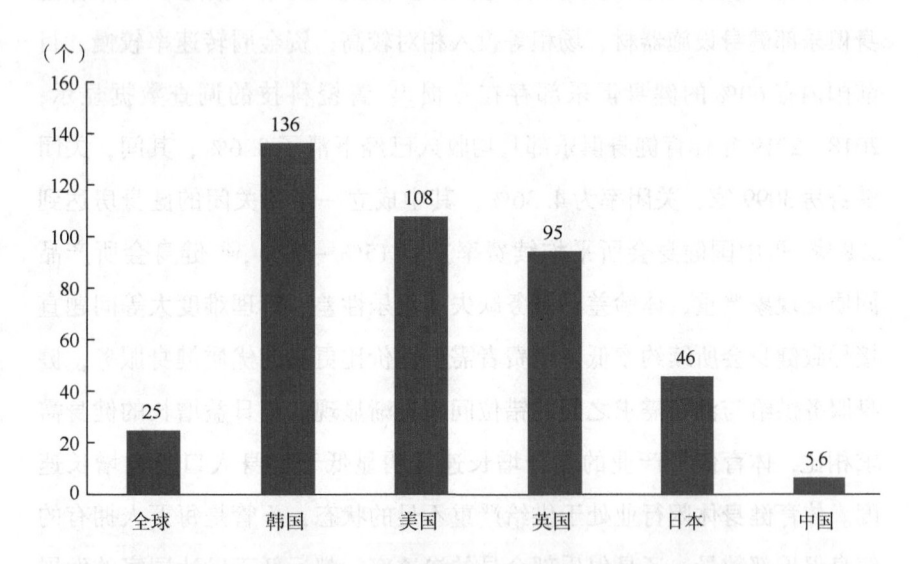

图 4-13　2015 年全球及部分国家每百万人拥有的健身会所数量

资料来源：江小涓等：《体育产业的经济学分析：国际经验及中国案例》，中信出版集团 2018 年版，第 350 页。

[①] 道客巴巴：《健身行业深度报告：空间广阔龙头未现，需求渐起布局当时》，https://www.doc88.com/p-3959649230163.html。

[②] 江小涓等：《体育产业的经济学分析：国际经验及中国案例》，中信出版集团 2018 年版，第 31 页。

3. 体育产业的支柱行业：体育用品制造业

中国已是世界第一制造大国，截至 2022 年，中国制造业规模已连续 13 年居世界首位。但中国制造业大而不强，普遍处于价值链中低端，利润水平不高，创新能力不足，缺乏国际竞争力。体育用品制造业也普遍存在这些问题，如技术研发滞后、缺少核心技术产品同质化等。总体来看，中国体育产品附加值较低，企业市场竞争力弱，产业链不够健全，大多数体育产业集中于下游产品端，产品同质化严重，整个体育产业上下游产业链的各环节衔接不紧密，产业链的协同效应尚未充分发挥。

2016 年，中国体育用品制造业规模以上企业为 1036 家，其中亏损企业 101 家，亏损占比为 9.75%。① 2018 年，中国体育用品制造业规模以上企业为 1105 家，仅占 186773 家体育企业总数的 0.59%。② 2018 年中国体育用品制造业的产出为 13201 亿元，占体育产业总产出的 49.7%；而增加值为 3399 亿元，仅占体育产业增加值的 33.7%，③ 这也反映出体育用品制造业附加值偏低的劣势。

中国体育制造业的内部结构呈现以传统制造业为主的特点，运动服装制造单位数占比高达 41.43%，体育智能、可穿戴制造与体育用新材料制造合计占比仅为 0.62%。④ 从利润率来看，目前中国大量体育用品处于全球价值链的低端，纺织品、服装、鞋类、玩具、塑料制品等七大类劳动密集型低端产品占中国出口总额的 20% 以上，但利润微薄，仅为 3%—5%。⑤ 2018 年中国体育用品制造业利润率为 6.28%，低于轻

---

① 江小涓等：《体育产业的经济学分析：国际经验及中国案例》，中信出版集团 2018 年版，第 428 页。
② 2018 年全国体育产业发展大会江西财经大学课题组公布数据。
③ 国家体育总局、国家统计局：《2018 年全国体育产业总规模和增加值数据公告》，https://www.sport.gov.cn/n315/n20001395/c20010571/content.html。
④ 2018 年全国体育产业发展大会江西财经大学课题组公布数据。
⑤ 滕泰、范必等：《供给侧改革》，东方出版社 2016 年版，第 92 页。

工业行业平均利润率0.28个百分点。其中，利润率最高的是专项体育器材及配件制造，主营业务收入利润率为8.16%，而利润率最低的则是健身器材制造主营业务收入，利润率为4.55%。[①] 入围轻工业综合实力百强企业的安踏集团，2017年共计销售超过6000万双运动鞋及超过8000万件运动服，全年销售额为160亿元，平均每件鞋帽价格为114元，与国际品牌动辄千元的售价差距巨大。

（二）供给体系质量：供给结构的适应性不强和灵活性不高

供给体系质量是指体育产业提供的产品和服务满足用户的程度，是供给体系适应需求变化的灵活性。过去，中国宏观经济供求矛盾主要表现为供给短缺，需要扩大生产规模。随着社会发展水平的提高，中国居民需求结构基本上接近于发达国家水平，但目前供给结构调整升级相对滞后，供给形态基本雷同，服务项目少，服务层次较低，不能适应升级后的消费需求，出现了供给制约需求实现的矛盾。供求矛盾主要表现为部分产能过剩和部分需求得不到有效满足并存，需要更好地匹配供给和需求。从表面上看，体育市场供求矛盾是因为体育消费需求不足，但根本原因在于供给体系适应性不强，供求结构不匹配，供给体系无法适应需求结构的变化，导致供给无法转换成有效需求。

中国体育产业供给体系对居民升级后的需求结构变化适应性不强，供给结构调整滞后于需求侧的升级变化，以面向低收入群体为主的供给体系没有及时调整为以中等收入群体为主的供给体系，现有供给体系无法满足人民群众日益升级的多元化、品质化、个性化的体育消费需求，导致供给结构与需求结构相脱节，出现了结构性供给过剩与有效供给不足的矛盾并存。高品质体育产品和服务供给的严重短缺，成为抑制体育

---

① 2018年全国体育产业发展大会江西财经大学课题组公布数据。

消费释放的突出矛盾。2016年，中共中央、国务院印发的《"健康中国2030"规划纲要》指出，健康服务供给总体不足与需求不断增长之间的矛盾依然突出，健康领域发展与经济社会发展的协调性有待增强。体育科研、健康管理、运动康复指导培训行业仍存在大量空白，有影响力的本土原创商业赛事十分稀缺，居民对高品质产品和服务的需求难以得到满足，导致体育市场供需失衡。从总供给的角度来看，体育用品制造业产能处于过剩状态，产品同质化严重。这也表明，之前的生产结构、供给体系已经不能满足庞大的中等收入家庭多元化、个性化、品质化的体育消费需求，不利于体育消费潜力的释放，供给侧结构性改革迫在眉睫。从总需求的角度看，投资增长较快，而消费需求增长乏力。近年来，需求结构失衡的矛盾进一步突出。2000年以来，消费对经济发展的贡献不断下滑，居民消费率从67.4%下降到49.1%，远低于80%的国际水平，消费不足。[①]

现代经济体系中，供给与需求两者之间的交互作用变得越来越频繁，越来越快速。一个经济体的供给侧如果能够及时对需求侧的变化作出反应，就能够实现供需均衡；如果能够及时生产和提供更高质量或更新颖的产品或服务，就能创造更大的需求空间。在供给侧，企业一方面通过提供适应需求的产品和服务产生供给，另一方面通过生产更多种类或更高质量的产品和服务创造新的需求。有效捕捉市场先机，以国内需求升级为依据，推进体育产业供给侧结构性改革，摒弃不能适应新环境和新形势的生产理念和领域，针对有效需求提供有效供给。在满足需求的过程中优化供给，以新供给来创造新需求，以新供给来满足现有需求。

---

① 任保平、郭晗、魏婕等：《供给侧结构性改革促进经济增长的理论研究与实践探索》，中国经济出版社2016年版，第31页。

三 供给效率：体育公共服务供给效率低下

供给效率主要指在生产、供给过程中各类生产要素的投入与产出的比较。公共产品的供给主体一般为各级政府，具有一定的垄断性和封闭性，导致在公共产品的供给过程中，有时既得不到足够的财政支持，又排斥体制外的融资渠道，致使公共产品的供给效率低下。中国经济发展水平不断提高，城市化进程不断加快，体育公共服务的内容和质量得到很大提升，但相比日益多元化的体育公共物品需求，现有的供给效率相对低下。忽视居民的需求偏好，使体育公共服务产品的供给与居民需求之间存在信息不对称的情况，在体育公共产品的供给和需求环节出现了一定的矛盾，导致体育公共服务供需严重脱节。由于居民体育公共服务需求的异质性程度较高，基础性需求与差异性需求更加多元化，政府部门在注重体育公共服务满足普惠性和均等性的同时，忽视了对体育公共服务的供给内容和质量的提升。目前体育公共服务供给仍然以传统的政府单一刚性供给为主，主要表现为供给形式单一，供给内容乏味趋同。而作为需求主体的广大居民，缺乏主动表达需求的意识和渠道，没有机会参与体育公共产品的选择与配置，致使体育公共产品供需脱节，造成了政府提供的体育公共服务利用率不高，而居民多样化的体育公共服务需求又无法得到满足的矛盾并存。

体育场馆等基础设施供需存在局部结构性矛盾，体育场馆服务供给不足与供给相对过剩并存，部分体育场馆闲置浪费。健身休闲的场所和去处不多、城市体育基础设施建设不到位、体育公共产品供给体系对于居民需求适应性不高等，加剧了供需错位的矛盾。现实决策中，因缺少完善的利益诉求表达机制，广大群众的体育公共服务需求信息无法有效地传递到政府，导致体育公共服务的供给方无法获悉需求方的利益需求，而需求方又缺少对供给方的有效监督和利益诉求表达机制，致使体育公共产品"不合胃口",在一定程度上加剧了资源浪费。体育公共服务的供需错配问题,其根本原因是体育公共服务需求方和供给方处于严重的不平等位置,供需双方信息不对称,缺乏激励机制扭曲。供给侧结构性改革的着眼点就是供给效率的提高,而供给效率提高的着力点在于提高要素市场的效率。只有建立健全群众体育诉求表达机制,畅通信息沟通渠道,政府广泛并充分接收广大群众的体育公共服务需求信息,才能提高体育公共产品和服务供给体系的适应性和灵活性,提升体育公共产品和服务的供给质量和效率。

第五章 体育产业供给侧结构失衡的成因分析

破解"供需错配"问题,首先需要深入分析问题产生的根源。中央经济工作会议指出,当前中国经济运行面临的突出矛盾和问题的根源是重大结构性失衡,强调必须从供给侧结构性改革入手,才能实现供求关系新的动态平衡。习近平总书记在党的十八届三中全会上指出:"中国有大量有效需求得不到满足,是目前市场经济体制中存在的主要问题之一。"[①] 导致居民有效需求得不到满足的原因,除了周期性和结构性"供给老化"以及短期"供给约束",还有各类生产要素资源长期受到"供给抑制",使得生产要素无法从过剩领域流向新兴产业领域。现实有效供给的短缺,深化了"供需错配"的矛盾。同时,体育产品市场与生产要素市场的价格信号扭曲,是引发"供给不足"与"需求无应"矛盾的关键原因。

第一节 "供给约束"削弱了体育产业的比较优势

从新供给主义经济学的角度来看,经济的长期潜在增长率取决于人口和劳动力、土地和资源、资本和金融、技术和创新、制度和管理五大

---

① 《中国共产党第十八届中央委员会第三次全体会议公报》,https://www.gov.cn/ducha/2015-06/09/content_ 2875841. htm。

财富源泉。① 结合中国体育产业发展的实际情况，这五方面的生产要素都普遍存在明显的"供给约束"与"供给抑制"，导致各类生产要素难以从过剩产能领域转向新兴产业领域、从无效需求领域转向有效需求领域，无法从低端制造领域向高端制造领域配置，致使产品供给自动创新需求的过程无法自发实现。

体育产业供给侧结构失衡的一个重要原因是普遍存在供给约束，影响了生产要素资源在体育产业中的有效配置，提高了企业的生产成本，削弱了体育产业发展的比较优势。供给约束包括直接供给约束和间接供给约束。首先，直接供给约束指各项管制和垄断，由于计划经济的干预思想以及体育事业发展的惯性，留下了较多的行政垄断、行政管制、行政审批，催生了高进入壁垒和高行政成本，甚至把高行政成本转移给市场主体，这些因素都成为有效供给的直接约束，使有效供给无法形成。直接供给约束是中国经济发展中的结构性矛盾，主要由两个因素决定，一是经济发展阶段的转换，二是体制的病根。② 这些体制性弊端的主要表现为，市场经济体制不完善，市场机制不健全，价格不能反映生产要素的稀缺性，扭曲了资源配置。近年来中国政府对此方面做了很多工作，出台了一系列放松供给约束的措施，取消和调整多项部门行政审批项目，不断放松行政管制，不断减少行政垄断，放开供给约束，降低行政成本。例如，印发《国务院关于"先照后证"改革后加强事中事后监管的意见》《关于改革社会组织管理制度促进社会组织健康有序发展的意见》。国家体育总局简化体育协会成立流程，激发市场主体活力，夯实体育发展的组织，如印发《体育总局关于推进体育赛事审批制度改革的若干意见》等，优化经营高危性体育项目准入服务，取消商业赛事和群众赛事活动的审批权，使得赛事的供给数量和规模大幅增加，有效

---

① 滕泰、范必等：《供给侧改革》，东方出版社2016年版，第3页。
② 刘志彪：《中国语境下如何推进供给侧结构改革》，《探索与争鸣》2016年第6期。

促进了体育竞赛表演产业的快速发展。其次,间接供给约束指高税负成本、高融资成本、上涨过快的人力资本和高原材料成本等价格方面的约束。① 近年来,中国经济长期具有的低成本优势发生了根本性的变化,供给约束普遍存在,企业各类成本攀升(如交易成本、人工、土地、资金、物流和汇率等生产成本不断提高)造成的间接供给约束,直接导致企业生产成本上升和盈利能力下滑,在一定程度上挫伤了体育企业技术研发和创新的积极性。中国制造业单位劳动力成本(工资与劳动生产率的比率)提高的速度,明显高于世界其他主要制造业大国,削弱了中国体育产业的竞争优势。根据国家统计局数据,规模以上企业平均成本负担过高,企业每百元主营业务收入中,成本和费用总计为92.58元。②

一 诸多制度性障碍造成较高的制度性交易成本

体育产业发展中存在诸多的项目活动审批过程烦琐、服务收费过高等问题,提高了企业面对的制度性交易成本和费用,妨碍了体育市场的良好运作。行政管辖的内容过多,在一定程度上损害了企业的利润,削弱了企业的投资意向,打击了市场参与者的进取精神。近年来,国家大力降低企业发展的行政成本,围绕行政审批制度改革做了大量卓有成效的工作,通过优化流程、创新服务、改革监管进一步提高了行政效能、改善了发展环境、提升了监管效能,但是在深化行政审批制度改革,消除进入壁垒、垄断方面,还有较大的空间。

二 快速上升的劳动力成本削弱了劳动密集型产业的比较优势

单位劳动成本是衡量产业和国家竞争力的重要指标,是劳动力成本

---

① 滕泰:《民富论:新供给主义百年强国路》,东方出版社2013年版,第233页。
② 《统计局工业司何平博士解读2018年工业企业利润数据》,https://www.gov.cn/xinwen/2019-01/28/content_5361712.htm。

和劳动生产率之比。低成本的劳动力供给曾是驱动体育产业,尤其是体育用品制造业发展的重要力量之一。人口红利消失后,中国单位劳动成本持续快速上升。改革开放以来,中国城镇单位就业人员平均工资快速增加,从1978年的516元增加到2014年的56339元,年均增长率为13.5%,远高于9.8%的GDP增长率。根据国家统计局数据,2009—2013年,中国劳动力报酬年均增长率为11.7%,超过同期GDP增长率约3个百分点。《中国统计年鉴2015》显示,全国货币工资2005—2014年增长了近3倍,平均增长率超过了13.38%,远超过GDP的增速。以制造业为例,2000—2015年,中国制造业小时劳动力成本增长了5倍,年均增速16.5%。[①] 而同期,美国、日本和德国制造业小时劳动力成本增速分别为3%、2.9%、5%,发展中国家南非和巴西实际增长率分别为3.2%和5.7%。[②] 中国工资上涨速度不仅显著快于美国、日本、欧盟等发达经济体,而且快于南非、巴西等发展中国家。印度尼西亚、泰国等国的制造业劳动力成本已经低于中国。劳动力成本提高对体育用品制造等劳动密集型产业影响巨大,直接削弱了中国劳动密集型制造业的比较优势。根据计算,中国传统上具有比较优势并在出口中占主导地位的11种密集型产品的"显示性比较优势指数"(中国某类产品出口比重与世界贸易同一比重的比值),从2003年的4.4下降到了2013年的3.4,下降幅度为22.7%。[③]

三 高融资成本成为中小微企业发展的最大掣肘

中小企业一直面临着融资难、融资贵的困境。2022年中国外汇

[①] 搜狐网:《科技创新,为什么是应对中国人口问题的最佳路径?》,https://www.sohu.com/a/302483218_120072214。

[②] 搜狐网:《科技创新,为什么是应对中国人口问题的最佳路径?》,https://www.sohu.com/a/302483218_120072214。

[③] 蔡昉:《研判就业形势 防范失业风险》,《中国国情国力》2015年第5期。

储备规模为31277亿美元，人民币存款总额超过258万亿元。作为外汇储备和国内储蓄最多的国家，中国的贷款利率水平却是全世界偏高的，民间借贷成本更高得难以想象。① 在资金获取上，不同所有制企业获取信贷资本的难易程度不同，存在国有企业和非国有企业、大型企业与中心企业之间的差异。以银行贷款为例，由于中小微企业财务制度不健全，信息披露制度不完善，又缺乏抵押物，导致银行等金融机构不愿将贷款给中小微企业，中小微企业贷款相当困难，导致了资本价格严重扭曲。

与发达国家相比，中国企业整体贷款成本处于高位，实际贷款利率普遍高于银行贷款基准利率。企业除承担贷款利息外，还需承担1.25%的评估费、1.25%的律师费、1.5%的担保费，使得贷款成本占贷款比例超过10%。② 麦肯锡的一份针对中国3500家上市公司和美国7000家上市公司的比较研究表明，中国的经济利润80%被金融企业拿走，而美国的经济利润只有20%归金融企业。③ 目前中国企业综合融资成本达10%—15%，为美国和新加坡等经济体的3—5倍。④ 国内最低的贷款年利率为6%，是美国贷款2.5%年利率的2.4倍。⑤

对于市场主体中主要构成的中小微企业而言，融资成本更是远高于银行贷款的基准利率。国家统计局发布的第四次全国经济普查系列报告显示，2017年中国中小微企业法人单位约2800万家，比2013年年末增长115%，占全部规模企业法人单位的99.8%，创造了60%的GDP、

---

① 滕泰、范必等：《供给侧改革》，东方出版社2016年版，第15页。
② 黄倩蔚：《P2P试水知识产权质押融资》，http://cpc.people.com.cn/n/2015/0123/c87228-26434972.html。
③ 黄群慧：《经济新常态、供给侧改革与产业发展》，中国社会科学出版社2017年版，第319页。
④ 《商务部：部分出口产品同质化程度高 恶性竞争严重》，https://www.rmzxb.com.cn/c/2016-08-19/987674.shtml。
⑤ 《中国商人眼中的中美制造业真实成本对比》，http://jer.whu.edu.cn/jjgc/18/2016-01-21/2392.html。

50%的收税、65%的发明专利和80%的就业。数据显示，在体育用品及相关产品制造单位中，大、中、小微型企业各为277家、1220家、40445家，其中，中小微企业高达99.34%；在体育服务业单位中，大、中、小微型企业各为429家、2006家、192354家，其中，中小微企业占比超过98.75%。① 中小微企业融资难、融资贵的问题普遍存在，小微企业面临信贷成本上升、新批贷款额度减少、贷款审批周期延长、融资渠道狭窄、获取银行贷款或授信难度较大等问题。国有企业中长期贷款利率多在4%左右，民营企业贷款利率则大多在6%以上，明显高于欧美国家1%—2%的利率水平。② 2015年中国企业平均利率为5.38%，中小企业平均利率为7.47%，但民营中小企业的实际融资成本超过15%，远远超过大型国有企业的融资成本。③ 同期，日本企业平均利率是1.1%，德国企业平均利率是2.7%。④ 中小微企业融资难、融资贵问题成为中国经济发展的最大掣肘。

四 高物流成本侵蚀了企业利润

现代物流作为供需对接的最后一棒，其便捷性和成本直接影响供求双方。目前，物流成本高、效率低已经成为制约中国制造业发展的一个重要因素。据统计，发达国家物流成本占最终成本的比重在10%—15%，而中国社会物流总费用占GDP的比重高达18.0%，明显高于发达国家。这一点在制造业领域表现得尤为明显，中国制造企业物流成本达到30%—40%，⑤ 过高的物流成本侵蚀了企业利润，加重了企业经营的负担。2016年，中国物流成本是11.1万亿元，社会物流总费用占

---

① 2018年全国体育产业发展大会江西财经大学课题组公布数据。
② 马晓河等：《大转型：供给侧结构性改革》，中国社会科学出版社2017年版，第178页。
③ 贾康主编：《供给侧改革：理论、实践与思考》，商务印书馆2016年版，第123页。
④ 贾康主编：《供给侧改革：理论、实践与思考》，商务印书馆2016年版，第123页。
⑤ 曾宪奎：《新常态和供给侧结构性改革》，人民日报出版社2020年版，第210页。

GDP 的比重为 14.9%，而美国的比例为 8%—9%，日本的比例为 6%—7%，[①] 中国物流成本与发达国家相比高很多。据测算，中国社会物流总费用占 GDP 比例下降 1 个百分点，就会带来 3000 亿元的效益。[②]目前中国是世界上最大的体育用品制造国，也是全球能够独立生产体育用品品种最多的国家。从利润率来看，2018 年中国体育用品制造业利润率为 6.28%，低于轻工业行业平均利润率 0.28 个百分点。其中，利润率最高的是体育器材及配件制造业，其主营业务收入利润率为 8.16%，而利润率最低的则是健身器材制造业，其主营业务收入利润率为 4.55%。

从目前来看，中国体育产业发展正面临高融资成本、高物流成本等"供给约束"，削弱了其核心竞争力。体育产业供给侧结构优化，需要通过放松行业管制、简政放权、减税降费等措施，放开"供给约束"，激发民营企业的市场活力，才可以提高体育产业发展的核心竞争力。

第二节 "供给抑制"致使生产要素不能自由流通

供给抑制是指阻碍土地与资源、人口与劳动、技术与创新、制度与管理、资本与金融等生产要素转化为现实有效供给的宏观和微观因素，致使产品和服务的供给能力存在相对不足，从而大量有效需求得不到满足的现象。生产要素能够自由流动，充分使用，是供给产生并且创造自身需求的最根本条件。如果在要素流动和使用中存在制度性抑制，导致要素不能自由流动和充分使用，就会形成"供给抑制"现象。使用供

[①] 黄奇帆：《结构性改革：中国经济的问题与对策》，中信出版集团 2020 年版，第 330 页。

[②] 曾宪奎：《新常态和供给侧结构性改革》，人民日报出版社 2020 年版，第 210 页。

给抑制这个词，是为了说明中国服务业是具有潜在供给能力的，只是受制于各种政策性障碍，实际供给能力没有得到充分释放。① 从长期来看，中国体育产业发展在五大生产要素供给上，也存在一定程度的"供给抑制"。五大生产要素存在人口红利减退、土地和资金利用低、自主创新不足、管理滞后等弊病。中央提出供给侧结构性改革，就是针对供给侧的问题，从供给侧着手，面向经济结构的制度性问题，通过全面制度改革，推进改革深化，优化制度供给，化解制约，释放社会经济的潜力，提高经济增长的活力。

体育产业领域也不例外，种种制度壁垒和过度垄断抑制了生产要素的自由流通，使之无法充分发挥作用。解放生产力的核心就是解除对五大财富源泉的供给抑制。从供给侧视角出发，选择劳动人口、土地与资源、资本与金融、技术与创新、制度与管理这五大要素对体育产业发展形成的供给抑制进行分析。需要继续通过深化改革，降低准入，消除壁垒，为要素自由流动创造良好条件和环境。

一 人才供给抑制，体育人力资本积累缓慢

人口红利消失后，人力资本积累缓慢，"招工难""用工荒"等问题频频出现，劳动力成本上升，低廉人工成本比较优势已不复存在。在体育产业从业人口巨大的情况下，2018年体育产业从业人员较2017年出现下滑，由2017年的473万人降至444万人，降幅6.1%。② 另外，体育人才供给领域即体育专业人才培养体系，由于高校体育专业设置及人才培养严重趋同，导致体育专业学生难就业的人才"供给过剩"和体育行业从业人员"短缺"的矛盾并存。社会体育指导与管理、公共

---

① 徐朝阳、张斌：《经济结构转型期的内需扩展：基于服务业供给抑制的视角》，《中国社会科学》2020年第1期。
② 《2018年全国体育产业总规模26579亿，增加值占国内生产总值比重达1.1%》，https://www.sport.gov.cn/n315/n329/c942314/content.html。

事业管理等多个体育专业被教育部列为最难就业专业,体育产业从业人员尚存在近200万人的缺口。除人岗不相适、人才供需错配问题外,户籍制度使得劳动力资源自由流动时受到影响,使劳动力资源的配置发生扭曲。

二 体育场馆管理运营制度僵化,场馆资源利用粗放

场馆绝对数量不足与相对闲置浪费矛盾、公益化服务与市场化运营矛盾并存。大部分体育部门成立事业单位直接运营,截至2013年年底,在现有的1093个大型体育场馆中,85%的场馆由事业单位运营,企业运营的场馆仅有163个。① 事业单位运营的场馆,市场化程度低,普遍存在亏损等问题,收入难以弥补成本,不如停业省钱。自2014年起中央财政设立公共体育场馆向社会免费或低收费开放补助资金,用于支持和鼓励体育部门所属大型体育场馆向社会免费或低收费开放,有效提高了场馆资源的利用率。但从场馆运营的角度分析,免费或低收费开放,并不是长期可持续的模式,这一模式对于民营机构的场馆运营冲击巨大,不利于体育场馆运营行业的发展。

三 金融抑制明显,融资难、融资贵的问题普遍存在

目前,资本市场体系不完善、功能不全,金融市场结构失衡,金融抑制较为明显,对实体经济的多样化融资和升级换代支持不足。以银行贷款为例,银行更愿意贷款给国有、大型企业,而中小企业贷款相当困难。民营企业融资成本高、融资困难,重创了社会力量投资创办体育产业的热情。在信贷市场中,金融机构与中小企业间的信息不对称问题相

---

① 江小涓等:《体育产业的经济学分析:国际经验及中国案例》,中信出版集团2018年版,第454页。

当严重，导致资金供给方对服务对象进行非常苛刻的选择。① 私营企业之所以难以实现产业升级，主要因为资本市场对其支持力度不够。② 从融资成本来看，中国中小企业融资难问题中，由于中小企业在融资市场中信誉度低，导致银行等大型金融机构不愿意为中小企业提供贷款等融资服务。大型企业的贷款利率以及其他收费一般需要12%，中型企业一般在16%—18%，小微企业在20%—25%。③ 根据《2019—2020年小微融资状况报告》，小微企业，特别是微型企业普遍有融资需求，尽管需求额度小，但大部分融资需求难以得到满足，这制约着中国小微企业持续健康地发展。④ 中小微企业的贷款成本是大型企业的两倍多，融资难、融资贵的问题长期存在，制约着中小微企业的规模扩张和体育产业发展。

四 创新风险大、成本高，抑制了企业研发的积极性

伴随中国经济发展，中国技术水平跟世界前沿科技差距越来越小，以往通过学习和模仿的学习型技术进步的空间越来越小。要想实现竞争优势，需要通过加大研发投入力度，通过自主创新，激发科技人员潜心研究的积极性。由于原创研发投入巨大、科技成果转化的机制有待完善、知识产权保护不力、资源条件共享壁垒等原因，中国企业间的创新的模仿行为盛行，造成了创新企业的前期研发投入难以获得正常的弥补和回报，重创了企业研发的积极性，抑制了企业的研发创新。⑤

---

① 贾康主编：《供给侧改革：理论、实践与思考》，商务印书馆2016年版，第122页。
② 林毅夫等：《供给侧结构性改革》，民主与建设出版社2016年版，第157页。
③ 彭江：《为企业融资"消肿止痛"》，https：//www.gov.cn/xinwen/2018－05/11/content_ 5290044. htm。
④ 姜婷凤、易洁菲：《数字经济时代降低小微企业融资成本的路径——信息对称与风险分担》，《金融论坛》2022年第5期。
⑤ 郭杰、于泽、张杰：《供给侧结构性改革的理论逻辑及实施路径》，中国社会科学出版社2016年版。

五　政策间缺乏衔接，导致产业政策目标和实效之间存在明显偏差

中国相继出台的体育产业政策对促进体育产业的发展与优化体育产业供给结构起到了一定的作用，政策取得了积极的市场效果。但总的来看，中国体育产业政策一直与体育事业政策如影随形。作为朝阳产业，体育产业领域国家的政策效力层级还远远不够，同旅游、文化、教育等产业相比，体育产业在政策优惠方面仍受到一些"冷遇"。从中国体育产业政策的实施效果来看，产业政策目标和实际效果之间存在着明显偏差。体育产业供给侧结构失衡、区域产业布局结构雷同、"供需错配"等结构性问题并未从根本上解决。地方政府制定的体育产业政策，多数套用统一模式，忽视地方资源禀赋与体育产业发展基础，缺乏地区特色和民族特色。体育产业政策是一个相互配合、相互协调的大系统，涉及体育、卫生、民政、财政、税务、公安等多个部门，政策的完整性要求各部门之间、各项政策之间有效衔接，协调配套。目前尚未形成科学合理的体育产业政策体系，往往是单项政策出台得多、政策群出现得少，未能形成政策合力。落实已有的体育产业政策往往需要不同部门之间相互协调，体育部门如无法得到相关部门的支持很可能导致政策无法落地。此外，政策在落实过程中，还可能因触及执行主体的切身利益而存在选择性、替换性执行，导致产业政策在优化体育产业结构时效果不佳。

第三节　价格信号扭曲，引发"供给不足"与"需求无应"矛盾

一　生产要素价格信号扭曲，引发了生产要素资源错配

价格信号引导着经济的运行，经济运行必须依赖正确的价格信号。建立健全能够灵活反映市场供求关系、资源稀缺程度的价格形成机制，

一直是中国要素资源价格改革的目标。当经济体的供给侧或需求侧发生严重问题时，实际上往往都是因为价格体系存在缺陷，价格不能反映生产要素的稀缺性，或由某种因素导致价格体系无法发挥作用，扭曲了资源配置。发生生产过剩或产能过剩现象，通常是由于人为干预导致价格扭曲，市场无法提供正确的价格信息，或由于忽视或错误地判断价格信号，导致生产和投资决策失误。体育产业的市场化还不充分，很多行业还属于体育事业范畴，市场在资源配置中的作用还没有充分体现，供给侧体制僵化，供给效率不高，行政干预较多，监管失当，公共服务不到位，供给短缺的问题仍然突出。中国生产要素价格信号存在不同程度的扭曲，劳动力工资、资本利率、场馆租金等价格未反映出其市场供求关系、稀缺程度，使得企业决策发生偏差，其必然结果是引发各种非效率的资源配置，造成产业结构的扭曲失衡，[1] 成为经济持续健康发展的障碍。

二 产品市场供需信息不对称，加剧了"供给不足"与"需求不足"矛盾

体育产品和服务供给与需求信息不畅通、不对称，市场供给方式跟不上需求升级，供给结构调整滞后于消费结构的转型升级，导致无效供给过剩，以及潜在需求难以转换为有效需求。供需双方在信息不对称条件下进行逆向选择，引发了供需错配，供给侧没有做出及时调整，产品质量和产品多样性都无法满足居民持续增长且不断多样化的体育需求，导致了大量的潜在体育消费需求处于未激活状态，以及大量的升级后潜在消费需求无法转变为现实有效消费需求。生产供给结构调整迟缓，难以从低端领域向中高端领域配置，高品质产品和服务的供给潜能被抑

---

[1] 李若愚：《要素价格改革是经济体制改革重要砝码》，《上海证券报》2013年11月19日第3版。

制，产品供给能力的提升滞后于消费需求换代升级的需要，导致生产的产品无人问津，无效供给过剩。生产源头与市场需求脱节，体育产品和服务的供给与需求脱节，产销不对路，引发"供给不足"和"需求无应"矛盾并存。供需错配主要归因于体育产业的有效供给不足，体育市场所提供的中高端体育产品和服务不足，导致很多需求得不到市场的回应，许多现实消费所需求的产品和服务无法获得，消费者潜在的消费需求无法得到释放和满足。信息不对称加剧了这种供需矛盾，一方面，商家找不到顾客，产品无处销售；另一方面，消费者不知道在哪里能买到心仪的商品，消费者无法及时获得体育产品和服务供给信息，更无法比较同类产品的质量、功能与价格，导致潜在的体育消费需求难以转换为有效需求。毫无疑问，中国已经是体育用品制造业大国，但传统粗放型发展方式使产业发展徘徊于全球产业链的中低端，体育产品和服务缺乏国际竞争力。运动服装鞋帽、健身器材等产品供应总量上早已供大于求，存在着大量的低水平过剩产能。长期处于低端链条上的体育用品制造无法满足消费者从"有"到"优"的需求升级，导致供需结构失衡。

第四节　体育公共产品与服务供给不足，抑制居民体育消费需求增长

体育公共产品和服务的投入，对于满足居民体育基本需求，培育体育人口具有不可替代的作用。发达国家的发展经验表明："人均 GDP 在 3000—10000 美元发展阶段时，政府在公共产品与服务的支出占比会显著上升，可以有效拉动消费快速增长。"[1] 在中国总供给结构中，与民生密切相关的一系列体育公共服务产品一直处于短缺状态。中国体育公

---

[1] 黄志凌：《需求疲弱的供给因素分析》，《中国金融》2015年第9期。

共服务供给中普遍存在体育设施数量增长与实际面积占有率降低,社会体育指导服务需求旺盛与承载力不足,公共体育组织政府机构臃肿与社会体育组织亟待发展,国民体质监测服务站点减少与覆盖范围亟待扩大等不足。① 政府对体育公共服务投入不足,且在有限的投入中又将较多资源投向竞技体育领域,人均体育场地、赛事、项目协会、社团、俱乐部存在较大缺口,尤其是在农村、老少边穷地区体现得更明显。同时,制度类公共产品与服务有效供给明显不足,消费者消费权益得不到有效保障。

目前,政府提供的体育公共产品和服务不仅在总量上存在不足,而且供给效率也不高。现有公共服务对居民的吸引力不强,居民喜闻乐见的服务不多,多元化的体育需求未得到满足。基本实现覆盖的健身路径,不被群众所接受,利用率较低。中国体育公共产品和服务供给总体水平仍然偏低,居民的体育公共服务需求得不到满足,不仅抑制了体育人口的培育和发展,也抑制了居民体育消费需求的释放和增长。

第五节 传统路径依赖,削弱了创新驱动力

路径依赖理论最早由美国诺贝尔奖得主道格拉斯·诺思在《经济史中的结构和变迁》中提出,指经济发展一旦进入某一路径,就可能产生对这种路径的依赖,而且这种依赖还会不断自我强化,最终甚至会进入阻滞持续发展的锁定状态。② 从体育产业实践来看,粗放型发展方式呈现自我强化的趋势,这一趋势也表明中国体育产业对粗放型发展方式已

---

① 姜同仁:《我国公共体育服务供给现状与结构优化对策》,《上海体育学院学报》2015年第3期。
② North, D. C. , *Institutions,Institutional Change and Economic Performance*, London: Cambridge University Press, 1990.

经形成了较强的路径依赖。① 对于后发追赶型经济体，市场机制尚未完善，存在诸多的要素重置壁垒，进而导致产业结构自发演进能力较弱，演进缓慢，并产生转型阵痛。现行的运行机制都有自身形成的逻辑和惯性，随着客观条件的变化，曾经发挥过积极作用的体制机制很可能成为阻碍发展的东西，产业政策导向上的趋同，致使各地区之间出现较为普遍的产业结构同质化现象，产能不断累加直至过剩。

习近平总书记强调："推进供给侧结构性改革，不能因为包袱重而等待、困难多而不作为、有风险而躲避、有阵痛而不前。"② 习近平总书记提出的"四个不能"指出供给侧结构性改革过程中必然会遇到各种障碍。体育产业供给侧结构性改革的障碍，归纳起来可以分为主观障碍和客观障碍两方面。主观障碍指人们的主观认知方面的障碍，对于供给侧结构性改革背景、概念、动因、目标理解不清楚、不全面，一些部门和地方政府把供给侧结构性改革与宏观调控、结构改革等概念混为一谈，认为供给侧结构性改革不过是适应经济新常态、国家宏观调控政策的另一种方式，是加强供给管理的宏观调控，进而导致不知所措，出现了大量运用行政手段干预经济运行的现象。客观障碍指客观经济环境和已存在的各项规章制度不利于改革措施的推进。供给侧结构性改革与地方经济发展形成了或多或少的利益冲突。为维护地方利益，一些地方习惯性地产生了地方利益偏向的政策执行倾向。除恶意竞争外，地方政府和相关企业也很难下决心做出壮士断臂之举，主动谋求破产、重组、转型，即便成为"僵尸企业"，也拖着、耗着。顺利地推进供给侧结构性改革，同时又妥善安置转岗职工，处置好企业相关债务，需要做大量艰苦而细致的工作。

---

① 姜同仁、夏茂森、刘娜：《我国体育产业发展方式转变中的路径依赖及对策研究》，《天津体育学院学报》2017年第5期。
② 习近平：《坚定不移推进供给侧结构性改革 在发展中不断扩大中等收入群体》，《人民日报》2016年5月17日第1版。

第六章　体育产业供给侧结构优化的核心内涵与价值意蕴

厘清体育产业供给侧结构优化理论逻辑和核心内涵，是解决当前体育产业供给侧结构性矛盾的基本前提。关于供给侧结构性改革内涵的逻辑关系，习近平总书记已经进行了完整、精练的阐释："要在适度扩大总需求的同时，着力加强供给侧结构性改革。必须把改善供给侧结构作为主攻方向，从生产端入手，着力提高供给体系质量和效率，扩大有效和中高端供给，增强供给侧结构对需求变化的适应性。增加经济持续增长动力，推动中国社会生产力水平实现整体跃升。"[1] 体育产业供给侧结构优化是从宏观经济中衍生出来的概念，要遵循供给侧结构性改革的理论逻辑，加强与需求侧管理相呼应，力求从供给侧、生产端入手，通过解放生产力，优化生产要素资源的配置，提高供给体系的质量和效率，提升竞争力，来促进体育产业发展。

第一节　体育产业供给侧结构优化的内在意蕴

要准确推进体育产业供给侧结构性改革，首先要把握其相关概念及理论，只有这样，才能搞清供给侧结构性改革的相关背景的由来、内

---

[1] 共产党员网：《习近平治国理政关键词：供给侧结构性改革》，https：//news.12371.cn/2016/03/21/ARTI1458514421708226.shtml。

涵、外延及理论实质。习近平总书记指出："制定好方案是做好供给侧结构性改革的基础。"① 做好工作方案，需要做好"五个要"："一是要摸清情况，要通过深入调查，搞清楚现状是什么，把实际情况摸清摸透，才能有的放矢；二是要明确目的，要明确供给侧结构性改革的方向和目的是什么，防止就事论事，甚至南辕北辙；三是要确定任务，要搞清楚具体任务是什么，任务要明晰、具体、可操作；四是落实责任，搞清楚谁来干，做到可督促、可检查、可问责；五是措施要有力，要搞清楚具体怎么办，措施要得力、要有效、要有针对性和可操作性。"② 习近平总书记提出的五个"搞清楚"，指明了供给侧结构性改革的总体思路和基本路径。

一　体育产业供给侧结构优化的核心内涵

体育产业供给侧结构优化，可以按照"问题—原因—对策"典型的"三段论"分析范式和逻辑路线进行设计，可以将"供给侧结构性改革"拆解为"供给侧+结构性+改革"来理解，把握三个词语的联结关系。按照该逻辑路线进行分析，当前体育产业发展的主要矛盾或矛盾的主要方面正由需求侧转向供给侧。发展中的主要问题集中在"供给侧"——现实供给明显与变化了的需求不匹配，供给侧的有效和高质量供给不足与无效和低端供给过剩的矛盾并存。从实践层面而言，体育产业供给侧结构性改革的迫切性源于长期存在的供需失衡，供需错配、失衡矛盾的主要方面在于供给侧。体育产业供需错配、结构失衡的成因是"结构性"——体制机制束缚了生产力，抑制了生产要素流通，市场价格机制不完善导致了生产要素配置扭曲，效

---

① 赵银平：《三个"五"——习近平供给侧改革的顶层设计》，http：//www. xinhuanet. com/politics/2016 - 12/16/c_ 1120126006. htm。

② 赵银平：《三个"五"——习近平供给侧改革的顶层设计》，http：//www. xinhuanet. com/politics/2016 - 12/16/c_ 1120126006. htm。

率低下，使体育产品和服务的供给结构不能适应居民升级后体育消费需求结构的变化，而产生体育产业结构性矛盾。存在的突出问题是结构问题，体育产业发展中有供给规模总量不大的问题，也有结构性问题，但结构性问题相比总量问题更为突出。优化体育产业供给侧结构，必须提高体育产品供给体系对居民体育需求结构变化的适应性和灵活性，减少无效和低端供给，扩大有效和中高端供给。破解这个问题的路径是"改革"——用改革的方法矫正要素配置扭曲，丰富体育市场的供给规模，调整供给结构，最终推动体育产业供给结构的优化。

体育产业供给侧结构优化既要进一步扩大居民体育消费需求，也要进行供给侧结构性改革。辩证看待体育市场的供给与需求关系是准确把握供给侧结构性改革的必要前提。体育产业供给侧结构优化，既要从需求侧入手，促进体育消费需求，实现体育消费的提质扩容；又要从供给侧入手，扩大体育产业的有效供给规模。从提高体育产业供给体系质量出发，提高体育产品供给结构对居民体育消费需求结构变化的适应性和灵活性，化解供需错配的结构性矛盾，更好地满足更广大人民群众对体育的多元化需要，促进体育产业的高质量发展。

二 体育产业供给侧结构优化的关键——发挥市场在配置资源中的决定性作用

习近平总书记在中央全面深化改革领导小组第二十三次会议上强调："注重从体制机制创新上推进供给侧结构性改革，着力解决制约经济社会发展的体制机制问题。"[①] 供给侧结构性改革，本质属性是深化改革。如何进一步完善体育市场在生产要素资源配置中的决定性作用是

---

① 共产党员网：《读懂习近平关于供给侧结构性改革重要论述》，https：//news.12371.cn/2016/03/10/ARTI1457562696369324.shtml。

体育产业供给侧结构性改革的关键。供给侧结构性改革与全面深化改革战略是相互贯通的，要把依靠全面深化改革，推进供给侧结构性改革摆上重要位置，突出问题导向，注重精准施策；要改变供给侧的一些妨碍供给结构适应需求变化的旧体制，提升改革效率。制度变革与结构优化及要素升级，被誉为供给侧结构性改革的"三大发动机"，而制度变革是经济发展"三大发动机"中的根源性发动机。①

体育产业供给侧结构优化的落脚点是深化改革，核心是放松行业管制，释放市场活力，让市场发挥在资源配置中的决定性作用。推进供给侧的制度变革，强调的就是用改革的方法来消除供给侧的体制性障碍，打破旧体制对供给结构升级的束缚，通过制度创新和技术创新提升体育产业生产要素资源的配置效率和全要素生产率。体育产业供给侧结构优化，政府应该进一步激发市场活力，通过深化改革，简政放权，减税降费，完善体制机制确保市场配置资源决定性作用充分发挥的同时更好发挥政府的有效作用；通过降低企业生产成本，激发企业创新发展活力，释放体育市场发展潜力。要针对当前体育产业发展面临的重大问题，理顺政府和市场的关系，主动放权，放管结合，优化服务。遵循体育市场供求规律，让市场机制起到应有的作用，通过制度变革、结构优化和要素升级，消除民营企业等社会力量进入体育产业的壁垒。通过简政放权，深化"放管服"服务，从供给侧入手，出台有力的改革措施，更好地激活市场主体的微观活力。既要打破阻碍体育产业生产要素流动的篱笆，发挥体育市场在生产要素资源配置中的决定性作用；又要更好地发挥政府在体育产业发展中的调控作用，保障体育市场的有效运行。政府应转变角色职能，应该从体育产业的直接参与者向"守夜者"转变，做好宏观调控、市场监管、公共服务、社会管理、环境保护等公共管理方面的工作，减少对市场的干预，解除和释放"供给抑制"和"供给

---

① 滕泰、范必等：《供给侧改革》，东方出版社2016年版，第66页。

约束"的矛盾。依靠市场机制来调节生产要素市场供给配置，将体育优质资源向社会需求旺盛的领域倾斜，引导市场中的力量去推动解决体育产品和服务领域高端供给不足的结构性问题，扩大体育产品和服务的有效供给规模，调整供给有效供给结构。通过优质供给激发释放体育市场的有效需求，增强体育产业供给结构与需求结构变化的适应性，让体育市场的供给和需求相匹配，进而为中国体育产业发展培育新主体，开发新产业，打造新动力。

三 体育产业供给侧结构优化的主攻方向——提高体育产业供给体系质量

体育产业供给侧结构优化，应以中国经济进入新常态为背景，针对体育市场供需配错问题，将提升体育产业供给体系质量作为主攻方向。习近平总书记强调："供给侧结构性改革的重点是解放和发展生产力，用改革的办法推进结构调整，减少无效和低端供给，扩大有效和中高端供给，增强供给结构对需求变化的适应性和灵活性。"[1] 供给侧的力量在一定程度上还会影响需求侧的消费偏好，而影响消费需求的众多因素也能影响生产供给。让供给适应需求，让需求引领供给，解决有效供给不足和低端供给过剩的问题，实现"供需匹配"，推进产业结构转型升级，成为体育产业供给侧结构性改革迫切需要解决的关键问题。体育产业供给侧结构优化的标准和依据本质上来源于需求侧消费者在体育产品和服务数量、品种、价格、质量、品牌等多方面的信号。优化体育产业供给体系的核心是围绕体育市场需求进行生产，要积极顺应居民体育消费需求不断扩大和转型升级的发展趋势，纠正配置扭曲的生产要素，提升要素资源配置效率，建立体育产业有效供给的长效机制。要运用供给

---

[1] 共产党员网：《读懂习近平关于供给侧结构性改革重要论述》，https://news.12371.cn/2016/03/10/ARTI1457562696369324.shtml。

侧结构性改革的思维，从体育产业供给侧、生产端入手，化解体育市场供需错配的矛盾，打造支撑经济发展的新动力机制。提高供给体系的适应性和灵活性，推动体育产业供给侧结构性改革。让体育消费需求的转型升级引领，倒逼供给侧体育企业的生产供给，减少低端体育产品的无效供给，提升整个体育产业供给体系质量，提高供给效率，使体育产业供给更加契合居民体育消费需求，实现供给侧结构优化，增强体育产业发展的持续增长能力。

四 体育产业供给侧结构优化的着力点——提高全要素生产率

诺贝尔经济学奖得主道格拉斯·诺思将经济增长定义为人均收入的长期增长，经济增长主要来源于两个方面：一是人均生产要素的实际数量增长，即要素投入的增长；二是一种或几种生产要素效率的改进，如劳动力教育水平的改进、新技术的应用等。生产要素资源是推动经济增长和产业发展的原始资源。生产要素的数量投入和质量提升是拉动经济发展的两个主要方面。体育产业供给侧结构优化的目的是引导更多的生产要素投入体育产业，并通过生产要素的合理有效配置，进一步提升全要素生产率，推动体育产业发展方式的转变。因此，体育产业供给侧结构优化的主战场是生产要素市场，主要目标是增加体育产业生产要素的投入数量，提高生产要素的质量和配置效率，实现体育产业生产要素"量"与"质"的齐升。既要增加体育产业中生产要素"量"的投入，还要实现生产要素"质"的提高，在有效增加生产要素投入数量的同时，实现体育产业生产要素升级，提高全要素生产率，使单位要素回报率持续提高。体育产业供给侧结构优化的着力点在于提高全要素生产率，通过全要素生产率提升，实现由依靠生产要素的数量投入向生产要素的质量升级转换。

五 体育产业供给侧结构优化的最终目的——满足广大人民体育消费需求

党的十九大报告指出，我国社会主要矛盾已经转化为人民日益增长的美好生活需要和不平衡不充分的发展之间的矛盾。实现人民享有美好生活是中国经济发展的核心目标，也是中国经济增长的原动力。这既是中国经济发展的出发点，也是经济发展的落脚点。经济增长的目的是从以人为中心的发展思想出发，提供更优质、更安全、更绿色、更人性化的消费产品和服务。体育产业发展的最终目的是落实好以人民为中心的发展思想，使中国体育产业供给能够更好地满足广大人民日益增长的体育消费需求，不断升级体育发展需要。

体育产业供给侧结构优化是对中国宏观经济领域供给侧结构性改革的最大配合，是使中国体育产业供给能力能够满足广大人民日益增长、不断升级的体育消费需求的根本途径，是对经济领域构建新支点、提供新动能、创造新增长点的最大贡献。在体育消费领域，要顺应居民消费升级和体育市场变化的发展趋势，准确识别和判断居民现实的和潜在的体育消费需求，围绕居民收入增加和消费升级后需求结构变化，努力扩大居民体育消费需求，引导居民体育消费，加快释放体育消费潜力。围绕居民升级后的消费需求，丰富体育产品和服务的供给内容，有针对性地扩大供给规模，提高体育产业供给体系质量，形成以新供给创造新需求、新需求推动新消费、新消费倒逼新供给的良性循环。通过供给侧结构性调整使体育产业的供给结构能够适应居民升级后的体育消费需求结构的变化，促进供需高效对接，实现体育市场由低水平供需平衡向高水平供需平衡的跃升。体育产业供给侧结构优化的发力点虽然在供给侧，落脚点却是需求侧，是为了更好地满足居民体育消费需求，增强体育消费对经济发展的提振作用。

六 体育产业供给侧结构优化的重点任务——补短板、促融合、提品质、降成本、调结构

相比供给侧结构性改革的主要任务，体育产业供给侧结构优化的重点任务更应该强调补短板、促融合、提品质、降成本、调结构。

第一，补短板。相比其他行业的去库存，体育产业发展更应强调补短板。该政策来源于"木桶原理"，体育产业发展除提供丰富优质体育赛事、群众体育活动外，还要加大公共产品供给，弥补供给短缺。

第二，促融合。充分挖掘体育的多元功能和价值，围绕"体育+""+体育"，重点促进体育产业与文化、旅游、健康、养老、教育等幸福产业的融合发展，促进数字体育产业、智慧体育产业发展。在服务经济和新一轮产业变革交融的重要机遇期，新动能增长必须充分融合服务和技术的势能力量。

第三，提品质。质量在大国崛起中发挥着巨大的推进作用，提升体育产业国际竞争力，需要提高体育产品质量，提升其在国际标准体系中的话语权。只有弘扬"工匠精神"，提高体育产品和服务的供给质量，让体育产业的供给能力能适应领先的需求结构的变化，才能有效化解长期存在的结构性过剩和短缺并存的矛盾。

第四，降成本。解除对人口和劳动、土地和资源、资本和金融、技术和创新、制度和管理五大财富源泉在体育产业领域的供给约束和供给抑制，通过减税降费，降低企业成本，优化企业生产经营环境，严格落实国家全面清理规范涉企收费措施，重点降低不合理的制度性交易成本。积极发展多层次的体育资本市场，推进金融服务体育产业，扩大债券融资规模，提高直接融资比例，降低企业的融资成本。放松间接约束，降低税负成本，不断降低企业综合成本。

第五，调结构。供给侧结构性改革，最终还是要落到结构改革。实

施体育产业主导产业发展战略，保证体育产业结构调整能够按照库茨涅茨演进方向进行，通过资源重新配置实现体育产业结构调整，通过结构升级优化提高全要素生产率。以体育竞赛表演业、体育健身休闲业、体育教育与培训业等核心产业作为体育产业的主导产业，打造体育产业的核心引擎，拉动体育用品、体育场馆建筑与运营等后向关联产业的发展，推动体育传媒、体育中介、体育博彩等前向关联产业发展。

第二节 体育产业供给侧结构优化的原则

依据中国供给侧结构性改革的理论与党的十九大报告，以及中国体育产业供给侧结构优化的目标，体育产业供给侧结构优化应遵循以下原则：目标导向原则、突出问题意识原则、统筹兼顾原则，以及长期性原则。

一 目标导向原则

改革应以明确的目标作为发展导向，只有理解了改革目标，才能科学地制定改革措施。而导向是行动的指引和方向，坚持目标导向原则，就是以实现目标为发展方向，坚定方向并持之以恒地朝着既定目标奋斗前行。供给侧结构性改革，旨在提高供给体系的质量和效率，使供给能力、供给质量和供给结构更好地满足人民群众不断升级的消费需求。供给侧结构性改革作为引领经济新常态发展的关键措施，其目的不是不要增长，而是为了更好地促进经济高质量发展，实现"量质齐升"。坚持目标导向原则，首先要深刻把握体育产业供给侧结构优化的目标内涵，明晰体育产业供给侧结构优化的目标。目标通常是以问题的方式呈现的，厘清目标与问题之间的逻辑关系，要善于把目标转换为具体问题，通过解决具体问题实现发展目标。体育产业供给侧结构优化的目标就是为了解决体育产业发展中的结构性问题，通过优化配置生产要素资源，提高体育产业供给体系对需求结构的适应性和灵活性，实现从无效供给转向有效供给，从供需错位转向供需平衡，从低质供给转向高质供给，持续扩大体育消费需求，提高体育产业供给体系的供给质量和效率，实现体育产业高质量发展，聚焦满足人民日益增长的美好生活需要。

二　突出问题意识原则

供给侧结构性改革的实质是应着眼于解决问题，体育产业供给侧结构优化就是解决体育产业发展中的结构性问题。正如马克思所说："问题的这种新的提法本身就已包含问题的解决。"[1] 坚持问题导向，就是要抓准主要矛盾和矛盾的主要方面，然后切中矛盾的要害，抓住化解矛盾的着力点，找到解决矛盾的突破口。中国经济发展进入新常态后，处在了转变发展方式、转换增长动力、调整产业结构的关键攻关期和矛盾叠加期。体育产业的发展同样面临一系列结构性、体制性、周期性问题，供需不匹配、结构失衡、资源配置扭曲各类问题相互交织，其中结构性问题最为凸显。体育产业供给侧结构的优化，必须突出问题意识原则，以问题为导向，以解决问题为指引，切实解决当前体育产业发展的体制、机制障碍和面临的堵点、痛点和难点，通过加快构建与中国经济保持长期健康发展相适应的体育产业供给结构，优化生产要素配置，提升全要素生产率，突破体育产业发展瓶颈，化解结构性矛盾，加快塑造新结构，培育新动能。

三　统筹兼顾原则

体育产业供给侧结构优化应遵循统筹兼顾的原则，要辩证处理发展实践中的各种关系和矛盾，协调各方力量和利益。供给侧结构性改

---

[1]《马克思恩格斯选集》第1卷，人民出版社2012年版，第62页。

革推进会面临一系列关系和矛盾，比如稳增长与调结构、供给侧与需求侧的问题。体育产业的发展离不开供给侧的生产要素供给和需求侧的消费需求引导，在供给侧结构优化中，要遵循统筹兼顾原则，妥善处理供给与需求的关系，把各项任务视为一个系统来对待，全面推进。破解体育产业供给与需求不匹配、结构失衡、资源配置扭曲问题，需要坚持供给侧结构性改革与需求管理相结合的原则，供给侧与需求侧双管齐下，两端发力。强调供给侧结构性改革，不是弱化需求侧管理的作用，而是需要统筹需求侧管理与供给侧结构性改革，针对当前供给需求错位、供给需求结构不协调不适应等问题进行调整。供给侧结构性改革既不能夸大需求对经济的刺激拉动作用，也不能无视需求对市场供给的导向作用。统筹供需双侧协同发力，首先，需求侧要通过积极营造、优化体育消费环境，引导居民体育消费理念，培养体育运动习惯，通过发放消费代金券等方式鼓励居民进行体育消费，进一步扩大体育消费规模。要准确识别、有效捕捉居民体育需求变化趋势特征，培育更多体育人口，释放体育消费潜力，扩大体育消费规模。其次，供给侧要以改革为动力，着力解决产业要素供给瓶颈，解除供给抑制和约束，扩大产业要素供给，提升全要素生产率。供需双侧协同发力，统筹推进，在生产要素配置效率和全要素生产率提升后，又会反过来对需求侧产生影响，促进居民收入水平提高及消费能力提升，使体育消费有效需求和规模进一步扩大。产业结构升级的动力首先是消费需求升级。体育产品的需求价格弹性较高，随着居民收入水平的提高，体育产品的社会需求量会快速增长，从而影响产业结构。通过供需双侧的统筹发力，实现供给侧结构优化的同时，又可以解决需求侧有效需求不足的问题，实现供求关系新的动态平衡。优化体育产业供给结构和消费结构，是扩大体育市场规模，提高体育产业集群竞争力的重要方向。

四　长期性原则

体育产业供给结构的优化升级是一项长期任务，强调供给侧结构性改革体现的是体育产业发展从注重短期增长向注重可持续发展及提高体育产业发展质量与发展效益转变的整体思路。体育产业供给侧结构优化的必要性虽已得到社会各界的广泛认可，但改革工程巨大，任务艰巨。针对体育产业供给结构失衡问题，深化体育产业供给侧结构性改革，其实质是通过改革提高体育产业生产要素的配置效率和全要素生产率，实现体育产业高质量发展。难点是处理好政府与市场的关系，关键是建立有效市场和维护服务型有限政府，这要求下阶段进一步简政放权，深化"放管服"服务，放松供给约束，取消更多行政管制，加大减税力度，降低融资成本，继续降低供给成本，这均是长期的系统工程。相比以往以廉价生产要素投入作为核心驱动力的模式，向以技术创新作为驱动力的模式转变，对于企业挑战更巨大，推进中难免会遇到种种困难和挫折，要做好打持久战的准备。

第三节　体育产业供给侧结构优化的目标

体育产业供给侧结构优化是一项综合的、长期的系统工程，也是中国宏观经济供给侧结构性改革要完成的主要任务。实现体育产业供给侧结构的优化升级，必须明确供给侧结构调整的目标和方向。体育产业供给侧结构优化的主要目标应包括：一是供给主体多元，进一步丰富体育市场的供给主体，实现供给主体的多元化；二是供给结构合理化，扩大优质增量供给，形成结构合理、布局优化的有效供给体系；三是供给内容品质化，使体育产业供给数量充足、产品种类和质量能够契合消费者的消费需求；四是供给效率高效化，提高体育产业供给体系对需求结构变化的适应性和灵活性，实现体育市场供需的动态平衡。

一 供给主体多元化

供给侧的结构性问题，主要是供给主体的结构问题。只有供给主体充满市场活力，并形成与时俱进的竞争力，才能形成供给侧结构性改革的内生力量，不断向市场提供更优的有效供给，不断激活市场需求，创造消费动力。① 中国体育市场存在广泛的产能过剩、供需不匹配，主要原因就在于存在大量不合格的供给主体，价格机制、竞争机制对它们不起作用，无法通过市场价格信号引导市场供给，加剧了供需错配矛盾，产生了产能过剩。鼓励社会力量参与，加大市场和社会力量参与并提供服务，通过市场化、产业化的发展形成多元化的供给主体，建立政府—企业—个人间的互动体系，形成"政府+政府、市场+市场"的供给主体。一是培育新主体，培育和形成更多的市场主体，提高市场主体的素质和能力，激发主体的积极性和创造性。二是着力营造扶商、安商、惠商的良好市场氛围，切实发挥企业家的重要作用。体育产业发展壮大的外部动力是政府，内部动力是企业，企业决定是内在动力和关键，政府引导是促成企业决定的外在重要因素和强大推力，只有企业动力和政府推力相互作用，分别施策，形成合力，才能推进改革，提质增效。增加供给主体，放宽对社会资本进入体育领域的准入限制，扩大健身、赛事等领域的市场开放度，全面放宽民间资本准入，减少行政审批事项。

二 供给结构合理化

合理化的产业结构，是经济高质量增长的客观要求。优化体育产业供给侧结构，需要增加总量，培育增量，调整存量，通过"三量"的变化调整来实现供给侧结构优化，并把它们作为推动供给侧结构性改革的重要举措。实现体育产业供给侧结构优化，一是增加总量，丰富供给

---

① 董小麟：《着力优化供给主体结构和市场环境》，《南方日报》2016年3月14日第4版。

内容。结构和总量是相对应的,结构就是比例,结构调整的意义就是通过比例的调整,实现改善效率的目的。结构二字,恰恰强调了市场运行背后的各种结构和比例以及相互关系的调整,优化体育产业供给侧结构,需要大力发展体育产业,不断丰富扩大体育产品和服务的供给规模,实现体育产业规模扩张,进而促进居民体育消费,实现体育消费的提质扩容。二是培育增量,补齐供给短板。着力做大增量,培育新兴业态。努力培育、发展新兴、时尚体育产业,催生新业态和开发新商业模式,开拓新的发展空间。从低效、过剩行业领域释放生产要素,通过结构性改革消除供给约束和供给抑制,有效促进要素自由流动,引导生产要素投向新供给、新业态,实现补短板、去产能,完成体育产业结构的转型升级。通过市场引导,让体育产业生产要素资源更多地流向有需求、有前途、效益高的领域和经济形态,如从体育用品制造业流向体育服务业,从传统产业流向新兴产业。大力培育战略性新兴产业,促进体育用品制造业向高端化、智能化发展。大力发展体育服务业,推动生产性服务业向专业化、深加工化的价值链高端延伸,生活性服务业向精细化和品质化转变,努力扩大有效供给和中高端供给,提高供给体系的质量和效益。三是调整存量,优化供给体系。顺应体育产业结构演化升级的发展趋势,积极发展体育服务业,推进体育产业结构合理化、高级化发展,提高体育产业在国民经济中的比重。丰富和扩大体育产业供给规模,着力做优存量,提高供给效率。大力发展体育竞赛表演产业、体育健身休闲产业、体育教育与培育产业等体育主导产业,提升体育服务业在体育产业发展中的比重,推动体育产业提质增效和转型升级。以有效的、优质的产品供给,实现体育产业转型升级,为真正启动内需,打造经济发展新动力提供有效途径。[①]

---

① 中共北京市委党校马克思主义理论研究中心:《中国供给侧结构性改革研究》,中国社会科学出版社2016年版,第8页。

三 区域布局优化

体育产业供给体系和供给活动在空间上表现为体育产业发展的区域分布态势，即供给能力在区域经济空间中的实现和发展。供给侧结构性改革需要加强供求的"空间匹配"。中国体育产业发展当前正出现一系列供给与需求"空间不匹配"的问题，"东稠西疏"特征明显。区域发展不平衡与不协调问题较为严重，限制了社会有效需求的形成，加深了供给侧的结构性矛盾。体育产业区域结构的高度化演进，需要不断优化空间布局结构，提高空间布局结构的有机关联度，创造有利于体育产业发展的良好区位条件和空间关系。优化体育产业发展的区域空间布局，利用区域联动发展理论，引导发展资源向经济增长优势区聚集，实现区域特色体育产业的差异化发展，形成体育产业发展的增长极和增长带。基本形成与市场需求相适应，与资源禀赋相匹配的生产结构和区域布局，提高综合效益。培育具有较大影响力的体育赛事城市、体育旅游城市、体育消费城市等。支持新疆、内蒙古、东北等地区大力发展寒地冰雪经济；通过体育赛事、体育旅游助力"一带一路"建设。引导传统劳动密集型用品制造业向中西部地区梯度转移，应积极使内陆地区成为沿海加工制造链的主要承接地。

四 供给内容品质化

随着生活水平的提高，消费需求从满足日常需要向追求品质转变已成为当前中国居民消费的主要特点，越来越多的消费者更关注高品质产品带来的个性化享受和自我认同感。党的十九大报告明确指出："把提高供给体系质量作为主攻方向，显著增强中国经济质量优势。"这一要求正是开给各领域供给侧结构性问题的精准药方。从以人民为中心的发展思想出发，经济增长的目的是提供更优质、更安全、更绿色、更人性化的产品和服务,所以必须通过提高产品和服务质量来满足消费者的消费需求。体育产业的发展也不例外,高质量发展不能再以数量取胜,必须致力于产品品质和质量的提升,通过流程柔性化、生产智能化等方式改变传统生产模式,大力推进标准化生产,以专业化推动形成精益制造体系,提高企业产品设计研发能力,全面提升产品质量和性能,推动体育产业发展质量的提高。把发展方式转变与技术变化方向有机结合,只有这样才能契合消费者的需求,与个性化消费和多样化消费需求相适应,在新常态下实现增长动力转换。

五 供给效率高效化

提升供给效率,包括提高全要素生产率和提升供给体系对需求结构的适应性、灵活性两个方面。

一是大幅度提高全要素生产率,引导企业通过制度创新、技术创新、管理创新等,着力提高高品质产品和服务的有效供给能力,实现体育产业转型升级。前期支持高速增长的人口红利、低廉劳动力等比较优势,需要向"全要素生产率"转型求得替换。大力支持运用新技术、新业态、新模式改造提升传统制造业,延展产业链条和产品系列,提升产业链各环节的附加价值,推动企业向微笑曲线的两端扩展,提升科技含量和附加值,打造传统制造业的特色优势产业集群。

二是瞄准国内外体育市场新需求,精准识别、把握消费者不同层次快速变化的体育消费需求,引导企业通过制度创新、技术创新、管理创新等,大力发展消费新业态,促进供需衔接。体育市场的各类供给主体要深入研究体育市场变化,倾听消费者呼声,全面捕捉体育需求和消费的盲点、痛点,准确把握现实需求和识别潜在需求,善于发现其中商机,通过需求引领、倒逼供给,使供给满足消费者不断升级的需求。从供给侧去激活、释放需求侧的新需求,提高供给体系对需求结构变化的适应和灵活性。提高供给质量，提升消费者对产品供给的信任度，从根源上解决消费需求外溢，如"海淘""代购"的问题。

第四节 体育产业供给侧结构优化的价值意蕴

党的十九大报告指出："进入中国特色社会主义新时代，我国社会主要矛盾已经转化为人民日益增长的美好生活需要和不平衡不充分的发展之间的矛盾。"体育产业供给侧结构优化是推动体育产业高质量发展的迫切之需，是满足人民日益增长的美好生活需要的必然选择，是培育体育场产业发展新动能的重要途径，是实现体育经济增长方式转变的治本良方。通过优化生产要素资源配置，提升全要素生产率，扭转传统生产中低效、粗放等发展弊端，实现发展方式转变，促进体育产业发展在"质"的层面飞跃。提高供给体系的质量和效率，有效破解供需错配矛盾，实现体育产业高质量发展，更好地发挥体育产业在扩大内需、稳定增长、增加就业、惠及民生中的作用。

一 体育产业供给侧结构优化是推动体育产业高质量发展的迫切之需

供给侧结构性改革作为贯穿经济工作全局的主线，也必然要体现高质量发展的根本要求。2020年，习近平总书记在全国教育文化卫生体育领域专家代表座谈会上的讲话指出："要推动体育产业高质量发展，不断满足体育消费需求。"[①] 推动体育产业高质量发展，满足居民体育消费需求，成为中国当前和今后一个时期确定体育产业发展思路、绘制体育产业发展蓝图、制定体育产业政策的根本要求。系统研究体育产业

---

① 《习近平：在教育文化卫生体育领域专家代表座谈会上的讲话》，https://www.gov.cn/xinwen/2020-09/22/content_5546157.htm。

供给侧结构优化的渊源流变以及内在逻辑，探讨体育产业供给侧结构优化的实践路径，是实现体育产业高质量发展的迫切需要。体育产业供给侧结构优化，只有通过持续不断地对体育产业细分行业结构、空间结构、市场结构、组织结构等进行引导、调整和优化，才能激发发展动力，消除结构性矛盾，提高发展效益。目前体育产业不适应高质量发展要求体现在多方面，如产业总规模不大且质量效益不高、供给体系不适应需求结构变化、产品和服务的品质有待提升、发展不平衡不充分等问题，在很大程度上制约着体育产业高质量发展。坚持以供给侧结构性改革为主线，有针对性地提出体育产业供给侧结构性改革的具体措施，充分发挥市场对要素配置的基础作用，借此解决体育产业发展中的深层次结构性矛盾，提高体育产业的运行质量和效益。

二 体育产业供给侧结构优化是满足居民体育消费需求的必然选择

从消费视角分析，目前的体育产业供给体系滞后于居民体育消费结构的转型升级，现有的供给体系不能适应和满足城乡居民消费结构升级需要。随着收入水平和生活水平的不断提高，居民体育消费需求正步入快速发展的快车道，在消费规模快速扩张的同时，居民体育消费正处于由生存型消费向享受型、发展型消费转变的阶段，消费层次、消费品质、消费形态、消费方式等方面均呈现明显的趋势性变化，这种变化倒逼供给结构进行调整优化，通过供给侧结构性改革来满足居民对体育多元化、品质化、个性化、时尚化的消费需要。体育产业供给侧结构优化就是要扩大有效供给和中高端供给，补齐供给短板，减少无效和低端供给，提高体育产业供给体系对需求结构变化的适应性、灵活性，提升供给体系的质量和效益，推动居民消费结构升级，实现体育消费的提质扩容。

三 体育产业供给侧结构优化是培育体育产业发展新动能的重要途径

优化体育产业供给结构，必须把"调结构"与"培动能"有机结合起来，要着力培育新兴的经济增长动能。"培动能"将成为供给侧结构性改革的引领，以"培动能"来促进"调结构"。只有激发新的动能，才能满足人们对美好生活的新需求，对新动能提出新要求。持续的发展迫切需要积累新的生产力动能，体育产业是激发经济发展新动能，寻找经济新方位的重要路径。供给侧的结构性问题是中国带有全局性、历史性的社会主要矛盾，以化解新时代中国主要矛盾为目标，需要通过培育新动能，满足人民对美好生活的向往。体育产业的融合渗透功能不断加强，与其他幸福产业不断通过跨产业和跨领域互动而衍生出新兴业态，为"体育＋旅游""体育＋文化""体育＋康养""体育＋教育"等相关产业融合发展开辟出全新的发展模式，有效推动了体育产业与其他幸福产业的融合共生发展。"互联网＋"所代表的新技术、新产品、新业态和新商业模式与体育产业的融合、创新、协同发展，形成新的生产力动力，推动了体育产业转型升级、促进智能化改造、提升新一代信息等基础设施，满足人们对便利化智慧体育健身的追求。创新体育产品和服务供给，优化存量配置，扩大优质增量供给，深入挖掘潜在消费需求，释放新需求，引导消费潜力，满足市场需求，以实现供需关系新的动态平衡为最终目的，为中国体育产业健康可持续发展奠定新基石。

四 体育产业供给侧结构优化是实现经济增长方式转变的治本良方

目前宏观经济发展正由以生产要素高投入为主要特征的粗放型发展阶段，向以创新驱动为动力特征的高质量发展阶段转变。推进供给侧结构性改革，是中央政府在全面分析中国经济阶段性特征的基础上，开出的调整产业结构、转变经济发展方式的治本良方。近年来，从中央到地方，从宏观经济到各行各业，把供给侧结构性改革作为发展主线，通过供给侧结构性改革破解经济运行中的结构性矛盾和问题。体育产业供给侧结构优化对于转变发展方式、优化经济结构、转换增长动力具有重要作用，通过增加各类生产要素的有效供给，优化要素资源的配置效率，推进要素升级。除了投入量的增加，更需要实现生产要素"质的提高"，体育产业的发展需要深入贯彻落实《国务院关于大力推进大众创业万众创新若干政策措施的意见》，推动大众创业、万众创新，优化体育类生产要素资源的有效配置，增加创新要素投入。进一步激发企业的创新活力，提高研发投入强度，确立以研发为导向的产能结构，积极引导企业向产业链高端拓展和延伸，全面提高中国体育产品和服务的技术标准，提升中国体育产品和服务的供给水平以及在国际产业分工中的地位。以优质供给释放体育消费需求，实现发展由注重数量向数量与质量并重、发展动力由要素驱动向创新驱动的转变。

第七章　体育产业供给侧结构优化的路径

供给侧结构性改革对经济发展的重要性不言而喻，但如何改革不是仅仅出几个政策就可以自证的，要做到逻辑上的自洽，需要重新梳理供给侧结构性改革的理论逻辑，以及当前存在的结构性问题，并结合中国经济新常态与综合改革的大方向，有效推进。习近平总书记指出，制定好方案是做好供给侧结构性改革的基础。做好工作方案，需要做好"五个要"，一是要摸清情况，通过深入调查，搞清楚现状是什么，把实际情况摸清摸透，才能有的放矢；二是要明确目的，明确供给侧结构性改革的方向和目的是什么，防止就事论事，甚至南辕北辙；三是要确定任务，搞清楚具体任务是什么，任务要明晰、具体、可操作；四是要落实责任，搞清楚谁来干，做到可督促、可检查、可问责；五是措施要有力，搞清楚具体怎么办，措施得力、有效，有针对性和可操作性。

推进体育产业供给侧结构优化，应以供给侧结构性改革的理论逻辑为依据，以体育产业供给侧存在的诸多结构性问题为逻辑起点，通过完善体育产品和服务的供给机制，丰富体育产品和服务的有效供给规模，提升体育产品和服务的供给质量，优化体育产品和服务的供给结构，提高体育产品供给结构对居民需求变化的动态适应性和反应能力。进一步激发和释放居民潜在的体育消费需求,扩大体育消费规模,增强体育产业高质量发展的动力。针对当前体育产业发展中的供需错配、生产要素配置扭曲、产品和服务供给品质不高等问题,推进体育产业供给侧结构优化的关键在于,如何解决"谁来消费、消费什么、敢于消费"的问题。要解决上述问题,就必须推进体育产业供给侧结构性改革,提高体育产品和服务的有效供给能力,增强体育产业发展的内生动力和活力,为体育产业高质量发展创造条件。

第一节 协同管理：供给侧结构性改革与需求侧管理协同发力

供给侧结构性改革同需求侧管理密切相连,供给侧结构性改革是通过重新优化资源的配置来提升效益,但并不是说需求性不重要了。供给侧结构性改革的终端是在需求侧,最终也是通过供给创造需求,创造消费,同时也是在解决需求的问题。既要扩大需求,又要供给侧结构性改革,核心是在供给侧。供给侧结构归根结底将体现为供给系统对于需求结构的更高弹性,即灵活反应能力。习近平总书记指出："供给侧结构性改革,既强调供给又关注需求。消除有效供给不足的瓶颈,更大程度地满足现有有效需求,需要供给侧与需求侧并举。"[①] 2015年,习近平总书记在中央财经领导小组会议上提出,要"在适度扩大总需求的同时,着力加强供给侧结构性改革"。[②] 后来在G20峰会、APEC会议上,

---

① 中央编办理论学习中心组：《加快转变政府职能 推动供给侧结构性改革——深入学习贯彻习近平同志关于供给侧结构性改革的重要论述》,https：//news.12371.cn/2016/10/26/ARTI1477432302275790.shtml。
② 共产党员网：《习近平谈供给侧结构性改革》,https：//news.12371.cn/2017/12/19/AR-TI15136425154-89574.shtml。

又多次重申了将"重视供给端和需求端协同发力"作为医治世界经济的"药方"。国务院总理李克强也在 2015 年 12 月主持召开经济工作专家座谈会时强调:"必须从供需双侧加大结构性改革力度,以创新带动需求扩展,以扩大有效需求倒逼供给升级,实现稳增长和调结构互为支撑、互促共进。"① 实施经济政策绝不可忽视宏观需求管理与供给侧结构性改革的协同作用,要在适度扩大需求的同时,着力推进供给侧结构性改革。财政部财政科学研究所所长刘尚希表示:"真正的供给侧结构性改革,既包括供给侧,也包括需求侧,还包括供给与需求之间如何互动的问题,只有供给和需求形成有效互动才能真正发挥作用,孤立静态地考虑需求或者供给,都不能解决我国当前面临的结构性问题。"② 所以,供给侧结构性改革与需求侧管理的"三驾马车"不是替代关系,加大供给侧结构性改革,要在供给、需求双侧协同发力,共同激发其活力,从而切换到"三驾马车"与"三大发动机"的双轮驱动模式。体育产业供给侧结构优化必须重视需求侧管理与供给侧结构性改革的有效结合,既不能像凯恩斯学派那样单方面依靠财政投入刺激需求,又不能学供给学派那样完全依靠市场去创造需求;③ 体育产业供给侧结构优化要在扩大体育消费总需求的同时,着力推进供给侧结构性改革。在改革思路和发展方向上,要立足现实,着眼长远,从源头上牢固树立围绕消费需求进行生产和调整的理念,充分发挥市场这只无形之手的作用,处理好供给侧结构性改革和需求管理之间的关系,将二者有机结合,提高体育产业管理水平,矫正总供给与总需求的失衡,实现二者的动态平

---

① 中国政府网:《李克强主持召开经济工作专家座谈会:供需两端发力推进结构性改革促进经济长期平稳健康发展》,https://www.gov.cn/guowuyuan/2015-12/03/content_5019572.htm.

② 中国经济导报网:《供给侧改革:财政货币政策各有招》,http://www.ceh.com.cn/epaper/uniflows/html/2015/11/25/B01/B01_58.htm.

③ 杨承训、承谕:《紧紧依靠科技提升质量、协同供需》,《红旗文稿》2014 年第 17 期。

衡，促进体育产业健康、协调、稳定运行。

体育产业供给侧结构优化，以供需协同为基本思路的调控措施和发展路径成为必然选择。推进体育产业供给侧结构优化，必须正确处理好体育市场供给与需求的辩证统一关系，加强供给侧和需求侧互动反馈，统筹需求侧管理与供给侧结构性改革，协同发力，避免单侧管理失灵，如图7-1所示。以创新供给催动需求释放，以扩大有效需求倒逼供给升级，实现体育市场的"供需均衡"。加强供给侧结构性改革和需求侧管理的互动反馈，可以更精准地实现体育产业供给侧结构优化的目标，实现体育产业供需双侧的动态平衡，激发体育产业发展的内生动力和活力。明晰供给侧结构性改革和需求侧管理在体育产业发展中的作用，加强供给侧与需求侧协同创新，通过供需调控实现"双效统一"，将成为体育产业高质量、高效率发展的关键。在强调供给侧结构优化的同时，坚定不移地推行需求侧管理，扩大体育消费规模，发挥好供给侧优化和需求侧管理的作用和功能，使体育产业供需双侧质量都得以提升，是实现体育产业高质量发展、推动体育产业尽快成为国民经济支柱性产业的有效路径。

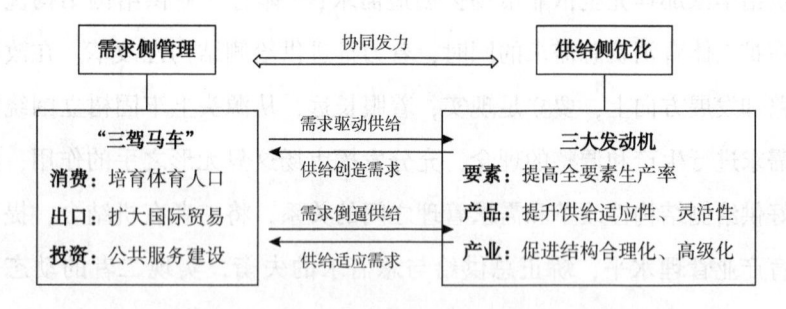

```
┌──────────────┐   协同发力    ┌──────────────┐
│  需求侧管理   │◄───────────►│  供给侧优化   │
└──────┬───────┘              └──────┬───────┘
       │        需求驱动供给           │
┌──────┴───────┐──────────────┌──────┴──────────────────┐
│  "三驾马车"   │  供给创造需求 │      三大发动机          │
│消费：培育体育人口│◄────────────►│要素：提高全要素生产率    │
│出口：扩大国际贸易│  需求倒逼供给 │产品：提升供给适应性、灵活性│
│投资：公共服务建设│◄────────────►│产业：促进结构合理化、高级化│
│              │  供给适应需求 │                         │
└──────────────┘              └─────────────────────────┘
```

图7-1 体育产业供需双侧协同发力作用机理

一 需求侧：驱动"三驾马车"

体育产业供给侧结构优化的最终目的是满足消费者日趋多元化、个性化、品质化的体育消费需求。2016年诺贝尔经济学奖得主斯蒂格利茨在中国发展高层论坛上提出："在全球总需求不足的背景下，中国现在需要推行更强的需求侧措施，如果没有需求侧措施，供给侧改革可能适得其反。"① 这意味着供给侧结构性改革绝对不是单方面地强调供给侧改革，而不去注重需求管理，而是注重统筹发力，需要在供给端和需求端两侧协同发力，强化二者的相互协调，激活体育产业发展新动力。培育新供给、新动力也并非把宏观调控从需求侧全面转向供给侧，而是由之前的重需求管理、重短期刺激，转变为供给、需求"两手抓"，适度扩大总需求。政府工作报告多次提出，促进消费稳定增长。有效推进体育产业供给侧结构优化的前提，是进一步培育体育人口，扩大体育消费的规模，着力解决好"谁来消费"的关键问题。

体育产业供给侧结构优化，应发挥好需求侧"三驾马车"的作用，积极培育"三驾马车"框架下的体育需求新动能。要推动体育产业高质量发展，实现体育经济的快速增长，也应该在"三驾马车"上多做文章，在消费、投资和出口三个方面合理分配资源。要顺应消费需求升级趋势，加大和完善体育公共服务等体育基础设施的投资，改善体育消费环境，不断拓展体育市场，积极发挥新消费引领，培育外贸竞争新优势。

(一) 培育体育人口，进一步激发与释放体育消费需求

优化体育产业供给侧结构，首先要扩大体育消费总需求，激发体育消费市场活力。而体育消费需要体育人口，体育人口是体育消费的主力军，是体育消费的基础。体育产业供给侧结构优化，应以进一步扩大体育人口规模和消费需求为前提，促进体育消费的扩容提质升级。目前中

---

① 新浪财经：《美诺奖经济学家：若不改善需求 供给侧改革会增加失业》，http://finance.sina.com.cn/china/gncj/2016-03-19/doc-ifxqnski7738741.shtml。

国居民参加体育活动锻炼的比例与发达国家存在较大差距，体育消费需求不足，体育消费整体水平有待提高。2020年全国居民人均体育消费支出1330.4元，比2014年的926元增长了43.7%。体育消费支出额占居民人均可支配收入3.22万元的比例超过4.1%，全国居民体育消费总规模为1.8万亿。① 按照国际水准，人均GDP达到5000美元、居民恩格尔系数小于40%时，居民文化体育消费支出占消费总支出的比例普遍在20%左右，② 体育消费会出现"井喷"态势。2019年，中国人均GDP已超过1万美元，但中国城乡居民体育消费支出仅占可支配收入的3%—5%，人均体育消费额只有全球平均水平的10%，③ 根本原因在于经常参加体育锻炼的人口数量不多，居民体育消费的整体意识有待加强。

应强化问题导向，着力解决好"谁来消费"的关键问题。从需求侧发力，提振居民体育消费，扩大体育人口。积极推进《国务院关于实施健康中国行动的意见》，引导居民树立"大健康观"，充分认识体育在健康产业链前端中预防和后端中康复的作用，培育居民的体育消费观念。全面落实"十大扩消费行动"，打好全民体育的社会基础，加强体育消费的科学指导，普及体育技能，进行科学健身指导，培育更多的体育人口。深化"体教"融合，重视体育教育，培养体育运动技能，培育终身体育的习惯，扩大体育人口基数，为体育产业高质量发展奠定坚实的基础。

（二）驱动消费升级，实现体育消费提质扩容

体育消费对于推动居民消费结构转型升级、拓展消费空间、拉动经

---

① 国家体育总局体育经济司编：《中国居民体育消费发展报告（2022）》，人民体育出版社2023年版，第3页。

② 贾康、苏京春：《供给侧改革：新供给简明读本》，中信出版集团2016年版。

③ 李程：《国内人均体育消费仅为全球水平十分之一》，https://www.sohu.com/a/110990089_119659。

济增长具有重要作用。在经历了"模仿型排浪式"消费阶段后，随着居民可支配收入的提高以及边际消费倾向的提升，居民个性化、品质化、多样化消费渐成主流，为居民体育需求的释放提供了前提条件。顺应居民这一消费需求的新变化，是深挖体育消费潜力的重要前提。需求是引领供给的决定性力量，但所谓的"供给创造需求"是建立在人们对某种商品有需要的基础上的。要以市场需求为导向，加快优化产业供给结构，提高产品品质，促进体育产品和服务供给由主要满足"量"的需求向更加注重"质"的需求转变。有效供给应顺应消费升级规律，以居民体育消费需求的转型升级为依据，以优化体育产业生产要素资源配置及增加体育产品和服务的有效供给为手段，全面提高体育产业供给体系对居民体育消费需求结构变化的适应性和灵活性，更好地满足居民多元化、个性化、品质化的体育消费需求。摒弃不能适应新环境和新形势的生产理念和领域，以居民体育消费需求为供给基点，暗合消费者真实诉求。有效捕捉市场先机，准确识别各类目标群体体育消费的新变化和新特征，在满足需求的过程中优化供给，以新供给来创造新需求，以新供给来满足现有需求。

体育消费群体规模与特征是动态变化的，要准确识别和把握居民体育消费需求的变化趋势，以消费升级促进产业升级。供给侧管理不是实行需求紧缩，需要供给和需求两手都得抓。尤其是在目前全国体育人口规模不大和居民体育消费意识有待加强的背景下，更要把引导居民体育消费理念、扩大体育消费规模、驱动居民体育消费升级作为主攻方向。围绕居民升级后的体育消费需求，有针对性地进行生产，多渠道增加优质的体育产品和服务有效供给，提高体育产业供给体系的质量和效率，激活体育消费存量，释放体育消费潜力，做大体育消费增量，解决刚性供给与弹性需求之间的结构性矛盾。制定促进体育消费的政策，鼓励通过政府购买、以奖代补、发放代金券、场馆免费开放、普及健身知识、推广运动项目等方式，引导居民体育消费行为，扩大体育消费规模。坚持普惠与定向相结合，加快推进体育消费试点城市建设，发挥体育消费券的撬动作用，将政府补贴重点转移到需求侧，鼓励更多群体参与体育消费。在细分体育市场的基础上，及时关注不同年龄的各类目标群体的体育消费的新变化和新特征，大力培育中高端消费群体，尤其面向青少年的体育培训市场、中青年的健身娱乐市场、老年的康复养老市场、"全年龄群"的医养健康市场，大力培育中高端消费群体，推动消费结构转型升级，形成带动力强的消费新增长点。切实找准体育产品和服务的市场定位，全面挖掘不同运动项目背后潜在的消费者，了解每一种体育产品适合的目标客户群体，扩大消费需求。大力开展全民健康素养提升活动，稳定传统体育消费，扩大新兴、时尚体育消费，激发体育消费新热点，培育体育消费需求新动力，形成带动力强的消费新增长点，释放出万亿级数的体育消费需求。促进体育消费结构转型和规模扩张，实现体育产业供给和需求的动态平衡，并拉动体育产业从新兴朝阳产业快速成长为国民支柱产业，为经济发展提供强劲动力。

（三）加大体育公共服务投资

驱动需求侧"三驾马车"，除了扩大消费，还要增加政府购买（体育公共服务）。体育产业是一个需要持续回报的长效投资产业，场馆设施建设、大型赛事开展等均需要高额的投入，并不能快速产生回报，导致过度依赖地方政府投资和民资参与不足的问题长期存在。在适度扩大总需求的措施中，应该进一步扩大政府投资，尤其是加大体育基础设施建设投资，增加体育公共产品和服务的供给力度，这是培育体育人口、引导居民体育消费、开展体育活动的基本前提。当前，中国在体育公共服务和民生领域还存在不少短板，总量不足、开放利用率不高等问题普遍存在，有针对性地加大投资和运营十分必要。各级政府要持续扩大有效投资，突出投资的有效性和精准性，注重强功能、优布局、重利用、惠民生，避免重复建设，提高利用率。同时，通过政策扶持、立项补助、贴息贷款等方式鼓励社会力量、民间资本采取独资、控股、参股等市场化模式，以及通过PPP等项目融资机制，撬动更多社会资本投资体育产业，增加体育公共产品和服务的供给总量，进而扩大体育产业的投资规模，夯实体育产业的发展基础。拓宽体育产业发展资金来源渠道，鼓励社会力量举办体育，给予社会资本以合理投资回报，激发体育市场主体活力，增加体育场地设施、体育赛事活动、体育健身培训等体育公共产品的供给总规模，更好地满足居民体育消费需求。推进体育场馆的社会化、产业化服务水平，主动对接居民的体育健身需求，通过社会化、产业化服务提高体育场馆设施的利用率。

（四）"送出去、请进来"，加快推动体育产品和服务的国际贸易

"一带一路"建设不仅对促进全球经济振兴、促进世界和平稳定产生了积极深远的影响，而且对于中国各地区发挥比较优势，提高开放型经济水平具有重要意义。体育用品制造企业要抓住机遇，利用先进技术改造提升传统劳动密集型产业，培育新的国际合作竞争优势，巩固和提升外贸产品的传统优势和综合竞争力，加快推动外贸优化升级。开拓和满足国际市场中的中高端需求，精心培育出口品牌，加快培育外贸竞争新优势，开拓出口的新市场，提升体育用品对外贸易的质量。依托品质提升传统产业出口竞争优势；鼓励企业增加研发投入，增强外贸企业自主创新能力；摸清国际市场真实需求，提供有效产品供给，培育出口新增长点。

以体育竞赛表演业、健身休闲产业为核心的体育服务业，其产品就是服务，而且是需要在本国、本地的消费服务，所以体育服务业出口不是"送出去"，而是"请进来"。需要通过承办或主办各级各类体育赛事活动，吸引更多外籍运动员来华参赛、观赛，发挥好体育产业的旁侧效应，有效带动交通、旅游、餐饮、通信等行业的发展，扩大外籍人员

在华消费规模。

二 供给侧：启动"三大引擎"

供给侧与需求侧是经济发展的"一体两面"，不可偏颇。需求侧管理侧重于总量管理，强调在短期视野内调节生活中银根的松和紧，以及施行总量的刺激或收缩。供给侧管理则是更多地着眼于中长期和全局的发展后劲，考虑不同角度的结构优化、突出重点、兼顾一般、协调匹配等。体育产业供给侧结构优化，需要持续驱动需求侧的"三驾马车"，同时做好供给侧"生产要素、企业产品和体育产业"这三个递进层次的效率提升与结构优化。如果说消费、投资、净出口是需求侧拉动经济增长的"三驾马车"，那么供给侧生产要素升级、产品供给质量提高、产业结构优化升级，则是供给侧推动经济发展的"三大引擎"。供给侧结构性改革作为一种优化流程的制度工具，主要任务是针对生产要素层面的薄弱环节，进行优化配置，其位于逻辑链下游；产品是生产要素投入产出后的表现形式，位于逻辑链的中游；而产业升级是生产要素投入后最终呈现的效果，主要表现为产业结构优化升级，位于逻辑链下游。三者的逻辑关系是在生产要素逐步优化的导向下通过供给层面制度改革实现产业升级和结构优化。[①]

单侧管理是不能解决供需失衡的问题的。仅仅靠刺激需求，简单平衡过剩产能，并不能解决经济发展面临的深层次矛盾问题；必须结合供给侧管理，构建新的内在稳定增长机制。需求是人类经济生活、社会生活的一种原动力，是经济发展的原生动力，但供给侧对需求侧的响应机制以及特征，恰恰才是划分经济发展不同阶段、不同时代的决定性因素。"释放新需求、创造新供给"，即要抓住创造新供给来引导、释放

[①] 中共北京市委党校马克思主义理论研究中心：《中国供给侧结构性改革研究》，中国社会科学出版社2016年版，第129页。

中国潜力巨大的新需求，以创新供给来引领消费需求，以供给创新来激活和释放需求潜力。实际上，"供给侧"可分为要素层面、产品层面和产业层面三个层面的供给，体育产业供给侧结构优化，需要通过提升要素层面的全要素生产率，提高产品层面的供给体系质量，促进产业层面的结构优化升级来实现。

（一）要素层面：提升全要素生产率

生产要素资源作为生产函数的投入具有不可替代性，没有要素投入就无法获得产出。全要素生产率指在各种生产要素的投入水平既定的条件下，所达到的额外生产效率，在统计学意义上表现为一个"残差"。通过生产要素的优化配置和强化技术进步、制度供给来提高要素配置效率和提升全要素生产率。体育产业供给侧结构优化的核心是激活生产要素，创造市场化的环境，解除供给抑制与供给约束，使得劳动力、土地、资本、技术、制度五大生产要素能够自由流通，在价格信号的指引下，完成体育产业的投入产出和再投资，引导新供给的形成，进而创造新需求，培育新动能，形成新动力。要进一步简政放权，深化"放管服"改革，消除供给抑制和供给约束，着力改善体育产业生产要素资源的供给环境。特别是通过改进制度供给，激发微观经济主体的投资创办体育产业的市场活力。以供给创新来激活和释放体育消费需求潜力，通过创新驱动和供给管理解决好体育产业供给侧结构优化问题。

（二）产品层面：提高供给体系质量

丰富产品供给和提高供给体系质量，是解决"消费什么""敢于消费"问题的最有效举措，也是深度挖掘体育消费潜力的关键所在。从供给侧积极响应需求侧的变化，以产业升级引领消费升级，培育形成新供给、新动力，释放新需求，塑造新需求，创造新供给。实现体育市场供给与需求的有效对接，解决好"体育有效需求不足与部分需求外溢并存"的困境。要多渠道增加优质体育产品和服务的供给，做大体育产品和服务的供给增量，提升体育产品和服务的供给质量，优化体育产品和服务的供给结构，丰富体育产品和服务的有效供给规模，提高供给体系质量，确保量质齐升，就能释放出万亿级数的体育消费需求，并拉动体育产业从新兴朝阳产业快速成长为国民支柱产业，发挥体育消费在消费升级中的引领作用，为经济发展提供强劲动力。一方面，要顺应居民消费升级规律以及体育消费群体的新变化、新需求，建立决策过程公众参与和事后反馈机制，及时准确掌握需求，开展菜单式、订单式服务，以广大居民多样化、品质化、个性化的体育需求为导向，努力提供优质服务。做好各类产品和服务的"查漏补缺"，尤其是增加赛事和群众体育活动的供给，满足消费者体育赛事、活动的参与、观赏的消费需求。通过增量增效优化体育产品和服务供给，解决有市场需求无市场供给的怪象，通过供给驱动消费升级。另一方面，要努力提升体育产品品质，深入开展体育产业质量标准品牌提升行动，从内在质量、外观设计等方面全方位提高供给产品的档次、规格和性能，打造新的消费体验。严厉打击制造、销售侵权假冒产品行为，加强对"预付费"健身、培训行业的监管，加大打击"卷钱跑路"等各类不规范服务的力度，积极营造"乐于消费、敢于消费、放心消费"的消费环境，增强消费者对国产体育产品和服务的信任度和认可度，更好地满足消费者品质化的消费需求，引导"海淘""代购"一族消费回流。

（三）产业层面：促进体育产业结构优化升级

体育产业结构优化升级包括体育产业结构的合理化和高级化（也称高度化）两个方面。体育产业结构合理化是体育产业结构由不合理走向合理的过程，具体指体育产业内各部门、各业态能够实现资源的最优配置，并能协调发展，从而取得良好的结构效益。体育产业结构高级化，是指体育产业结构由低水平向高水平的发展过程，其实质是通过体育科技创新发展，使体育产业不断向深加工和高附加值化、高集约化、高加工化发展，提高生产要素资源的利用率，提升全要素生产率，更好地促进体育产业高质量发展的过程。产业结构的优化与升级主要是由支柱产业和主导产业的更替推动的，这是一个持续动态过程。而引导主导产业、支柱产业更替，结构调整的主信号仍是政府行为。体育主导产业的选择需要从体育经济整体发展战略出发。重点发展：体育健身休闲业、体育竞赛表演业和体育教育与培训业，对其他产业的发展起引导和支撑作用；大力发展：体育用品制造业，作为体育产业链的起点，它是整个体育产业的物质来源和物质基础；积极发展：体育产业关联产业，对其相关产业的发展产生不同程度的连锁反应，从而影响体育经济的整体协同发展。

第二节　创新发展：提升供给侧全要素生产率

经济发展理论和国际经验均已阐述验明了各经济体在进入中等收入阶段之前，劳动力、土地、资本等生产要素资源，对于经济增长的贡献容易较多地生成和体现出来；而进入中等收入阶段之后，制度与创新的贡献会逐渐变大，并逐渐转变成关键的生产要素，促进经济发展。创新着眼于解决经济发展的动力问题，是供给侧结构性改革的灵魂。中国经济进入新常态后，经济增长动力的转换将从要素驱动转向创新驱动。中央经济工作会议也多次提出，把要素市场作为供给侧结构性改革的主战场。经济发展方式转变、产业结构调整，其基础、实质、过程都在于生产要素资源配置结构的优化和配置效率的提升。

体育产业供给侧结构优化应以提升生产要素资源的配置效率和提高体育产业全要素生产率作为着力点，以创新驱动产业升级，通过创新培育新兴产业，创造新供给，实现中国体育产业发展由要素驱动向创新驱动转变。开放要素市场，打破生产要素流通瓶颈，打通要素流通通道，优化资源配置，实现配置效率提升，全面提升体育产业全要素生产率。从提高体育产业生产要素供给效率角度看，推进供给侧结构性改革、创造新供给的基本着力点有以下几个方面。一是劳动力要素，扩大体育产业从业人员规模，提高从业人员综合素养，从人口红利转为人才红利。二是资本要素，健全体育资本市场，激发社会力量投资创办体育产业的活力，从政府主导转向社会主导。三是土地要素，加大体育场馆建设力度，提高场馆社会化服务水平，从粗放供给转向集约利用。四是技术创新，实施创新驱动发展战略，从引进消化转向自主创新。五是制度要素，完善制度环境，释放产业政策红利，从总量优先转向结构优先。[①]推动体育产业高质量发展的要素优化导向从数量增加转向效率和质量提升，实现从要素驱动向创新驱动转变，提高供给体系对需求结构的适应性和灵活性。

一 吸引体育产业从业人员，提高从业人员的素养

人力资源是实现体育产业高质量发展的第一资源，也是生产力中最活跃的因素，是经济发展的根本源泉。任何经济实体发展最终要归结到"人"这个要素，没有劳动力资源的持续供给，无论是消费还是投资，长期看来都是无源之水、无本之木。体育产业结构的优化升级，从某种程度上说是生产要素的再配置过程，灵活有效的生产要素市场有助于推动体育产业结构的转型升级。体育产业供给侧结构优化应着眼于提高体育产业的劳动参与率，扩大体育产业从业人员规模，提高就业人口的综合素质是促进经济转型，优化体育产业供给结构，提高供给质量，促进

---

① 中共北京市委党校马克思主义理论研究中心：《中国供给侧结构性改革研究》，中国社会科学出版社 2016 年版，第 134 页。

体育产业高质量发展的基本举措。解决体育产业人才"供需错位"矛盾，需要增加人力资本存量，提高人力资本质量，充实体育产业发展的主力军，提升劳动力质量与结构，推进从业人员的结构性战略调整，使体育产业从业人员能够适应体育产业结构转型升级的需求。因此，需要做好以下三个方面工作。

（一）提高体育产业劳动力参与率，改善劳动力结构

体育产业劳动力市场供给侧结构性改革，要着眼于增加体育产业从业人员的规模，提高劳动参与率。在全面放开二孩的情况下，要继续释放和创造人口新红利。完善以市场为导向的薪酬体系，提高体育从业者的劳动报酬，使劳动报酬能够真实地反映劳动价值，解除对体育劳动力的供给抑制，吸引更多的就业人口从事体育产业。要注重提高劳动力市场的灵活性，全面强化就业优先政策，突出支持做好高校毕业生、退役运动员等人群就业工作。针对体育产业不同业态需要的从业人员所需要具备的素质和能力，积极开展行业技能培训，全面提升劳动力的行业技能，使更多劳动者能够胜任体育产业活动的生产经营，拓宽普通劳动力在体育产业领域中的就业面。

（二）实施体育人力资本战略，提高劳动力素质

舒尔茨认为，人力资本由健康设施和服务、正规教育、在职教育和培训、个人和家庭移民等途径形成。在体育产业人才供给路径上，全面实施以素质教育和提升创新能力为核心的人力资本战略，建立健全发现人才、挖掘人才、培养人才和使用人才的全方位强化措施，提升体育产业从业人员的专业素养，将"人口红利"转变为"人才红利"，实现体育产业劳动力要素供给质量的升级。加大人力资本投入力度，培养更多优秀企业家和创新人才，提高劳动者素质。人才供给规模快速扩大，不断服务体育产业发展。建立健全服务体育产业专业人才培养、评价、激

励机制，鼓励高校扩大体育相关专业招生规模，尤其是综合性、财经类院校开设体育产业相关专业，在科学健身指导和体育赛事组织策划、体育教育培训等领域着力培养一批具备高技能的经营管理人才，造就一批高素质的行业从业者。开设体育专业的院校，要优化招生规模，扩大招生规模。鼓励有条件的高校和企业联合培养体育产业发展需要的人才，采取定向培养等方式，探索现代学徒制，完善"产学研"相结合的协同育人模式，提高人才培养的针对性和适用性，提高体育产业从业人员的专业素养和实践能力。完善体育人才的继续教育体系，广泛开展体育产业从业人员的继续教育培训，更新从业人员的知识。加强对体育人才和退役运动员的培养和扶持，对专业开设、教学内容、课程设置等方面进行创新与改革，向社会开放体育领域的优质资源，保障体育专业人才供给，满足体育产业发展对体育专业人才的需求。设立体育职业技能，提升行动专账资金，提升就业技能水平。通过专业教育、继续培训等方式培养出具有更多知识与能力的人，加快培育重点行业、重要领域的产业人才，重点培养一批具有创新思维的高水平、高素质、跨学科的体育应用型人才，提高劳动力供给的质量和效率，通过灵活有效的劳动力市场，提高潜在增长率的效果，助推体育产业供给结构的转型升级。

(三) 实施重点人才工程

高层次人才是重要生产力，鼓励培养和引进人才，在国家各部委、各省市的人才项目中，应增列体育领域人才类别，充分肯定体育领域高层次人才的突出贡献。只有这样才能吸引更多的高层次人才从事体育，产生人力资本的知识收入效应，让这些高素质人才发挥更高的生产力，从而带动体育产业高质量发展。

二 健全体育资本市场体系，解决融资难与融资贵的问题

金融被誉为现代经济的血液，金融体制改革的终极目标是提高金融

服务实体经济效率。从经济学的一般原理来看，金融具有筹集资金，引导资金流向，优化资源配置，加快技术创新，促进企业重组的功能。中国长期存在的金融抑制已经成为当前中国经济与体制改革的一项重要矛盾，金融市场结构失衡，融资难与融资贵成为困扰企业发展的瓶颈问题，一直是实体经济发展的掣肘，其成因主要是资本市场尚不完善、资本要素的配置效率不高。2016年，政府工作报告特别强调，金融需要加大对实体经济的支持力度，要把实体经济做实做强，金融绝不能"脱实向虚"，因为实体经济走低实际上是金融最大的风险隐患。没有实体经济需求支撑，金融系统性、区域性风险难以避免，最终会引起金融危机或经济危机的爆发。[1] 解除金融抑制，降低金融门槛，开拓直接融资新渠道，增加金融的有效供给，矫正扭曲的金融资源配置，提高金融供给效率。大幅降低企业的融资成本，改变中小企业贷款难、融资贵的情况。政府引导金融机构加大对实体经济发展的支持力度，规避经济持续走低的金融风险。拓宽体育产业融资的渠道和方式，鼓励有条件的省市设立体育产业发展投资基金和体育产业发展引导资金，为企业融资打通便捷的渠道，也是供给侧结构性改革最重要的内容之一。启动金融创新，建立健全多层次体育资本市场体系，在控制风险的同时解决"融资难"问题，包括以下几个方面措施：一是深化金融改革，全面解除金融供给抑制；二是制定金融服务体育产业发展的专项政策，通过金融助力体育产业发展；三是设立体育产业发展投资基金，撬动社会资本投资体育产业，促进多层次资本市场健康发展，提高直接融资比例。

（一）深化金融改革，全面解除"金融抑制"，有效支持实体经济

2017年，《国务院办公厅关于进一步激发社会领域投资活力的意见》提出，社会领域供给侧结构性改革，要进一步激发医疗、养老、教

---

[1] 陈启清：《促进金融资源"脱虚向实"》，《学习时报》2014年10月8日第3版。

育、文化、体育等领域投资活力，拓宽社会资本发展的空间。面对消费需求升级倒逼扩大有效供给的新形势，要积极推进金融行业供给侧结构性改革，解除对资本的供给抑制，构建多层次、广覆盖、可持续的金融机构体系。增加金融产品和服务的有效供给，提升资本的供给规模与使用效率。开辟融资渠道，发展普惠金融和多业态服务中小微企业金融组织，扩大民营银行试点范围，逐步降低和取消银行等金融机构的准入门槛，稳妥推进金融机构开展综合经营。通过商业性金融、政策性金融、合作性金融分工合理、相互补充的机构门类来优化现有以银行为主的体育产业金融体系。

搭建促进体育产业健康成长的融资平台，建立体育企业信用信息和融资对接平台，实现企业的信用信息查询、评级、网上申贷以及融资供需信息发布。引导金融机构积极布局体育产业，推动金融机构综合化经营，努力向企业提供结算、融资、理财、咨询等一站式、系统化的金融服务。围绕促进实体经济发展，推进金融体制改革，提升金融服务实体经济效率。激发民间资本在体育领域中的投资活力，提高体育资本市场的配置效率。健全融资担保体系，针对体育企业缺少贷款抵押物的实际情况，利用区块链技术建立中小企业的征信体系，丰富企业融资担保物，允许企业以商标商号、专有技术、科研成果等无形资产作为抵押，通过地方政府为体育企业的发展提供融资担保，并建立相应的风险补偿机制，帮助企业获得信贷资金。把金融资源向中小微企业释放，优化银行信贷结构，矫正信贷资源扭曲配置，降低市场主体，尤其是中小微企业的融资门槛和成本，以多种方式减轻小微企业还款压力，降低其资金周转成本。引导、规范融资担保机构的小额贷款行为，推动民间融资阳光化，提高金融机构管理水平和服务质量，使资金这一核心要素能够有效发挥动员、组合、集聚其他要素的重要作用。

培育建设公开透明、健康发展的资本市场。通过发展股权众筹、股权与产权交易市场等拓宽体育产业融资渠道，推进股票和债券发行交易制度改革，提高企业直接融资比例，为各类体育企业提供充分的资金支持，合理满足不同规模企业的融资需求。支持符合条件的创业企业孵化、上市，并支持企业通过债券市场筹集资金。加快完善多层次资本市场，逐步建立和完善主板、中小板、创业板和新三板之间的转板对接机制。推动企业做足股权融资，鼓励体育企业在主板上市。推动企业做活债券融资，鼓励企业合理利用发行企业债、公司债等债务融资方式，筹措企业发展资金，扩大资金来源，放大财务杠杆效应，提高体育企业融资的可获得性。

开正门堵邪门是解除金融抑制和增加金融服务供给的治本之策。依托互联网金融进行直接融资，允许以第三方支付、P2P、众筹平台等互联网金融企业，开展互联网股权众筹试点，支持供应链龙头企业为体育产业相关企业提供融资服务。探索创投引导、专利质押、风险补偿等多样化融资新路径，推动财银联动、银企合作，健全体育产业专业孵化模式，加速相关新生企业和成果进入产业链。引导政府性融资担保、再担保机构大幅拓展体育产业业务覆盖面，并降低贷款利率，解决企业融资难与融资贵的问题。[①]

（二）制定金融服务体育产业发展的政策，通过金融助力体育产业发展

战略性新兴产业的发展需要政府释放发展信号，吸引大型战略投资者进入，培育、引导、扶持其发展。体育产业作为新兴的国家战略性产业，需要以明确的体育产业发展规划为导向，以有效的金融支持政策，去引导、扶持其发展。创新金融支持政策，构建降低融资成本的长效机

---

① 《国务院关于 2019 年中央决算的报告》，http://www.mof.gov.cn/zhengwuxinxi/caizhengxinwen/202006/t20200622_3536392.htm。

制。鼓励更多的有条件的地方政府设立体育产业发展引导资金，通过政府资金投向政策释放产业发展的信号，撬动更多的社会资本投入体育产业，发挥引导资金"四两拨千斤"的作用，为体育产业发展提供资金支持。对已设立体育产业发展引导资金的省市，应逐步增加体育产业发展引导资金的规模，丰富引导资金扶持项目的方式，除以奖代补外，更多地使用贴息贷款、后期资助等方式，发挥资金融资杠杆效应，吸引更多的投资者进入体育领域。加大对体育产业的投资力度，着眼于产业链和消费生态的持续培育，多角度开拓体育市场。[1] 同时，按照不同业态设立专项体育产业引导资金，针对体育产业不同领域建立发展专项资金，如"体育赛事扶持资金""体育教育培训资金""体育场馆运营扶持资金"等，重点引导体育竞赛表演产业、体育休闲健身产业、体育教育与培训产业等体育核心产业的快速发展，充分发挥政府引导资金在体育产业发展中的示范、引领、带动的作用，撬动更多的社会资金投入体育产业，助力体育产业供给结构的优化。例如，2010年起，北京市以公开征集体育产业项目方式，每年统筹安排近5亿元体育产业发展引导资金支持北京市体育产业，鼓励体育公司举办国际体育单项赛事，有力推动了体育产业服务产业的发展。

（三）设立体育产业发展投资基金，撬动社会资本投资体育产业

各级政府组织运动项目协会、银行和企业对接会，搭建运动项目协会、企业和银行之间的信息平台，促进企业和优质运动项目获得金融支持。支持各级政府与金融机构深入合作，采取母基金形式和市场化专业运作，以参股基金、联合投资、风险补偿、融资担保等方式，大力发展体育产业投资基金，拓宽体育产业投融资渠道。不断创新体育产业发展PPP融资模式，拓宽体育产业投资的资金来源，深化政府资金和社会资

---

[1] 江小涓：《体育产业发展：新的机遇与挑战》，《体育科学》2019年第7期。

本在体育公共服务领域的合作，把政府投资和民间投资相结合，挖掘社会资本潜力，撬动更多的民间资本进入体育产业，为体育产业发展助力启航。各级政府牵头设立体育产业发展投资基金，培育形成一系列致力于体育产业发展的产业发展基金、创业投资基金、风险投资基金，促进体育产业转型升级与产业结构高度化。建立企业为主、政府引导的体育产业投融资模式，廓清政府投资和民间投资体育产业的范围，规范政府投资，鼓励各类资本有序投入体育产业，形成政府引导资金、投资基金和民间社会资金相结合的多层次体育产业资本市场，有效支持体育产业健康快速发展。

三　加大体育场馆建设力度，提高场馆社会化服务水平

体育场地设施是开展各类体育活动最基本的物质保障，是实施健康中国、体育强国等国家战略的重要载体，是发展体育产业、释放体育消费空间的重要基础和保障，对推动体育事业和体育产业的发展发挥着举足轻重的重要作用。针对目前体育场地设施存在的绝对数量不足却又相对闲置浪费等问题，如何围绕实现"增量崛起"与"存量优化"，需要从以下几个方面进行破解。

一是扩大增量，多渠道增加体育场馆设施的供给。国务院办公厅印发《关于促进全民健身和体育消费推动体育产业高质量发展的意见》，将"深化'放管服'改革，释放发展潜能"放在首位，明确提出要深化体育场馆运营管理改革的要求。多渠道增加体育运动场地，鼓励地方政府盘活存量资源，改造旧厂房、仓库、老旧商业设施，建设群众身边的体育健身场所。要因地制宜建设体育场地设施，支持企事业单位在现有用地的基础上，对空闲的厂房、学校、社区用房进行改建和利用，拓展体育场地设施建设空间，兴建、改造体育设施，提高体育场地增量，用于发展体育产业。

二是盘活存量，强化公共体育场馆的社会化服务。国务院办公厅在《关于促进全民健身和体育消费推动体育产业高质量发展的意见》中明确提出深化场馆运营管理改革的要求，鼓励各地推进公共体育场馆"改造功能、改革机制"工程。各类场馆运营主体要主动对接居民的体育健身需求，扩大体育场馆的社会化、市场化服务范围，提高体育场地设施的使用效率。健全体育场馆公益性开放财政补贴的政策措施，建立财政补贴统一管理体系，制定财政补贴监督管理的规范程序，提高场馆开放的效率和服务水平。增加体育公共产品供给，优化学校、体育系统现有体育场馆、设施的布局和结构。通过项目补贴、购置保险等方式，扩大大中小学体育场地设施的社会化服务，为实现"15分钟体育生活圈"提供场地支撑。

三是功能改造，加强体育综合体建设，丰富体育场馆功能。随着国内高速城镇化进程结束，城市更新与城市生态修复功能修补将向体育产业倾斜，城市的体育综合体等小型体育场所将成为市民生活的重要部分。《体育强国建设纲要》明确提出："继续推动体育服务综合体建设，把体育服务综合体作为承载体育服务于体育消费的重要载体。"[①] 体育综合体可以将体育元素融入人们的生活，改变单一业态发展方式，与其他业态融合发展，以多元化的新商业模式改建和建设新场馆，形成共生机制，共享红利。鼓励各地政府和企业充分利用现有体育场馆设施和城市空间以及其他具备条件的设施，对现有场馆进行改造，建设多业态融合、多功能汇集的体育服务综合体。体育综合体应以特色体育场馆为依托，以体育服务为核心，汇集文化、休闲、教育、购物、餐饮等功能于一体。体育综合体是未来体育场馆发展的重要趋势之一，它既是至关重要的体育产业聚集区，又是不可或缺的城市功能区。体育综合体建设应坚持以

---

① 《国务院办公厅关于印发体育强国建设纲要的通知》，https://www.gov.cn/zhengce/content/2019-09/02/content_5426485.htm。

体育本体产业为主,积极拓展体育与健康、旅游、文化、会展等融合发展的新兴业态,推动资本、信息、人才集聚,推动场馆多元化商业经营,形成多业态融合与多功能聚合的体育服务综合体和体育产业集群。

四是优化场馆建筑结构,拓展服务内容。提高场馆运营能力,增强场馆智慧化、信息化服务水平。对于新建的场馆,在设计和兴建时就应充分考虑体育场馆不仅可以举行重大体育赛事、大型娱乐活动,也可以满足社区日常体育活动需求。对于已有的场馆,进行布局和功能改造,坚持适应群众消费新需求,突出体育健身和赛事活动参与等服务主体内容,积极拓宽和丰富体育场馆的服务内容和服务范围,创新服务方式,优化消费环境,提高体育场馆的运营服务能力。体育场馆是服务于体育消费的重要载体,在运营过程中,体育场馆应突破传统服务模式,丰富服务内容,提升智慧化、场景化服务水平,为消费者提供更为丰富的感官体验,满足消费者更多样化的消费需求。创新场馆运营的商业模式,激发体育场馆的服务活力,使体育场馆不仅能成为举办赛事的绝佳场所,而且能成为老百姓日常休闲体育活动的好去处。面向以运动项目参与消费为主的客群,增加餐饮、亲子、教育等方面的服务供给。而针对以购物消费为主的客群,可以增加赛事表演、趣味活动、达人挑战等项目,拓宽体育场馆的服务范围,促进不同需求消费主体间的自如导流,形成多角度的全产业链服务,扩大体育消费的辐射能力。

四 实施创新驱动发展战略,推动体育产业发展方式转变

创新发展是培育体育产业发展新动力的核心与关键。在创新驱动经济增长理论中,研发创新是推动经济增长和技术进步的核心关键因素。创新就是通过生产要素的重新组合,"建立一种新的生产函数"[1],把劳

---

[1] 吴敬琏等:《供给侧改革:经济转型重塑中国布局》,中国文史出版社2016年版,第278页。

动、资本、土地、技术、制度等生产要素的"新组合"引进生产体系，完成新的投入产出和再投资，形成新供给，创造新需求。创新作为经济发展的核心驱动力，居于新发展理念之首，其重要性怎么强调都不过分。尤其在传统的要素驱动、投资驱动对经济增长贡献乏力的情况下，更加需要从创新发力，通过技术创新和对生产要素或生产条件重新组合，提升全要素生产率，解决目前的结构性矛盾，支撑和促进体育产业转型升级，实现体育产业发展提质增效。

（一）通过技术进步实现生产效率的提高

技术是现代市场经济中最重要、最活跃的要素之一。技术创新是推动体育结构优化升级和提高生产要素效率的根本途径。技术创新既是体育产业供给侧结构优化的必然选择，也是创造新供给、培育新需求的重要着力点，更是实现体育产业生产效率提升的有效举措。长期以来，创新乏力一直制约着体育产业高质量发展，导致体育产业供给主体的供给能力严重滞后于需求主体消费需求升级换代的变化。尤其是处于支柱行业地位的体育用品制造业，是在以往市场经济体制环境不太完备的背景下，依靠廉价劳动力无限供给和简单模仿复制的"野蛮生长"路径发展起来的，以"劳动密集型"产业为主，占据了较高的市场地位，而"技术密集型"的高精尖制造业发展较为滞后，在国际市场份额较少。但随着中国市场经济水平逐步提高，人口红利、技术模仿等后发优势不复存在，国际市场竞争中的各项标准逐渐刚性化，以及各项成本逐渐显性化，对完善企业治理结构和提高管理效率的要求就越来越明显。[①] 当务之急，是加快实施创新驱动发展战略，把创新摆在体育产业发展的核心位置，通过完善科技创新的内在激励机

---

① 中共北京市委党校马克思主义理论研究中心：《中国供给侧结构性改革研究》，中国社会科学出版社2016年版，第135页。

制,鼓励骨干优质企业聚集优势资源,重点攻关关键核心技术,使其开发和突破关键技术。培育形成一批拥有自主知识产权和市场竞争力的中国体育企业,实现中国智造与中国创造,以打造中国企业的国际形象并提升其国际竞争力。[①] 以核心企业为依托,以技术创新为基础,培育和建设一批新的体育产业集群,推动体育产业向价值链两端延伸。加大知识产权保护力度,激发企业创新活力,鼓励企业依靠创新加快新供给成长和传统供给改造提升,从价值链"微笑曲线"的底端向两端上游延伸,由加工制造环节向产品研发和市场营销、品牌塑造环节转移,提升产业链水平,真正实现由要素驱动向创新驱动和提高全要素生产率的转变。支持体育企业进行技术改造和设备更新,推动自主品牌建设,在既有贴牌代工基础上,加快推进技术创新、产品创新、服务创新,积极运用新工艺、新技术,从制造过程派生出研发、设计、营销、售后服务等生产性服务业,实现体育用品制造产业转型升级,由低附加值向高附加值转化,打造体育产业发展的软实力。

提高体育产业供给体系对社会需求结构变化的适应力,增加中高端消费品供给,提升体育产业供给体系质量和效率。鼓励企业向产业链两端延伸,生产创造出一批质量好、品牌佳、具有市场竞争力的新产品。逐步形成一大批有国际竞争力的、经得起市场检验的高质量体育品牌企业和产品。促进产业组织的合理化、产业结构的高级化发展,形成较高的规模经济效益、结构效益和技术效率,提高体育产业价值链和产品附加值。

(二) 商业服务模式创新,促进体育数字化消费

新古典增长理论认为,创新是现代经济增长最主要的动力。提升

---

① 任保平、李禹墨:《新时代我国经济从高速增长转向高质量发展的动力转换》,《经济与管理评论》2019 年第 1 期。

体育产业的供给能力，增加体育产业品质和服务的有效供给，不仅取决于技术和装备水平，还有商业模式的创新问题。为了适应经济发展变化趋势和需求升级的要求，需要主动调整供给结构和供给方式，通过创新商业模式，更好地满足居民现实的体育消费需求并激活潜在需求。商业模式的创新是新技术对体育产业发展进行改造的重要途径，既可以提高供给能力，也可以唤醒并释放潜在体育消费需求，对整个体育经济运行效率提升意义重大。2020年春节，突如其来的疫情让中国体育全行业遭受到巨大的冲击。国内外职业联赛、商业性赛事、群众体育活动基本停摆，健身俱乐部、体育场馆、公园和体育旅游线路暂停开放，导致线下健身服务、体育旅游、冰雪运动、节庆体育的消费几乎停滞。突发疫情的同时也唤醒了全民健身意识，催生了消费的新模式，使更多的消费者选择线上体育消费，观看收费赛事，网上进行健身培训消费。由此可见，商业模式和组织方式的变革，为体育新兴产业成长和新技术应用创造了空间。

随着大数据、云计算等新兴技术的普及应用，其与体育产业的融合不断加深，应顺应这一趋势，深入地、广泛地实施"互联网+体育"行动计划，建立优质赛事视频库和运动技能动作解析视频库，举办智能体育大赛，满足消费者在线点播观看赛事、参加线上赛事和学习健身技能的需求，以创新供给方式催动体育消费。同时，积极发展数字体育、在线健身、线上培训等新业务，拓宽5G在体育场景中的应用，全面实现传统制造技术与5G技术、人工智能、大数据、虚拟仿真等未来体育智能化应用场景的深度融合，为健身行业提供创新支撑，带动健身器材和可穿戴设备等5G终端产品的销售。

推动实体体育零售企业发展线上业务，创新供应链管理模式，推动个性化、定制化、柔性化生产，实现线上线下融合销售，促进健身器材、可穿戴设备等产品的销售。促进线上线下消费融合，培育体育消费新业态、新模式，以创新升级的新供给激发多层次的新需求，创造新供给，释放新需求，实现更高水平、更高层次体育智能产品和服务的供需均衡。

(三) 建立全国性体育产业公共服务平台

汇集科研机构、高等院校、知名企业的研发资源和优势，打造从原材料到运动装备、从整机到零部件、从产品到服务、从设计研发到性能检测的全链条服务大平台。提供包括政策咨询、检验检测、知识产权、法律咨询、金融服务等全方位、个性化、精准化的服务。深入实施体育产业创新驱动发展战略，提高科技创新的产出率和转化率。立足于延伸体育产业链条和推动产业智能化、信息化、轻量化、集约化发展方向，由公共服务平台共同攻克体育产业发展"卡脖子"的技术问题，更有针对性地解决体育产业应用性技术难题，构建覆盖全产业链条的服务体系，在成果转化、科技服务、科技金融、知识产品、综合配套等环节提供公共服务，提高体育产业的附加值以及行业竞争力。

五 完善制度环境，释放体育产业政策红利

未来全要素生产率的提升主要来自改革红利，而改革红利直接体现为制度创新和发展方式转变的效果。新制度经济学的观点认为，决定经济增长的基础性、根本性因素是制度。高效的制度供给，是提升供给侧供给效率，促进经济增长的重要源泉之一。在国际竞争日趋激烈以及中国经济进入"三期叠加"新常态的大背景下，制度要素成为形成产业竞争新优势的重要因素，只有通过好的制度才能激发各部门的外溢效应，才能形成产业的核心竞争力。制度是实现体育产业高质量发展的保障，提供或供给一个好制度，是带有决定性的问题。制度生产要素可以提升生产力，产生乘数效应。

（一）完善供给侧环境和机制，提高制度的供给效率

供给侧结构性改革制度供给优化与推进全面深化改革是相吻合的。从供给侧入手，针对结构性问题推进的改革几乎包括所有重要的改革，如行政管理制度改革、财税制度改革、金融制度改革、价格制度改革等。体育产业制度要素的供给优化，就是要全面深化改革，处理好政府、市场与社会三者之间的关系，发挥体育市场在生产要素配置中的决定性作用，以行政体制改革为手段，以经济体制改革为重点，加快完善体育产业生产要素自由流通的体制机制，破除"供给约束"和"供给抑制"障碍，促进生产要素从过剩、低效产能领域顺利释放、流动、重组，并形成从低效部门向高效率部门的顺利转移。有效率的经济组织来源于一套能够对经济主体行为进行激励的产权制度安排，健全现代产权制度，激发体育市场微观主体潜力和活力，在引领新常态过程中打造新的动力体系。进一步减税降费，通过减税、让利、松绑、减负，合并相关税种，降低体育企业制度性等交易成本，提高企业的投资回报和企业家的劳动力报酬。切实降低供给的制度性交易成本，激活体育市场的发展活力。做好体育行业预警、市场监管工作，为体育市场的投资者提供真实可靠的价格信号，维护好体育产业发展的大环境。

（二）科学制定体育产业政策，提升政策的法律效力层级

充分认识发展体育产业对于优化经济结构，提升城市形象，拉动经济增长，促进民生发展的重要作用，激励各地方政府大力发展体育产业的积极性。习近平总书记在中央财经领导小组第十一次会议研究经济结构性改革时，针对五类政策分别提出五个要求："实施宏观政策要稳、产业政策要准、微观政策要活、改革政策要实、社会政策要托底的五大政策支柱。"[①]

[①] 《习近平主持召开中央财经领导小组第十一次会议》，https://www.gov.cn/guowuyuan/2015-11/10/content_ 5006868.htm。

因此，体育产业政策的制定，首先要准确定位体育产业供给侧结构性改革的方向和发展目标，保证体育产业政策制定的科学性以及政策的有效执行。增强体育产业政策的科学性，产业政策具有高度的"构建"色彩，其实质是创造供给、创造需求、建设市场。研究制定全面配套的政策体系，重点支持那些关系体育产业健康发展的基础条件和制度环境，要准确识别产业发展的重大转折点，并提前进行政策调整。科学制定并有效执行促进体育产业发展和居民体育消费的政策，通过政府购买、以奖代补、发放代金券、场馆免费开放、普及健身知识、推广运动项目等方式，积极引导居民体育消费理念，培育居民体育消费行为，扩大体育消费规模。设立体育消费试点城市，采取体育消费券、体育惠民卡等方式给予政策及物质支持，鼓励试点城市创新服务模式，对于消费数据进行动态监测，指导体育企业生产，促进居民体育消费。

针对目前体育产业政策重制定与轻执行的现象，应尽快制定促进体育产业发展的专项条例，着力提升体育产业政策的法律效力层级。体育行政部门应对政策的执行情况及时进行监督管理，确保政策落地生根，并不折不扣地有效执行，避免重制定、轻执行的现象出现。

（三）健全体育产业政策实施机制

美国学者艾利森认为，在达到政府政策目标的过程中，方案的功能只占10%，而其余的90%取决于有效的实施。[1] 政策执行是达成政策效果、实现政策目标的基本手段，是将观念形态的政策目标转换为实际效果的一个动态过程。应当针对体育产业政策实施中存在的选择性执行、替换性执行等问题，有针对性地建立健全体育产业政策的实施保障机制。

---

[1] 陈树裕主编：《新编政策学概论》，中共中央党校出版社2005年版，第90页。

第一，建立信息传递保障机制。通过建立体育产业政策信息传递保障机制，以防止信息传导失真和提高信息反馈效率。

第二，建立不同部门协作机制。体育产业政策的实施通常需要不同执行机构和执行人员的共同参与和密切配合，统一行动。国务院办公厅印发的《体育强国建设纲要》指出："鼓励各地建立体育产业部门协同机制，将体育产业政策的贯彻落实纳入全国文明城市、全国卫生城市评比。"① 在涉及财政、税收、土地、金融、文化、旅游、公安、消防等多个部门的协同时，各部门应围绕体育产业政策联合行动，群策群力，保障体育产业政策的及时有效实施。这样才能为体育产业发展提供良好环境，为体育产业长期可持续增长提供本源性动力机制和关键性制度保障。

第三，制定具体的实施办法。根据体育产业政策目标，各部门、各地区要进一步制定促进体育产业发展的具体实施办法，进一步细化子目标，对体育产业的内部构成、技术水平、区域布局、产业组织作出明确规定，为体育产业供给侧结构优化营造良好的政策环境。

第四，建立体育产业政策监督机制。完善以各级体育行政机关为监督主体的体育产业政策监督保障机制，发挥各级体育部门对体育产业政策的监督作用。明确监管主体及其管理职能和各类执行主体的权利义务，进一步明确行政执法级别管辖制度，对未能及时、有效执行体育产业政策的主体进行通报或问责，提高体育产业政策的执行质量，保障体育产业政策目标的实现。执行前，采取预见的措施，保障政策实施；执行中，对政策是否及时贯彻落实，是否有效执行的过程进行监控，及时把握产业政策实施过程中出现的问题，对出现的问题及时纠偏；执行后，对政策执行结果进行评估，消除负面影响和解决出现的问题。

---

① 《国务院办公厅关于印发体育强国建设纲要的通知》，https://www.gov.cn/zhengce/content/2019-09/02/content_5426485.htm。

第三节 融合发展：形成新的经济增长动力

产业融合是指不同产业或同一产业内的不同行业通过优势资源的交叉融合，实现相互渗透，建立新的产业链，从而逐步形成的产业或增长点。[①] 从产业属性来看，体育产业是一个综合性、渗透性、关联性强的产业，其横纵联合和深度交融的产业黏性，符合经济发展向多元动力、混合动力转变的特征。融合发展是体育产业跨界的主题词，体育产业与相关产业的融合，已经成为全球体育产业发展的新趋势和新潮流。

一 推进"体育+"融合发展，拓展体育产业链

深化供给侧结构性改革，加快培育新的增长动能，是中国经济发展的主脉络。深入实施"体育+"工程，以体育产业链深入融合为纽带，大力开发体育产业关联产业，进行体育产业全产业链布局，促进体育产业与多业态融合，支持和引导产业集聚发展。加快产业链条延伸，促进体育产业与文化、旅游、康养、教育、互联网等产业深度融合，加强不同产业间的互补和协同发展，给传统产业赋予全新的附加功能。拓宽体育产业增长空间，增强体育产业辐射力，实现产业有序衔接。推动体育与其他业态深度融合，培育体育产业新业态和体育经济新动能，推动体育产业供给结构的优化升级。通过创新业态供给，来激发和释放居民体育消费需求，在更高层面实现体育市场的供需动态平衡，从而转换为带动体育产业高质量发展的"新动力"。

新时期的产业竞争就是产业链的竞争。体育产业核心竞争力的形

[①] 单元媛、赵玉林：《国外产业融合若干理论问题研究进展》，《经济评论》2012年第5期。

成,需要健全的产业链作为基础,只有将新兴经济、技术手段与体育产业不断融合,推动体育产业链、供应链与价值链重塑,才能为体育产业高质量发展注入强劲动力。党的十九大报告提出,要"在中高端消费、创新引领、绿色低碳、共享经济、现代供应链、人力资本服务等领域培育新增长点,形成新动能"[①]。体育产业供给侧结构优化,必须把"调结构"与"培动能"有机结合起来,要着力培育新兴的经济增长动能,"培动能"将成为体育产业供给侧结构性改革的引领,以"培动能"来促进"调结构"。

体育产业与多个产业存在天然耦合关系,具有跨界融合的深厚基础和广阔空间。加快体育与相关产业的融合,积极打造新兴产业和业态,以体育为引领进行产业横纵联合,全面挖掘体育的内涵和功能,丰富"体育+"的融合产品和服务的供给。"体育+"与"+体育"是以体育为核心要素的产业间横纵联合,通过融合创新发展,为体育产业发展提供新思路、新模式、新业态、新供给,通过创造新供给来满足新需求。以竞技体育、全民健身、体育产业等为基本架构,整合康养、教育、医疗、旅游、文化、养老等"体育+""+体育"资源,推动全民健身、网上体育等智慧体育产业发展。加强"体育+健康""体育+旅游""体育+文化""体育+教育""体育+养老"产业的融合,促进体育产业内部和外部跨产业、跨部门、跨区域渗透融合。尤其是同为五大幸福产业之一的体育产业,近年来与文化、旅游、健康、养老、教育等其他幸福产业的"融合、越界、渗透、提升、拉动"作用越来越明显。体育产业应深度融入幸福产业发展,推进体育产业链整合和价值链提升,以体育为载体,融合文化、旅游、健康、养老、教育等产业,促进体育产业与幸福产业的有机衔接,形成多环相扣、互相依存的一体化

---

① 习近平:《决胜全面建成小康社会 夺取新时代中国特色社会主义伟大胜利——在中国共产党第十九次全国代表大会上的报告》(2017年10月18日),《人民日报》2017年10月28日第1版。

产业链、价值链，不断催生新的产业形态，创新价值增值环节，改变现有产业结构。丰富体育产品供给体系，培育发展新动力，催生新业态，释放新需求，创造新供给，推动体育产业结构转型升级。深入挖掘和满足潜在的体育消费需求，挖掘居民体育消费潜力，驱动新消费需求，是实现体育消费提质扩容的重要举措。

进一步强化体育产业与其他幸福产业融合发展，将体育产业的核心产业解构为竞赛表演业、健身休闲业、场馆服务业、体育培训业，并与其他幸福产业进行融合，重构为新的产业活动，见表7-1。有效推动体育与旅游、教育、文化、康养等产业跨界融合发展，通过自主研发与技术集成，突破行业技术瓶颈，并基于新型创新主体的运营模式探索推进，打造完整的创新生态体系。促进体育产业与旅游、文化、健康、医疗、养老、教育等产业的快速融合发展，不断推动体育产业与幸福产业深度融合，实现体育产业与其他幸福产业的共融发展。通过"体育+"提供核心支撑，赋予全新的附加功能，催生新业态，推进幸福产业共融发展，加快形成体育产业发展的新动能，拓展体育消费市场的新空间。

表7-1　　　　　体育产业与其他幸福产业的解构与重构

幸福产业	体育产业			
	竞赛表演业	健身休闲业	场馆服务业	体育培训业
旅游产业	观赏、参赛游	户外休闲产业	会展服务业	体育亲子游
文化产业	体育传媒、影视	体育广告业	文体演出业	体育礼仪
健康产业	定向家庭运动	运动预防	体医融合服务平台	科学健身
养老产业	老年体育赛事	运动康复	体育综合体	老年体育大学
教育培训	青少年体育赛事	体育夏令营	体育营地教育	体育技能培训

（一）"体育+旅游"

随着人们健身意识的增强以及对体育赛事活动参与热情的高涨，公众对体育、旅游的多样化消费需求日益增长，体育旅游的市场规模正逐年扩大。"体育+旅游"既为旅游注入更多内涵与活力，丰富旅游产品体系，拓展旅游消费空间；也有利于盘活体育资源，吸引更多的居民参加与感受体育活动，增强旅游的参与性、体验性、观赏性。进一步细分体育旅游市场，根据不同职业、不同年龄特点的居民的市场需求，进行体育旅游产品的开发，以体育资源为依托，大力发展观赏、参赛游、户外休闲产业、会展服务业、体育亲子游。积极引导旅游景区、景点等开发体育旅游项目，丰富不同类别体育旅游产品的供给。鼓励景区以体育活动带动旅游活动的开展，利用体育赛事、节庆活动等吸引更多的参与者与观赏者，破解旅游"体验性差、不可重复、持续时间短"等瓶颈。鼓励各地在体育训练基地、青少年体育俱乐部和户外运动营地等场所，开展青少年研学活动，促进"体育+教育+旅游"的融合发展。

实施体育旅游精品示范工程，规范和引导体育旅游示范区建设，积极打造国家级、省级体育旅游精品线路、体育旅游示范基地，建成一批具有地方特色的体育旅游名片。规划布局一批体育特色鲜明、体旅有机融合的体育旅游精品景区、精品项目和精品线路，将冰雪乐园、登山步道、自行车骑行道、健身休闲驿站、汽车露营地等纳入旅游规划。将登山、徒步、越野跑等体育运动项目作为发展户外旅游的重要方向，鼓励具备条件的地方举办概念马拉松、登山、汽车越野等赛事活动，形成完整的户外体育产业链和服务链，创造出最大的经济效益和社会价值。

（二）"体育+文化"

拓展体育文化融合产业链条，促进体育与文化产业链的延伸和重构，培育"体育+文化"产业新业态，实现文体产业跨界融合和集聚发展。通过电视、互联网、自媒体等传播手段与新型科技的结合，打造体育文化创意产业的新体验。充分发挥知名体育俱乐部、赛事以及时尚体育活动作为城市名片的作用，通过体育彰显城市品牌。充分发挥VR、AR技术在体育文化传播中的作用，将VR、AR技术运用于体育赛事转播、休闲体育运动、运动康养的等体育产品，通过虚拟技术提供"场景化"服务，为消费者带来新体验和新感受。

体育运动本身更像是一个生态圈，它需要有优质的IP，而这个IP的关键点就是文化。积极推动体育与文化的融合发展，打造优质"体育IP+文化"，不断提升体育赛事知名度和影响力。注重竞赛举办的内涵和文化效益，全面挖掘举办城市丰富的民族文化内涵，将创意融合在赛事运作的各环节，并在融合中提升城市气质，营造良好的城市运动文化氛围。将先进技术运用于体育用品设计、体育健身服务、体育场馆功能改造，选择娱乐性、趣味性、观赏性较强的项目进行开发，吸引更多的国际关注。挖掘具有民族特色的体育活动，通过非物质文化遗产的方式进行传承。通过民间体育活动的开展，促进不同文化间的交流融合。

（三）"体育+健康"

以体育产业为中心，做大做强体育健康产业链。发挥体育锻炼、运动医学在"治未病"、促进健康、实现健康关口前移等方面的作用，逐步将"体质监测"和"运动处方"纳入居民健康体检和医疗机构诊疗服务范围。通过体育组织的协作带动，健全集技术创新、成果转化、企业孵化、数据分析、互动体验、平台共享、要素集聚于一体的涵盖高端体育（康复、康养）用品制造、体育场地设施、体育教育培训、体育会展服务等的运动健康产业链，形成上接康养资源、下连预防和康复的健康市场。

抢抓全民健身、健康中国等国家战略，积极推广"运动处方"，推动形成体医融合的健康管理和运动康养的服务模式，形成运动健康产业高度关联的产业链一体化格局。通过健康产业链上各环节的协同合作，汇集预防、治疗、康养各环节的资源、经验，强化健康产业集群效应，带动体育健康产业融合发展，实现健康关口前移。应用互联网、云计算及5G网络，建立智慧化体育健身服务平台，健康用品在线运维监控及客服系统、云端运动会系统、服务平台及运营支撑等项目，吸纳体育健康产业上下游产业链企业进入。打造以体质监测、运动监督、风险把控、非医疗干预为主的，以及集科学健身、数据收集、运动康复、慢性病管理、养老养护于一体的创新体系。从体育健康产业领域重大科技项目和核心技术入手，依据行业骨干企业和产业链企业的市场需求，提出体育健康产业技术研发方向。整合国内外开发个性化体质健康定制产品及健身服务平台，引入国内外知名健康管理机构，结合国内优质的运动及康复技术资源，实施国家省区市纵向一体的区域全民体质监测及健身指导。

（四）"体育+养老"

"体育+养老"是一种新的养老模式，在满足老年人保障性养老的基础上，融入老年人体育元素，既可以增强老年人的体质，延缓衰老，预防老年疾病，也能丰富老年人的精神文化生活，实现老有所乐。2015年10月，体育总局、民政部、文化部、全国老龄办等12部门联合印发《关于进一步加强新形势下老年人体育工作的意见》，旨在发挥体育在应对人口老龄化过程中的积极作用，加快发展养老服务业，构建现代公共文化服务体系。推动"体育+养老"产业的融合发展，关键在于找准体育产业与养老产业的资源融合点和服务渗透点，围绕运动康养主题，打造具有体育健身特色的康体养老产品。增强老年体育大学、老年体育赛事活动、运动康养保健、老年体育用品等方面的服务或产品供给能力，满足老年人的运动康养服务需求，构建"体育+养老"产业融合发展新模式。

进一步健全能够与当前体育产业、养老产业发展政策良好衔接的"体育+养老"产业政策体系。尽快制定出台"体育+养老"产业融合发展政策，建立健全与"体育+养老"产业融合相关的企业主体机制、组织协调机制，加大对老年人健身设施、经费的投入，广泛争取各类社会资本的注入，提高不同市场主体对于"体育+养老"产业融合发展的信心。体育企业和养老企业可利用结盟的方式进行资源整合，大力开发体育和养老相关的产业活动，打造以"体育、健康、养老"为核心的新型产业链，共同拓展体育养老市场。丰富老年体育竞赛活动，通过体育展会、影视节目、主题活动等营销渠道进行宣传推广，释放产业融合价值，形成体育产业和养老产业双赢的发展格局。

(五)"体育+教育"

2020年体育总局和教育部联合印发《关于深化体教融合 促进青少年健康发展的意见》，鼓励优质体育资源和教育资源有机互补，推进体育与教育设施资源共享共用，实现体教融合发展。建立和完善学校体育的教学、训练和竞赛体系，推动青少年文化学习和体育锻炼协调发展，发挥体育在教育全过程中重要作用。大力培养体育教师和教练员队伍，扩大校内、校际比赛覆盖面和参与度，做到体育教育"因材施教、因材施练和因材施赛"。鼓励专业院校有计划地引进国内外先进教育资源，建设一批高水平中外合作办学项目，全方位培育高素质运动员、教练员、裁判员，培养一批体育教育培训、体育广告运营、体育赛事策划等方面的高素质人才。

（六）"互联网+体育"

广泛实施"互联网+体育"行动计划，充分运用互联网、物联网、云计算、大数据、人工智能、5G等新一代先进技术，开发科学健身在线服务平台等应用智慧运动场景，以创新供给方式催动体育消费。2020年春节，突如其来的新冠疫情让全球体育产业发展遭受到不小的冲击，国内职业联赛、群众体育活动基本停摆，体育场馆、健身俱乐部、体育公园和体育旅游线路暂停开放，导致体育旅游、冰雪运动、节庆体育、体育健身的消费几乎停滞；但也催生了更多的消费者选择线上消费，观看收费赛事，进行网上健身培训消费。应顺应这一趋势，深入实施"互联网+流通"行动计划，建立优质赛事视频库和运动技能动作解析视频库，满足消费者在线点播观赛的需求和健身技能学习的需求。建设体育大数据中心、体育赛事资源交易平台、体育场馆服务大数据平台等，及时收集、汇总、反馈供求信息，促进体育场馆线上预订、赛事活动信息发布、经营服务在线统计等整合应用。成立网上体育赛事公司，发展线上体育赛事，创办全球性网上体育赛事。建立体育商务大数据平台，全面开拓电子商务系统和网络服务平台，打破信息不对称格局，引导体育市场供给主体按照市场需求调整服务内容，实施精准生产，提升智能化生产与服务水平，实现产销对接，提高供给水平，更好地满足消费者的消费需求。推动实体体育零售企业发展线上业务，创新供应链管理模式，带动商业模式重构，推动个性化、定制化、柔性化生产，实现线上线下融合销售，促进健身器材、可穿戴设备等产品的销售。

二 实施产业扩链计划，大力发展体育产业主导产业

随着经济的发展，产业分工不断细化，企业之间的联系越来越紧密。一家企业的竞争力不仅仅取决于自身，还与其配套企业的竞争力

息息相关。从产业链的角度来讲,产业链是否完整在很大程度上决定着一个企业能否在体育产业发展大潮中站稳脚跟。提高供给体系效率,需要从完善产业链入手,依靠技术创新,培育和发展新的产业集群。通过不同产业间的互补和协同发展作用加速产业间的融合,补齐体育产业链短板,形成具有较强竞争力的融合性体育产业体系,丰富体育市场的供给,为广大居民提供全方位与全周期的体育产业服务,满足居民新需求,创造新供给,为体育产业发展提供新思路、新模式、新业态。

(一)以需求为导向,实施"产业扩链计划"

充分发挥体育产业产业链条可延展性强的优势特点,通过技术创新的市场机制,大力建设体育产业关联上下游产业链。体育产业链的形成、发展和完善,势必会不断向外辐射其他各行业,成为拉动经济增长的新动能。发展延伸与健全体育产业链,推动体育产业上下游产业链协同融通,开发包括体育培训、体育康养、体育文化、体育旅游等产业链延伸、重构服务,提高体育产业附加值。构建以"产业链提升+拓展"模式为特色的创新系统,推动体育产业要素融合互动,使供应链上下游企业实现协同采购、协同制造、协同物流,及时快速地响应客户需求,缩短产品生产周期和新品上市时间。加大传统产业改造力度,推动制造供应链向产业服务供应链转型。依托骨干企业和孵化平台,在产业链后端加大产业培育,补齐在制造业、智慧体育、康养康复、市场销售、赛事服务、体育教育等方面的产业短板,延长产业链。同时根据需求,成立相关"补扩链"企业,充分发挥产业链上下游用户企业的需求导向作用,在产业链上游布局一批重大共性关键技术研发,在产业链下游实施一批重大科技成果转化示范,有针对性地解决体育产业的应用技术难题,在推动产业技术纵向升级的同时,横向孵化培育若干应用成果,以实现全产业链条"升级"和"拓展"。培育新的产业和市场，使"产"与"用"形成良好的反馈和互动机制。实现体育经济动能的转换更迭和体育产业供给侧结构的优化，有效推动体育产业链条的延伸和产业形态的创新，实现体育产业转型和动力接续。

（二）大力发展体育产业主导行业

产业结构优化升级是主导产业和支柱产业更迭变化的过程，少数主导产业部门是经济发展的主要推动力。体育产业结构系统是一个不断变化的动态系统，体育产业主导行业是体育产业系统内各组成部门之间协同作用的结果，体育产业主导行业与非主导行业间的交互作用和发展形成了有序的体育产业系统结构。能否保证产业结构调整按照库兹涅茨演进方向进行，需要通过结构升级优化。体育产业供给侧结构的优化升级，需从战略方向上明确哪个行业是主导行业、先导行业，在主导行业、先导行业的带动下，推进整个产业体系发展。对于高关联性、高附加值，具有较强国际竞争力的行业，要坚持创新驱动，积极培育，大力扶持发展。体育产业供给侧结构优化，要实施体育产业主导行业战略，优化体育产业供给结构。体育竞赛表演业、体育健身休闲业作为体育产业的核心"引擎"行业，除自身有较大的发展空间外，还能产生较强的前瞻、回顾及旁侧效应，对其他行业的发展产生较强的关联效应。实施体育产业主导行业战略，将体育竞赛表演业和体育健身休闲业作为体育产业的主导行业，围绕体育产业两条核心行业链展开，二者互为发展基础，相互依托。围绕两条行业链进行拓展延伸，将行业链条上游的体育组织、场馆经营管理活动，体育中介、培训活动，体育传媒、广告、彩票活动融入核心行业，适应市场多元化、个性化的需求；在行业链条下游的体育用品、服装、鞋帽及相关体育产品的制造、销售活动，体育场馆设计、运营建筑、保洁等活动，提高特色优势和顾客体验，形成体育产业的扩散效应，如图7-2所示。

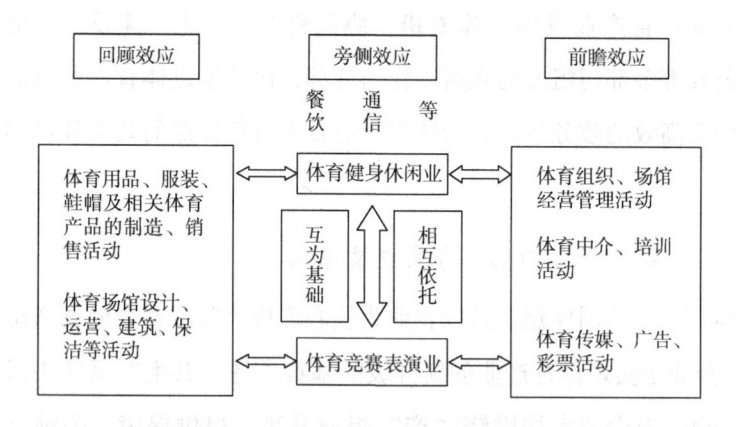

图 7-2 体育产业主导行业的扩散效应

三 促进市场主体融合，构建体育产业发展的共生系统

生产要素是推动产业发展最基本的原始资源，提高生产要素的配置效率是实现产业高质量发展的关键。建立体育产业创新创业共同体，构建以"政、产、学、研、金、服、用"为核心要素的七位一体的"共生"系统，打破单打独斗的范式，形成多元主体协同互动的创新组织模式，汇集不同市场主体拥有的生产要素，实现产业要素融合互动，产生"1+1>2"的非线性效应。"共生"系统建设应遵循"市场主导、政府引导、企业主体、人才支撑、以良好的创新环境为依托"的原则，突出以企业、高校、科研院校、政府、金融机构为主共同参与的协同合作机制，构建"政产学研金服用"相结合的融合体系，通过不同资源拥有主体间的联合发展，解除技术和创新抑制，提升生产要素的流动能力和配置效率，实现互惠共赢。

（一）以"政"为先导，优化发展环境

政府主导，将体育产业发展列入各级政府工作推进和督导范围，优化体育产业发展生态环境。通过建立完善体育产业发展的协调联动机

制，成立体育产业发展工作专班，协调科技、国土、建设、工信、发改、公安等多部门组成的联席工作指挥部，协同推进体育产业发展。即形成精简高效的政务生态，为体育产业发展营造良好的政策环境和发展环境。

（二）以"产"为基，夯实发展基础

体育产业共同体建设是以企业为核心形成大跨度整合的创新组织模式。[①] 企业是实现体育产业创新升级的基石，是"共生"系统中最为关键的一环，其余要素均围绕"产"提质升级，提供保障。关键是重点支持龙头企业发展，提升全产业链国际竞争力。要发挥企业"抱团"优势，加快构建体育产业企业合作联盟，推动体育产业上下游企业整合优化，以合作项目为纽带，搭建综合性信息平台，强化内生合作。

（三）以"学"为首，激活人才支撑

围绕体育产业高新技术领域，集聚国内高校、科研院所、优质企业的优质人才资源，为"产"和"研"提供有力的人才支撑。借助高等院校、科研院所丰富的智力资源，在体育产业高新技术领域寻求合作空间，强化人才供给、知识创新、技术研发，协助企业共同破解技术难题，通过科研产出助力体育产业发展。强化与国内外院校合作，既可以产出一批高水平的科研成果，又可以培养一批致力于体育产业发展的专业人才。鼓励参与"共生"系统建设的高校院所，以"共生"系统建设为契机，有计划地引进国内外先进教育资源，建设一批高水平中外合作办学项目，加大各类人才引进和培养力度。全方位培育高水平运动员、教练员、指导员，培养一批运动康复、体育广告运营、体育赛事策划、体育公司运营管理等方面的人才，为体育产业发展提供人才支撑。

---

① 陈劲：《协同创新与国家科研能力建设》，《科学学研究》2011年第12期。

(四) 以"研"为要，涌现科技成果

以体育产业应用为导向，鼓励建设多种形式的创新平台和研发机构，为体育产业纵向升级和横向拓展提供有力的技术支持。围绕体育产业重大需求，加大重大关键技术源头供给，鼓励各研发机构致力于智能化、环保型、高品质体育健康关键核心行业共性技术攻关，建设具有国际水平的体育产品研发设计平台、体育产品新材料应用平台、体育产品试制实验检测中心、体育技术产品孵化平台、全民健身大数据与应用服务平台，提升国产高端体育产品智能化、新材料化技术水平和国内外市场占有率。孵化、培育、带动一批体育产业科技型的中小企业快速成长、快速壮大。在体制上，科研团队、人员可以以合伙制、股份制等多种形式参与；在管理上，通过绩效考核、薪酬奖励、末位淘汰等机制，激发科研人员的创新积极性，同时新型研发机构与企业之间的融合，可以让研发机构和企业成为"一家人"，让体育科技创新成果竞相涌现。

(五) 以"金"为保障，引导多元投入

金融是现代经济的血液，"金融＋"是体育产业参与资本市场合作、提高体育产业竞争力的资金保障。建立完善"政府引导、企业主体、多方集聚"的科技投资体制，全面激活体育产业金融服务链条，鼓励国有和股份制金融机构拓展"体育产业"业务。在政府资金引导下，通过多元融资方式，拓宽社会资金来源渠道，建立创投基金、私募基金、产业基金等，同时借助银行、天使基金、创投基金等金融力量，解决共同体成员中小企业融资难与融资贵的问题。通过多层次、多渠道、多元化的创新资金投入机制，将"金"的投入转化为"产"的实体。充分发挥政府资金的引导和撬动作用，吸引社会资金参与，激励社会资金的高效运作，协调政府资金、社会资金和自筹资金的综合力量，通过

多层次、多渠道、多元化的创新投入机制，保障体育产业发展资金投入的可持续。

（六）以"服"为中介，提升运行效率

搭建开放式的服务平台，构建覆盖全产业链条的服务体系，在成果转化、科技服务、科技金融、知识产品、综合配套等环节提供公共服务，满足共同体内科研机构和企业开展技术实验和产品测试的需求。重点培育四大类体育中介机构，着手建立包含信息、标准、要素、风险管控在内的综合类公共平台。制定出台体育中介机构管理办法和行业标准，建立体育中介机构诚信评价制度和"黑名单"制度，制定体育中介组织收费目录清单和标准，全面清理规范行政审批前置环节的技术审查、评估、鉴定、咨询等有偿中介服务事项，并向社会公示，加强对体育中介机构服务的规范和监管。立足于延伸体育产业链条和推动产业向智能化、信息化、轻量化、集约化的发展方向。依托共同体骨干企业、科研院所的技术优势，将共同体打造成为从原材料到运动装备，从整机到零部件，从产品到服务，从设计研发到性能检测的全链条服务大平台，不断提高体育产业的附加值和竞争力。

（七）以"用"为轴，促进成果转换

进一步完善技术创新的市场导向机制，提高科技成果的转化效益，提高科技贡献率。充分发挥体育产业链上下游用户企业的需求导向作用，有针对性地解决体育产业应用性技术难题，让"研"与"用"形成良好的反馈和互动机制。以企业需求为导向，重点突破关键共性技术，将体育企业"卡脖子"技术问题交由高校和科研机构进行"订单式"协同攻关，技术成果再交由企业进行验证和使用，形成创新与产业的良性循环，提高创新成果工业转换率。增加知识价值为导向的分配政策和改善科研经费管理制度，提高科技创新成果的产出率和转化率。清晰界定科研成果产权和利益分享机制，克服目前高校及科研机构研发人员相对企业所处的劣势地位，激发科研人员的研发积极性。打造体育产业公共服务平台，推动检测中心、实验中心、技术研发独立实验室、科研成果等资源开放共享，构建"创业苗圃—孵化器—加速器—产业园区"的孵化链条，为企业快速发展提供支撑。优先选择，将符合产业未来发展方向，具备产业化价值的研发成果导入孵化链条进行创新创业培育。对孵化项目和企业给予政策支持，并提供政策咨询、检验检测、知识产权、法律咨询、金融服务等全方位、个性化、精准化创业孵化服务。

第四节　质量发展：提升体育产业国际竞争力

质量发展是兴国之道、强国之策。"十三五"规划第一次提出实施质量强国战略，党的十九大报告也提出与"质量强国"有关的要求，如在"建设现代化经济体系，深化供给侧结构性改革"部分中，就提到"必须坚持质量第一""把提高供给体系质量作为主攻方向"。《国务院关于印发质量发展纲要（2011—2020 年）的通知》（国发〔2012〕9 号）指出："质量既反映了一个国家的综合实力，是企业和产业核心竞争力的体现，也是国家文明程度的体现。"按照补齐短板、增强供给、优化结构、增强动力、提高质量、提升效率的要求，深化体育产业供给侧结构性改革，提高有效供给数量，减少供需数量差异。体育产业供给侧结构优化，最重要的就是提高体育产品和服务的供给质量，全面提升体育产业供给体系质量和效率，使体育产业的供给能力适应领先的需求结构的变化，只有将体育市场各方的有效需求和有效供给结合起来，才能有效化解长期存在的结构性过剩和短缺并存的矛盾。

一 由"做产品"向"做标准"转变,提升国际市场的话语权

中国体育产业标准化工作起步较晚,有些方面的规定不够完善合理,不少假冒伪劣体育产品充斥于各类市场,健身器材安全问题屡见不鲜,严重扰乱和破坏了体育市场秩序。究其原因,是体育产业行业标准化建设滞后所致,体育市场长期缺乏统一的行业标准、行业规范、行业监管细则,诸多领域没有制定统一、合理、健全、规范的市场规则和功能标准,导致了企业产品的附加值较低、国际市场话语权不高等一系列问题普遍存在。

应高度重视体育产品标准体系的建立和完善,加强标准体系和检验检测机构建设,积极主动参与国际规则制定。提高国内体育产品和服务的质量标准,积极引导企业由"做产品"向"做标准"转变,支持企业参与构建全球性标准研发,积极对标国际标准,鼓励企业主导和参与国际标准的制定、修订工作。实施高要求的国内标准,通过标准引领规范行业发展秩序。鼓励具备条件的体育企业从"做产品"向"做标准"转变,积极推动中国产业标准上升为国际标准,提升中国产业发展的国际竞争力,提升在国际市场中的话语权。强化标准引领,鼓励行业协会、龙头企业、高等院校、科研机构等联合制定团体标准、行业标准和国家标准。优化体育产品和服务的标准体系,打造一批标杆示范项目,通过标准和标杆来引领发展,倒逼企业升级,达不到标准的企业强制退出,集中优势资源,吸引国内消费者。制定体育产品"领跑者""驰名商标"的制度,定期遴选并发布一批体育产品"领跑者""驰名商标"的产品目录,培育建设一批拥有较高知名度和美誉度的体育品牌。大力推进标准化生产、品牌化营销,着力提升国内体育产品和服务质量,提高消费者对国内体育产品和服务供给的信任度。

二 重塑工匠精神，扎实提高产品质量

高质量发展的核心是通过经济转型提高经济增长质量，具体来说，就是依托供给侧结构性改革，实现经济发展质量变革、效率变革、动力变革。① 党的十九大报告提出，"中国已经由高速增长阶段转向高质量发展阶段"，解决发展不平衡不充分的矛盾，必须依靠高质量的发展，这对于体育产业发展具有鲜明的现实针对性，对未来发展具有指引功能。中国体育企业，尤其是处于支柱行业地位的体育用品制造企业的发展，一直以来不够重视制造环节工匠精神所带来的高附加值，在一定程度上导致了体育用品制造业国际竞争力不强。

产品质量，从狭义上讲主要包括产品性能的稳定性、耐用性、良好状态的持久性以及使用的安全性等方面，主要指产品的物理性能；而广义的产品质量还包括相关的服务质量。提升体育产品和服务的内涵和品质，推进体育用品制造业发展从数量扩张向质量提升转型，离不开践行工匠精神。工匠精神和产品质量之间具有紧密的联系。提高产品质量，首先要积极营造全社会重视产品质量、服务质量的良好氛围，鼓励企业将产品和服务质量作为立业之本，强化质量责任意识，强调质量是提升企业竞争力和塑造品牌的基础。引导企业践行工匠精神，狠抓产品质量，加快产业转型升级，提高生产的标准性、安全性、可靠性、智能性、精细性，着力推进体育企业创新发展，提供更高品质的体育产品和服务。

其次，牢固树立制造业立国的发展理念和政策导向。实现体育产业高质量发展，必须推动体育制造业由粗放经营转向精致生产，倡导工匠精神，把活做精做细，促进中国体育用品制造业向全球价值链中高端迈

---

① 史丹、赵剑波、邓洲：《推动高质量发展的变革机制与政策措施》，《财经问题研究》2018年第9期。

进,提高附加值比重,深耕加工贸易的增值链条从单纯承接国外订单生产向高附加值生产环节转变。① 立足生产和生活消费升级的需要,加快培育和发展体育产业新业态、新模式,推动体育产业供给侧结构转型升级,提高体育产业核心竞争力和产品附加值,使体育产业向深加工化、高附加值化、高品质化的方向发展。

最后,必须在提高体育产品、服务质量的基础上,强化品牌建设。中国要建设体育制造强国,必须强化质量优先与品牌塑造并重。积极推动体育企业创新发展,鼓励体育企业采用新工艺、新材料、新技术,提升传统体育产品和服务的质量水平,打造中国体育产业品牌,不断拓展国内外市场,赢得品牌知名度和市场声誉。提高中国体育产业品牌,也是获取产品溢价、摆脱制造业粗放型发展方式的重要途径。

三 对接社会需求,提高体育产业供给体系的适应性和灵活性

体育产业发展存在突出的结构性问题,由供需不平衡转向动态平衡,势在必行。体育产业供给侧结构优化也是释放产业潜力,激发企业市场活力,形成合成发展动力,打造"升级版"的过程。体育产业供给侧结构优化的目的是提高体育产业供给体系对居民体育需求结构变化的适应性和灵活性,力求在补短板的基础上增加有效供给。只有提供契合居民体育消费偏好的体育产品和服务,才能真正解决体育市场中供需错配的矛盾,实现体育产业需求侧与供给侧的动态平衡。

体育产业供给侧结构优化,最终是要落于结构的优化上的。而结构是和总量相对应的。所谓结构,指构成整体的各要素之间的比例关系。结构性改革最原始的意义就是通过比例的调整,通过做大增量来优化存量,实现改善效率的目的。体育产品和服务的供给总量不足,体育产业

---

① 吴敬琏等:《供给侧改革:经济转型重塑中国布局》,中国文史出版社2016年版。

对于经济发展的贡献有待提升，是一个现实的问题。不管是满足广大群众基本体育服务需求的公共产品供给，还是面向居民日趋多元化、品质化的中高端体育产品供给，均存在一定程度上的供给不足。供给总量不足制约了体育产业对经济发展的贡献和居民体育消费需求的规模。没有供给规模，供给侧结构优化就无从谈起，而没有供给结构的优化调整，提高供给效率也会变成一句空话。体育产业供给侧结构优化，需从扩大供给规模，丰富服务功能，完善体育产品的供给体系，扩大有效供给做起。

以供给侧结构性改革为引领，对接社会需求；以满足居民多元化、个性化、品质化的体育需求为导向，提高体育产业供给体系的针对性；以高效能产品来优化消费体验；以多样化供给来满足差异化消费需求；以产品的有序开发来提高体育产业增加值。通过增量、增效、增质，优化产品服务供给，提升体育产品和服务的供给质量。既要全面布局、整体推进，还要加强聚焦，重点研究有助于扩大体育消费的供给侧结构性改革措施。根据居民体育消费需求的特征和趋势，以广大居民多样化、品质化、个性化的体育需求为导向，开发适合不同群体的多样化、个性化体育产品和服务需求，增加高品质体育产品和服务的供给规模，构建能够支撑体育市场需求的体育产业供给体系，丰富消费者消费选择。充分发挥市场机制在体育产业资源配置中的基础作用，激发体育市场活力，释放有效需求，促进体育产品和服务在数量、结构等方面的匹配和有效对接，丰富体育产品与服务的供给总量。增加赛事和群众体育活动的供给，满足消费者参与体育和观赏体育的消费需求。

准确识别和顺应居民体育消费需求结构转型升级的发展特征和趋势，提高体育产品和服务供给的灵活性和适应性，建立健全决策过程及公众参与和事后反馈的决策机制，及时准确地掌握体育市场需求。以消费需求转型升级为契机，实现体育产业生产要素资源的优化配置以及有效利用，并顺应体育市场需求的变化趋势。根据准确的体育市场需求信息，引导企业开展菜单式、订单式生产和服务，提高体育产品供给体系的适应性和灵活性，提升体育产品和服务的供给质量和效率，满足消费者多元化的体育消费需求，助力居民体育消费的提质扩容。

第五节　改革发展：构建新时代体育市场治理体系

习近平总书记在党的十九大报告中提出建设现代化经济体系，将供给侧结构性改革作为新常态下中国重要的改革举措。改革是引领和适应新常态，实现经济增长动力转换的根本出路。供给侧结构性改革的逻辑终点最终落于深化改革，全面深化改革是解决供给侧结构性问题，提升供给体系效率和质量的根本举措。简政放权，构建生产要素自由流通的现代市场体系，打造更为合理的政府职能与架构的公权体系配套改革，支持推进全面改革，是实施供给侧结构性改革的基本路径。[①]

用深化改革的办法推进结构调整，构建市场机制有效、微观主体有活力、宏观调控有度的经济体制成为政府调控体育产业供给侧结构优化的主要目标。现存的一系列体制机制问题，仍然阻碍着各类生产要素的充分供给和生产率的合理提高。消除这些体制机制性障碍的改革，解除供给抑制，可以从诸多方面挖掘潜力，提高近期和未来的潜在生产率。简政放权、转变政府职能是深化行政体制改革的核心，要重点处理好政府、市场、社会三者的关系。其中，要重点抓住政府与市场的关系这一核心问题，推进政府改革，构建生产要素自由流通的现代市场体系。深化"放管服"服务，从制度上进一步简政放权，解决政府在体育产业发展中越位、缺位、错位的问题。

---

① 贾康等：《实施供给侧改革战略方针需要基础性改革的支撑与配套》，《国家行政学院学报》2017年第6期。

一 深化"放管服",解除生产要素的供给约束

2015年,国务院印发《2015年推进简政放权放管结合转变政府职能工作方案》,对进一步简政放权改革进行了顶层设计和全面部署。要求进一步推进简政放权改革,加快政府职能转变,划清政府职能,建设服务型政府。通过全面深化管理体制改革,改革现行行政管理体制,重构制度框架与监管体系,推进政府管制向市场机制服务的转变。改革行政管理体制就是要通过行政体制改革,简政放权,深化"放管服"服务,尽可能减少对市场的直接干预,把原来政府掌握的权力放给市场与企业,充分发挥市场在资源配置中的决定性作用,由市场机制自发有效地配置资源。按照市场导向规范政府权力,建设服务型政府,把准政策调整引导的力度、节奏、时机,加强要素管理,解除供给抑制,放松供给约束,提高要素供给的效率。让市场活起来,让企业愿意去生产,让企业轻装上阵,有利于提高企业发展能力,提升全要素生产率,增加有效供给,释放体育产业发展潜能。

《中共中央关于全面深化改革若干重大问题的决定》提出,进一步简政放权,深化行政审批制度改革、最大限度减少中央政府对微观事务的管理。党的十八大以来,国务院各部门已累计取消行政审批事项618项,彻底清除非行政许可审批,中央指定地方实施行政许可事项目录清单取消269项,国务院行政审批中介服务清单取消320项,国务院部门设置的职业资格许可和认定事项削减比例超过70%,中央层面核准的投资项目数量累计减少90%。[①] 国家体育总局积极响应国务院的决议,出台了《体育总局关于推进体育赛事审批制度改革的若干意见》,并制定了《全国性单项体育协会竞技体育重要赛事名录》

---

① 《中国人权法治化保障的新进展》,http://www.gov.cn/zhengce/2017-12/15/content_5247201.htm。

《在华举办国际体育赛事审批事项改革方案》，规定除奥运会、世界杯等国际大型体育赛事以及高危体育项目类体育赛事活动需要审批外，其余体育赛事活动都取消审批，极大地激发了社会力量办赛事的热情和活力。

（一）管理中"不越位"，尽快建立统一开放、竞争有序的现代市场体系

体育产业供给侧结构优化，是经济新常态下体育产业高质量发展的必然选择。实现体育产业供给侧结构优化，应以"处理好政府与市场关系"和"发挥市场在资源配置中的决定性作用"为方法论指导，将"深化'放管服'改革，释放发展潜能"放在首位，进行"权力瘦身"，管理中不越位。重点抓住政府与市场的关系这个核心问题，通过深化"放管服"服务，推进政府的改革，推动政府职能转变，建立适应社会主义市场经济的职能体系。从制度上进一步简政放权，在行政性垄断问题突出的领域，加快行政垄断性行业改革，大幅度减少行政审批，实现由管理向治理的方式的转变，不仅要打破行政性垄断，转变政府职能和深化简政放权，还需要政府释放更多的政策红利，提高体育市场活力。从"办体育"向"管体育"转变，制定适合中国体育产业发展的战略和政策，解决政府作用越位、缺位、错位的问题。

进一步推行行政审批制度改革，深化"放管服"，简化审批流程，取消不合理前置审批事项，放宽登记注册条件限制，从源头上破除体制机制约束。凡是市场机制能够调节的经济活动，政府都应当一律取消审批，逐步放开经营性环节和业务，消除各类有形、无形行业壁垒。有效推动地方政府特别是县区级政府清理行政审批事项，公开权力清单，清单之外的不再审批，防止上动下不动。通过减少审批环节，精简规范程序，创新审批模式，完善法律法规等方式，引入新的投资者，鼓励和加强竞争，消除行政性垄断、行业壁垒、地方保护等市场分割现象，放开

体育金融、体育教育、体育文化、体育医养健康等诸多领域，对民营企业的各种有形无形限制和门槛，减少对劳动、土地、资金、技术等生产要素的供给抑制。拓宽民营经济投资发展的领域，大力发展与居民消费升级同步的体育服务业，促进体育健身服务、体育培训、医养健康等服务和产品的市场供给，尽快形成新的经济增长点。降低体育产业进入和退出壁垒，消除制约体育产业生产要素流通的各种障碍，培育形成国内体育市场与供给主体，为畅通体育经济大循环提供原动力。有效激活体育市场经济的活力、创新力和国际竞争力。通过市场机制释放市场投资主体活力，积极引入民间资本，鼓励社会力量参办体育，形成统一开放、竞争有序的市场体系。让所有微观经济主体都可以在高度畅通、无障碍的制度环境中自主开展经营活动和进行各种创新，提高效率，降低供给成本。

（二）服务中"不缺位"，要提高政府管理市场的能力

加大简政放权力度的同时，增强服务意识，建设有为政府。既要发挥政府"守夜人"作用，又要尊重市场规律，发挥市场在资源配置中的决定性作用。明确政府职能部门在体育产业中的职能定位，加强政府政策引导和公共服务职能，构建良好的产业发展环境，真正实现由直接管理向服务的转变。将政府工作重心转到体育产业发展战略规划、政策、标准的制定、评价评估、体制改革、法治保障等方面。加强部门间的协同，把体育产业发展纳入区域经济发展总体格局，激发体育市场活力，更好地发挥体育产业对区域经济增长的拉动效应。

要促进经济结构向多元化方向转变，必须充分发挥市场在资源配置中的决定作用。增强体育市场微观主体的内生动力，增加体育产品和服务的供应。只有最大限度地保障微观经济主体的经济便利性，才能释放出极大的动力、潜力和能量。坚持企业主体、市场运作，打破体育行业与资源垄断，着力激活微观经济主体活力，积极支持社会力

量兴办体育,放松对民营资本的管制,在税务、金融、安保改革等方面,努力帮助企业降低成本。通过引入民营资本强化市场竞争格局,以竞争促进创新投入,才能提升全要素生产率,提高供给质量和效率,才能实现体育市场供给与需求的"无缝"对接,实现体育产品供需的动态平衡。

二 畅通要素流通渠道,提高要素资源的配置质量

生产要素投入是经济发展的最基本手段,供给侧结构性改革的最终成果反映在经济增长模型方面即提高全要素生产率。[①] 要素市场是供给侧结构性改革的主战场,体育产业供给侧结构优化的核心思想,就是通过优化配置生产要素资源,不断提高全要素生产率。生产要素能否顺利释放、流动、重组,并形成从低效部门向高效率部门的顺利转移,是决定中国经济能否长期可持续增长的本源性动力机制和关键性制度安排。中共中央、国务院印发的《关于构建更加完善的要素市场化配置体制机制的意见》指出:"完善要素市场化配置是建设统一开放、竞争有序市场体系的内在要求,充分发挥政府作用,完善政府调节与监管,做到放活与管好有机结合,提升监管和服务能力。"

(一)积极推进生产要素市场化改革和制度建设,健全要素市场体系及运行机制

通过制度建设,促进体育产业生产要素的有效流动,以及不同类别经济主体获取生产要素方面的公平,建立一个完善的要素市场,提高整个体育产业要素市场的运行效率。遵循市场经济规律,加大体育人才、资金、技术、场馆的市场化配置力度,利用市场信息和价格机制引导体育产业生产要素流动和调控体育市场供需平衡。对已经形成的过剩产

[①] 李锦:《国企供给侧改革难点与对策》,研究出版社2016年版,第107页。

能、高杠杆率和僵尸企业进行存量调整，加快体育市场出清，充分释放过剩产能、低效无效领域生产要素，使生产要素资源向领先行业、优质企业集中，把资源从低效使用转到高效使用。引导各类生产要素协同向先进生产力集聚，培育发展数字体育经济等新型要素形态。以经济手段激励产业链上的所有相关者提升资源利用效率，促使各市场主体从自身收益角度来调整自身参与市场的行为，从而优化资源配置。通过生产要素的进一步解放、流动和优化配置，攻占经济生活中仍然随处可见的低效率洼地，形成全面提高要素生产率的新格局。

(二) 加快推进生产要素市场化改革进程，建立健全能够反映生产要素供求关系和稀缺程度的价格体系

构建反映生产要素流动的价格机制，形成灵活反映市场供求关系的价格信号。通过真实、灵敏的价格信号来反映供求关系，矫正当前失真的各项生产要素价格，引导企业正确投资决策，促进要素的流通和优化配置，达到资源配置的最佳效果。按照生产要素相对价格变化和比较优势变化方向，通过市场机制实现产业结构调整。通过更加健康、有效、充分竞争的资本市场、劳动力市场和土地等生产要素市场，为生产要素更合理的配置提供及时、正确的价格信号，让不同所有制的企业都能成为微观经济的主体，对要素市场的价格信号作出积极的反应。实现要素价格市场决定、流动自主有序、配置高效公平，提高要素资源的配置质量和利用效用。

三 构建新型治理体系，完善部门的协同联动机制

供给侧结构性改革可分解为事关要素配置效率提高的两个维度：市场供给侧改革和制度供给侧改革。前者力图通过市场公平规则的建立实现要素配置优化，后者谋求通过政府职能改革、体制优化、机制创新为市场发挥要素配置作用营造优质的制度生态；前者需要制度条件为配

套，后者需要市场基础为支撑，两者环环相扣、相辅相成，不可偏废其一。① 体育产业供给侧结构优化，应强化制度建设，通过在"顶层设计"和"基层落实"之间搭建顺畅沟通的桥梁来推动产业政策落地，是体育产业解决"供需错配"的重要路径。厘清政府与市场的边界，其实质是政府向社会、向企业放权，主要通过减少行政审批，减少政府对产业发展的直接干预和生产要素资源的直接配置，完善市场在资源配置中起决定性作用的体制机制，构建由政府主管部门、体育行业协会等组成的新型体育产业治理组织。让政府以及体育市场各主体、行业协会、民间体育组织等力量"各司其职"，充分发挥法律法规的规范作用、行业协会的自律作用、市场的配置作用、公众和舆论的监督作用。革新利益协调机制，增强体育产业治理的协调性。通过"联席工作会议"或成立"体育产业工作专班"等方式，加强跨部门统筹协调和措施协同联动，深化"放管服"服务，整合前置性审批，同步下放项目审批、风险评估等审批权限，打"组合拳"，形成高效工作机制，避免推诿扯皮。通过体育产业现代化治理，实现体育产业发展方式的转变，既是体育产业供给侧制度变革的核心，也是体育产业政策创新的重点，更是体育产业供给侧结构性改革的保障。

加快推进体育社会组织实体化进程，通过社会组织管理体制改革，把从属于政府部门的行业协会独立出来，推动服务重心转向企业、行业和市场。进行体育事业单位和运动项目协会分类改革，将从事生产经营的事业单位逐步转为企业，将市场化运作较为成熟的项目协会实体化，取消运动项目管理中心的设置。建立激励相容的动力机制，放宽对社会资本进入体育领域的准入限制，扩大健身、赛事等领域的市场开放度，全面放宽民间资本准入，减少行政审批事项，提升各类社会力量主体的

---

① 中共北京市委党校马克思主义理论研究中心：《中国供给侧结构性改革研究》，中国社会科学出版社2016年版，第162页。

能动性。发挥体育行业协会积极作用，脱胎于政府部门的体育协会，实现实体化运作，积极承担提供行业公共产品、规范市场主体行为的职责。加快推进体育行业协会与行政机关脱钩，充分发挥体育行业协会的作用，强化体育各行业协会的组织、协同功能，让社会组织有序承接政府让渡的运动项目管理职能。下一步应紧紧围绕这个任务，不断优化供给质量，在逐渐解决供给迫在眉睫的短期任务后，更加重视长期性任务，将供给侧结构性改革和经济转型紧密结合起来，壮大协会力量，真正实现行业协会的桥梁作用，提升专业化服务水平，发挥行业协会的服务功能，引领体育产业快速发展，促进中国经济创新力和竞争力的不断增强。

四 减税降费，激发体育市场主体活力

降成本是供给侧结构性改革的五大任务之一。2015年，中央提出通过六个"降"帮助企业降低生产、经营各链条成本，主要包括"加大'放管服'服务，降低制度性交易成本；进一步正税清费，降低税费负担；精简归并'五险一金'，降低社会保险费；推进利率市场化改革，降低企业财务成本；完善煤电价格联动，降低电力价格；推进流通体制改革，降低物流成本"。[①] 李克强总理提出，进一步减税降费，让企业轻装前进。减税有助于培植税源，采取定向对小微企业、制造业等实体经济灵活降低社保费率，提升经济活力。要深化落实中央经济会议精神，加快行政审批制度改革，取消和调制约经济发展、束缚企业活力和创造力的行政审批事项，加大减税降费力度，强化阶段性政策，与制度性安排相结合，重点减轻中小微企业的税费负担。

[①] 张旭东、赵超、安蓓、何雨欣、王希、王立彬、于佳欣：《供给侧结构性改革如何发力——从中央经济工作会议看政策"含金量"》，https://www.gov.cn/zhengce/2015-12/22/content_5026383.htm。

中小微企业是体育市场的主体,在体育用品及相关产品制造单位中,中小微企业高达99.34%;在体育服务业单位中,中小微企业占比超过99.75%。① 当前不少企业生产经营成本居高不下,盈利比较困难。实行减税降费,对中小微企业进行结构性减税,全面清理涉企收费。发达国家通过减税,扶持中小企业及体育俱乐部,促进体育产业发展,如德国出台《公司纳税法》,规定公司利润额低于7500马克可以免除纳税。德国《财政法》规定,以公益为目的注册的俱乐部,可以免除营业税、房地产税、企业所得税、资本交易税及继承税。英国《财政法案》允许社区俱乐部年交易收入低于3万英镑,免征公司所得税。日本、加拿大等国家在促进体育消费时,都采取增加公共服务设施的建设支出,以及减免个人体育消费抵扣个税的措施。《爱尔兰体育政策:2018—2027》提出要加强对体育俱乐部的支持,地方俱乐部在获取捐赠时得到税收减免,同时捐赠机构也有相应的税收减免。爱尔兰《财政法》及《税收整顿法》中,具有为受认可的体育俱乐部获批的体育计划进行捐助的税收减免计划。

要多措并举降低企业负担,全面落实负面清单等改革措施。针对制度性成本、社保体系的"五险一金"以及隐性成本,出台切实有效的政策措施。同时减少行政审批事项,全面清理非行政许可审批事项。围绕降低实体企业人工成本、税费负担、财务成本、能源成本、物流成本等各方面进行一系列的改革,着力降低企业成本,为企业松绑减负,激发微观经济活力,提升企业盈利能力。不折不扣地落实国务院关于扩大体育消费、促进体育产业发展的相关政策措施,在税收减免、版权保护、无形资产评估交易、金融支持、土地支持、城乡规划、水电气热价格、体育社会组织培育等方面给予一些有针对性的政策支持。加大对健身服务、场馆经营小微企业的税收扶持力度。通过设立体育产业发展基

---

① 2018年全国体育产业发展大会江西财经大学课题组公布数据。

金和扶持资金、降准降息等方式，降低融资成本，保持流动性供给相对充裕，实际利率稳定在合理水平，解决中小企业融资难的问题。加强体育赛事活动和群众体育活动安保服务管理，积极推进安保工作社会化服务，制定完善体育赛事和活动安保服务及收费标准，降低体育赛事和活动的安保成本。打好削减实体经济成本的组合拳，降低实体企业成本，稳固体育经济增长之基。

五 强化市场监管服务，打造诚信规范的体育市场环境

强化市场监管，营造良好的制度环境是提高体育产业供给效率的重要保障。党的十八届三中全会提出，政府要加强发展战略、规划、政策、标准等制定和实施，加强市场活动监管，加强各类公共服务提供。这就要求政府权力后移，改革治理方式和监管方式，即以市场经济的方式实现体育的价值性转换，进而改变和重塑国家体育治理模式。减少政府对经济的不当干预，让渡市场，废止审批权，以监管代替审批，维护市场的稳定运行。体育行政部门应进一步强化体育市场的监管职能，在维护体育市场秩序、矫治市场失灵等方面，政府不能缺位、不能越位，必须成为有效、有为的服务型政府。

政府对于体育市场不能一放了之，需要加强体育职业道德和体育文化建设，特别是体育竞赛级别、运动员等级、体育职业认证、社会体育指导员培训等领域，对涉及规则、标准、等级认证等"公共产品"的供给时，不能缺位，要加强行业服务和管理。针对目前体育市场上充斥的一些假冒伪劣产品以及催生的形形色色的商业欺诈行为，需要建立严格的企业行为规范，通过完善体育市场监管，加强宏观引导和体育市场监管来矫治。体育行政部门和体育行业组织要联合市场监管部门，创新监管理念和监管方式，在全社会大力弘扬诚信文化和诚信精神。要积极推进体育市场信用体系建设，大力发展各类信用服务机构，建立公共信

用服务机构和社会信用服务机构互为补充、信用信息基础服务和增值服务相辅相成的多层次、全方位的信用服务体系。

在体育领域积极营造"敢于消费"的消费环境和"守信者处处受益，失信者寸步难行"的良好氛围。充分发挥体育行政、司法、金融、社会等领域的综合监管效能，建立跨部门联动响应和失信约束机制，加大失信行为的曝光力度，推动形成社会性约束和惩戒，使失信者在市场活动中受到制约，实现"一处失信、处处受限"。在体育产品生产流通和服务实施环节构筑安全防线，加大对体育市场上假冒伪劣产品以及各种商业欺诈行为的打击力度，规范体育市场秩序。构建以信用体系为核心的体育领域新型监管体系，健全信用约束和失信联合惩戒机制，探索建立体育企业"红黑"名单制度，集中发布企业的相关信息，对那些生产假冒伪劣产品的企业予以重处和严惩，对监管中发现的各类扰乱市场秩序问题要追踪跟进并及时处理，严肃问责。对违法失信主体依法予以限制或列入黑名单，有效净化体育市场，促进体育市场主体自我约束和诚信经营，矫正市场竞争过程中产生的负外部性。用好《体育市场黑名单管理办法》，通过诚信体系建设，加强对体育市场中具有特殊性问题的治理，对体育产业市场的经营主体进行有效引导，营造诚信、健康的体育市场运行环境。

体育市场监管部门应进一步加强不同部门间的协作，针对体育健身俱乐部、体育培训机构"老板卷款跑路，充值卡钱难追回"的问题，积极推动预付式消费立法，加强预付卡消费领域的市场监管，规范预付式消费市场秩序，共同营造安全放心的消费环境。不断增强居民对体育市场各类产品和服务的品质信任度和品牌认可度，树立消费者对体育市场的消费信心。

六 强化公共服务职能，提升公共服务供给质量

在市场经济条件下，经济效益是基础，社会效益是其灵魂。体育产

业作为一种特殊商品,具有经济效益和社会效益双重属性。实现体育产业经济价值与社会价值的"双效统一",是体育产业领域供给侧结构性改革的准绳,也是激发体育市场活力的前提和保证体育产业健康有序发展的基石。体育产业发展,需要依靠政府引导和市场主体的双向合力。体育产业依托于体育事业发展,同时又能反哺体育事业发展,加强产业与事业间互动,为广大人民提供更多、更优质、更均衡的体育公共物品和服务。

政府作为公共产品的主要供给方,应长期着眼于体育公共服务的投入力度,提升体育供给服务的供给效率,以满足居民日益增长和日趋多元的发展型体育需求。国家"十三五""十四五"规划都强调了要创新公共服务的供给方式,能通过政府购买服务提供的,政府不再直接承办。供给侧结构性改革的提出,也为政府公共服务供给模式的创新指出了新的方向,即从私人回报率高的领域退出来,在社会回报率高的领域更加有所作为。解决好人民群众体育公共服务需求与政府供给供需错配的矛盾,需要建立健全体育公共服务诉求表达机制,创新体育公共服务产品和服务模式,拓展体育公共服务的供给范围,提高体育公共服务的供给质量和效率。

(一)扩展服务广度,拓宽体育公共服务的供给范围

体育需求的释放和体育消费规模的扩张,离不开体育人口的培育。体育公共服务体系的建立和完善是培育体育人口的关键,这就使得体育产业发展更依赖于体育公共服务体系的建设。根据国务院印发的《"十三五"推进基本公共服务均等化规划》,基本公共服务是由政府主导、保障全体公民生存和发展基本需要、与经济社会发展水平相适应的公共服务,主要包括基本公共教育、基本医疗卫生、基本社会服务、基本公共文化体育等内容。政府要加大对体育公共服务建设的投入力度,应以满足广大群众体育公共服务需求为大方向,积极

实施选择性"有效投资"和 PPP 机制创新，如对公共体育设施建设，支持全民健身运动开展，对人才培养给予支持。[①] 要使全体公民都能公平地获得大致均等的基本公共服务，其核心是促进机会均等，使更多的群体能够享受各类体育公共服务，努力实现基本公共服务的均等化。强化体育基础设施建设，扩展体育供给公共服务的广度和服务范围，补齐体育产业发展的短板，丰富体育公共产品供给，满足广大群众基本的体育需要，有助于培育更多的体育人口，夯实体育产业发展的关键基础。

（二）延伸服务深度，提升体育公共服务的供给质量

随着经济体制改革和居民公共服务需求日趋多样化和精细化，人民群众对各项服务的质量要求提高了，由体育事业单位提供的相关体育公共服务已无法满足居民的日趋多元化、品质化的体育需求。政府需从直接提供公共服务向公共资源协调者的角色转变，将原本由自身承担的公共服务转交给社会组织、企事业单位来履行。增加对体育组织的建设投资力度，从而为大众参与体育活动提供组织保障。引导社会力量投资创办体育产业，丰富体育产品和服务的供给形式和内容，通过改善、优化供给，解决体育公共服务需求与供给间的供需矛盾。政府应加强 PPP 模式在体育公共产品和服务供给中的应用，通过政府和社会资本契约化合作形式，将体育公共服务外包给企业、非营利组织或其他社会组织，提高公共财政使用效率，增强体育公共产品和服务供给能力。

引入市场竞争机制、市场价值投资理念、市场风险意识等，优化合作机制，通过 PPP 合作模式提升体育公共产品供给效率。构建覆盖城乡的体育公共服务体系，提高体育公共服务的普惠标准，提升体育公共服务供给的质量，使广大群众能享受公平合理、标准统一的体育公共服

---

① 江小涓等：《体育消费：发展趋势与政策导向》，中信出版集团 2020 年版，第 348 页。

务。扩大PPP模式在体育场馆建设运营中的应用范围，借助民间资本，增加对体育设施建设的投资，缓解政府的财政压力，撬动更多的社会力量投资创办体育。广泛吸引社会资本参与体育产业投资，支持社会力量主办、承办、举办各类国际、国内高水平赛事。积极创建具有自主知识产权的品牌赛事活动，满足居民多层次、多样化的体育赛事活动需求。加强体育场馆设施建设，提高体育场馆的运营水平和利用率。努力夯实各运动项目的发展基础，积极发挥现有体育场馆、体育综合体、体育小镇、体育产业基地、体育旅游线路的作用，提升运动项目产业的市场供给能力和水平，满足各类运动项目参与者的体育消费需求。优化各类生产要素的配置效率，丰富体育公共产品供给内容和形式，满足居民多元化、个性化、品质化的体育公共服务需求，提升公共产品的营运能力。

（三）创新服务模式，丰富体育公共服务的供给方式

2013年9月26日，国务院办公厅印发《关于政府向社会力量购买服务的指导意见》（国办发〔2013〕96号），明确了公共服务的购买主体、承接主体、购买内容、购买机制等内容，强调教育、就业、社保、医疗卫生、住房保障、文化体育及残疾人服务等基本公共服务领域，要逐步加大政府向社会力量购买公共服务的力度。2014年12月15日，财政部、民政部、工商总局联合印发《政府购买服务管理办法（暂行）》，要求各级财政部门负责制定本级政府购买服务指导性目录。《中共中央关于全面深化改革若干重大问题的决定》提出加强各类公共服务提供，要求"推广政府购买服务，凡属事务性管理服务，原则上都要引入竞争机制，通过合同、委托等方式向社会购买"。

为公众提供优质、高效、便捷、满意的公共服务成为政府的基本职能和目标追求。"政府购买服务"正是基于服务型政府建设背景下的公共服务供给方式的制度安排，是加快转变政府职能，提升国家治理能力

的体制机制变革。在体育公共服务供给体系中，充分发挥政府购买公共服务制度的作用，对于提升公共服务供给水平和促进相关服务企业、非营利组织或其他社会组织的发展都十分必要。进一步扩大政府购买体育公共服务的范围，重点突出科学健身知识普及、场馆服务、共性技术研发等领域的服务。鼓励政府通过购买科研服务的方式，开展体育产业各类研究、决策咨询；鼓励高校设立体育产业研究院，加强体育人才的培养。通过创新服务模式，丰富体育公共服务的方式，更好地满足广大居民的体育公共服务需求。

第六节　共享发展：推进体育产业数据的共建共享

信息化是当今时代发展的趋势，人类社会正加速向数字经济时代迈进，数据已成为继土地、资本、劳动、技术、制度后的最关键的生产要素。大数据在各行各业的推广与应用，有效提升了全要素生产率，为国民经济发展提供了充足的新动能。体育行业更是与大数据密不可分，数字体育服务的业态不断丰富，服务形态不断开拓创新。体育产业大数据正成为精准制定体育产业政策和实时监测政策实施效果的重要手段，要加强体育信息数据的建设和共享，使体育市场的各主体能够共享数据红利。

一　培育数据要素市场，打造体育产业公共服务平台

数据作为新兴的关键性生产要素，在产业发展中正发挥着越来越重要的作用。习近平总书记指出："要运用大数据提升国家治理现代化水平，要建立健全大数据辅助科学决策和社会治理的机制。"[①] 体育产业

---

① 《习近平主持中共中央政治局第二次集体学习并讲话》，https://www.gov.cn/guowuyuan/2017-12/09/content_5245520.htm。

发展应基于数字经济的商业模式，建立全国性的体育信息数据共享平台、体育产业产权交易平台、体育健身参与爱好者的健康数据平台，加快体育数字基础设施建设，培育数据要素市场。提高全社会的体育数字素养，大力发展数字体育经济，让全社会分享数字体育经济红利。加快体育公共服务数字化转型，为科学制定体育产业政策，提升体育产业治理能力和水平，提供实时支撑。

（一）建立体育信息数据共享平台

国家统计局应将包括体育产业统计数据的体育相关指标更进一步地纳入国家统计体系。例如，在《国民经济和社会发展统计公报》中，在现有的产业分类规模、增加值等宏观数据的基础上，增加体育产业和群众体育开展的数据统计类别，增加国民体育参与情况、居民体育消费动态监测、国民体质健康数据监测、体育产业专项统计等关键数据。逐步健全劳动力、体育投融资、体育场馆运营、体育技术研发等生产要素市场的数据收集与发布工作，促进体育产业生产要素市场供需双方的有效匹配。

（二）建立体育产业产权交易平台

建立体育产业产权交易平台，助力体育场馆运营、赛事开发、金融投资等项目交易，制定体育赛事活动办赛指南和参赛指引，将赛事活动承办权、场馆运营权等通过产权交易平台公开交易，发挥平台资源聚集优势，实现资源的优化配置和项目的节资增值。借助现代互联网信息技术手段，对体育场馆资源进行功能提升和改造，创新体育场馆智慧化服务模式，拓宽体育场馆服务范围，提高体育场馆设施的利用率。细化产权交易实施细则，促进体育产业资源与社会各界的有效对接，营造公开透明、公平竞争的体育产业产权交易市场环境，提升体育资源品牌的市场影响力以及区域体育产业对社会资本的吸引力。

(三) 建立体育参与者的健康数据平台

建立体育健身参与爱好者的健康信息数据平台，以物联网、大数据、云计算技术为依托，利用大数据、全球定位系统、云计算、传感技术等，开展"科学健身服务"关键核心技术的集成创新，采取在线服务模式，面向慢性病及健身爱好者、亚健康人群建立健康档案，对居民体育活动过程进行科学指导、实时监控，科学评价健身效果，及时查询健康状况，调整健身活动方案，提升科学健身的质量和效率。解决当前居民科学健身服务供给能力不足与社会需求蓬勃发展的矛盾，建立突出政府、社会与市场三方资源的有机融合，探索能够长期为居民提供科学健身个性化指导服务的组织体系和管理机制。

二 提高体育消费信息数据的动态监测能力

研制体育消费统计分类办法，统一体育消费数据采集指标，着力构建中国体育消费大数据服务平台，打造基于体育消费数据的动态监测服务体系，为体育市场供给主体提供监测和分析服务，实现精准供给，促进体育消费的提质扩容。充分发挥体育消费试点城市先行先试的示范效应，尽快建立"体育消费动态监测体系"，对居民体育消费进行动态监测，加强对体育消费数据的监控，及时掌握体育消费的整体规模和体育消费结构变化等基本数据，加强对体育消费发展特征和趋势的分析研判，促进数据价值释放，为进一步促进体育消费提供决策依据。充分发挥大数据"监听器"的作用，加强体育市场监测，保护消费者权益，让消费者买得放心、买得安心、买得省心。

三 规范政府信息公开，让社会分享数据红利

要建立规范统一的行政许可项目数据库，推动体育产业相关数据的开放共享，对不涉及国家安全、商业秘密、公民个人隐私以及其他不宜

公开要素的数据应该全面向社会开放。自 2014 年国务院颁布《关于加快发展体育产业促进体育消费的若干意见》以后，国家体育总局组织了一系列的体育产业相关数据的采集、统计工作，如在全国范围开展体育产业专项统计调查，开发建设体育产业单位名录库，部分试点城市开展体育消费城市，开展专项统计调查和体育单位名录库建设，投入了巨大物力、人力、财力，但目前尚未形成信息开放机制，专项统计调查和体育产业名录库没有发挥应有的作用。这就要求政府必须形成一套高效而完整的备案体系和数据信息公示公信制度，加强信息公开、信息共享、信息约束等制度，推动各地区、各部门间数据的开放与共享，实现体育产业跨部门联合审批和"一站式"服务。对简化企业办事流程，降低办事成本，提升政府行政审批效率和社会数据资源的使用价值，提升企业投资体育产业活力具有重要意义。

政府应进一步规范体育产业相关数据的公示公信制度，定期发布体育产业、体育消费专项统计年鉴，加大对数据、信息的公开力度，推动行业数据共享，提高政府部门间的协同工作效率。探索建立统一规范的数据采集、汇总、公布、管理制度，通过对信息数据使用权的重新安排，提高数据质量和规范性，实现资源共享，使体育产业核心数据得到最大化利用，为体育产业高质量发展提供决策支持。充分发挥数据要素对其他要素资源效率的倍增作用，使大数据成为推动体育产业高质量发展的新动能。

第八章 结论

本书在分析供给侧结构性改革深刻内涵与逻辑背景的基础上，以识别和解决体育产业供给侧的问题为导向，对体育产业供给结构优化的理论逻辑、实践动因、问题成因、价值意蕴、优化路径进行了系统分析，得出以下结论。

第一，居民体育消费呈现消费水平不断提高、消费结构不断升级、消费形式不断丰富、消费品质日趋高端、跨界消费意愿日益增强的趋势。体育消费同时存在有效需求不足、体育消费意愿与实际消费行为之间传导链扭曲、体育市场供需错配等问题。

第二，体育产业供给结构优化的实践动因包括三个方面。一是生产要素层面，全要素生产率不高；二是法人单位层面，单位类型有待丰富，业态布局亟须均衡；三是体育产业层面，供给体系的适应性和灵活性有待提升。

第三，体育产业供给结构失衡的原因包括五个方面。一是"供给约束"削弱了体育产业的比较优势；二是"供给抑制"致使生产要素不能自由流通；三是价格信号扭曲，引发"供给不足"与"需求无应"矛盾；四是公共产品与服务供给不足，抑制了体育消费需求增长；五是传统路径依赖，削弱了创新驱动力。

第四，体育产业供给侧结构优化的关键是充分发挥体育市场在生产要素资源配置中的决定性作用；主攻方向是提高体育产业供给体系的质量和效率；着力点是提升体育产业全要素生产率；重点任务是补齐短板，促进融合，提高品质，降低成本，调整结构；最终目的是满足居民体育需求；主要目标是供给主体多元化，供给结构合理化，区域布局合理化，供给内容品质化，供给效率高效化。

第五，体育产业供给结构优化是体育产业高质量发展的迫切之需，是满足居民体育消费需求的必然选择，是培育体育产业发展新动能的重要途径，是实现体育经济增长方式转变的治本良方。

第六，需求侧管理与供给侧结构性改革应协同发力，共同推进体育产业供给侧结构优化。通过创新发展，提升供给侧全要素生产率；通过融合发展，形成新的经济增长动力；通过质量发展，提升体育产业国际竞争力；通过改革发展，构建新时代体育产业发展的治理体系；通过共享发展，推进体育产业数据的共建共享，大力发展数字体育经济，助力体育产业高质量发展。

参考文献

《马克思恩格斯选集》第一卷,人民出版社 2012 年版。

本书编写组编著:《聚焦供给侧结构性改革》,光明日报出版社 2016 年版。

陈宝明、吴家喜主编:《再造新动能——创新引领供给侧结构性改革》,科学技术文献出版社 2018 年版。

陈树裕主编:《新编政策学概论》,中共中央党校出版社 2005 年版。

戴健主编:《体育蓝皮书:中国公共体育服务发展报告(2013)》,社会科学文献出版社 2013 年版。

党力、李怡达、彭程:《供给侧改革的探索与创新:欧美经济转型的历程与我国的策略布局》,人民邮电出版社 2017 年版。

郭杰、于泽、张杰:《供给侧结构性改革的理论逻辑及实施路径》,中国社会科学出版社 2016 年版。

国家发展和改革委员会:《2017 年中国居民消费发展报告》,人民出版社 2018 年版。

黄奇帆:《结构性改革:中国经济的问题与对策》,中信出版集团 2020 年版。

黄群慧:《经济新常态、供给侧改革与产业发展》,中国社会科学出版社 2017 年版。

贾康主编：《供给侧改革：理论、实践与思考》，商务印书馆 2016 年版。

贾康、冯俏彬、刘薇、苏京春：《供给侧结构性改革理论模型与实践路径》，企业管理出版社 2018 年版。

贾康、苏京春：《供给侧改革：新供给简明读本》，中信出版集团 2016 年版。

焦佩锋：《〈《政治经济学批判》序言〉导读》，中共中央党校出版社 2018 年版。

江小国：《供给侧改革：方法论与实践逻辑》，中国人民大学出版社 2017 年版。

江小涓等：《体育产业的经济学分析：国际经验及中国案例》，中信出版集团 2018 年版。

江小涓等：《体育消费：发展趋势与政策导向》，中信出版集团 2020 年版。

金碚：《供给侧结构性改革论纲》，广东经济出版社 2017 年版。

李锦：《国企供给侧改革难点与对策》，研究出版社 2016 年版。

林毅夫等：《供给侧结构性改革》，民主与建设出版社 2016 年版。

刘春芝：《供给侧改革的经济策略研究》，中国社会科学出版社 2019 年版。

刘远祥、孙冰川：《2019 年度山东省城乡居民体育消费报告》，山东大学出版社 2021 年版。

刘中显：《中国产业转型发展：理论与实践》，中国市场出版社 2013 年版。

卢嘉鑫、张社平：《体育产业发展——理论与政策》，北京大学出版社 2011 年版。

马晓河等：《大转型：供给侧结构性改革》，中国社会科学出版社 2017 年版。

齐骥：《文化产业供给侧改革研究：理论与案例》，中国传媒大学出版社2017年版。

任保平、郭晗、魏婕等：《供给侧结构性改革促进经济增长的理论研究与实践探索》，中国经济出版社2016年版。

芮明杰、王小沙主编：《2016中国产业发展年度分析报告——需求变化的视角》，上海财经大学出版社2017年版。

滕泰：《民富论：新供给主义百年强国路》，东方出版社2013年版。

滕泰、范必等：《供给侧改革》，东方出版社2016年版。

吴敬琏等：《供给侧改革：经济转型重塑中国布局》，中国文史出版社2016年版。

朱克力主编：《供给侧改革引领"十三五"》，中信出版集团2016年版。

曾宪奎：《新常态和供给侧结构性改革》，人民日报出版社2020年版。

张瑞林主编：《体育管理学》（第三版），高等教育出版社2015年版。

张园：《供给侧改革视角下我国养老服务产业化模式与路径研究》，经济科学出版社2018年版。

中共北京市委党校马克思主义理论研究中心：《中国供给侧结构性改革研究》，中国社会科学出版社2016年版。

蔡昉：《研判就业形势 防范失业风险》，《中国国情国力》2015年第5期。

陈劲：《协同创新与国家科研能力建设》，《科学学研究》2011年第12期。

陈颇：《我国区域体育用品制造业企业竞争力的比较研究》，《中国体育科技》2010年第2期。

程文广、刘兴：《需求导向的我国大众冰雪健身供给侧治理路径研究》，《体育科学》2016年第4期。

单元媛、赵玉林：《国外产业融合若干理论问题研究进展》，《经济评论》2012 年第 5 期。

范尧：《供给侧改革背景下体育用品供需困境与调和》，《体育科学》2017 年第 11 期。

付群、王萍萍、陈文成：《挑战、机会、出路：我国体育产业供给侧结构性改革研究》，《天津体育学院学报》2019 年第 1 期。

黄道明等：《"供给侧改革"视域下我国体育产业的供给困境与治理对策》，《中国体育科技》2018 年第 2 期。

黄海燕：《我国体育产业新阶段特征及发展趋势》，《体育学研究》2018 年第 1 期。

纪念改革开放 40 周年系列选题研究中心：《重点领域改革节点研判：供给侧与需求侧》，《改革》2016 年第 1 期。

贾康等：《实施供给侧改革战略方针需要基础性改革的支撑与配套》，《国家行政学院学报》2017 年第 6 期。

江小涓：《体育产业发展：新的机遇与挑战》，《体育科学》2019 年第 7 期。

姜同仁：《我国公共体育服务供给现状与结构优化对策》，《上海体育学院学报》2015 年第 3 期。

姜同仁、夏茂森、刘娜：《我国体育产业发展方式转变中的路径依赖及对策研究》，《天津体育学院学报》2017 年第 5 期。

荆林波：《我国体育产业发展现状、问题与对策建议》，《南京体育学院学报》（社会科学版）2016 年第 4 期。

李博：《"供给侧改革"对我国体育产业发展的启示——基于新供给经济学视角》，《武汉体育学院学报》2016 年第 2 期。

李丰荣、龚波：《中国职业足球"供给侧改革"的理论源流、选择动因与路径研究》，《武汉体育学院学报》2017 年第 12 期。

李格非：《供给侧结构性改革与中国体育产业发展》，《武汉体育学院学报》2016年第4期。

李乐虎、高奎亭、黄晓丽:《我国体育产业供给侧结构性改革的研究述评》,《首都体育学院学报》2019年第6期。

梁枢、王益民:《"互联网+"视域下体育制造业供给侧改革研究——O2O商业模式的开发与应用》,《体育与科学》2016年第4期。

刘亮、付志华、黎桂华:《供给侧改革视角下我国体育产业发展的新空间及动力培育》,《首都体育学院学报》2017年第1期。

刘亮、刘元元:《公平视角下我国体育资源非均衡现状及"供给侧"致因分析》,《西安体育学院学报》2016年第3期。

刘远祥、孙冰川、韩炜:《促进体育产业结构优化的政策研究》,《山东体育学院学报》2017年第1期。

刘远祥、孙冰川:《体育产业供给侧改革的动因与路径研究》,《山东体育学院学报》2019年第6期。

刘志彪:《中国语境下如何推进供给侧结构改革》,《探索与争鸣》2016年第6期。

明宇、司虎克:《国外体育品牌生产企业技术创新的竞争情报分析——以耐克、阿迪达斯、锐步、彪马、匡威的专利研发为例》,《西安体育学院学报》2015年第4期。

任保平、李禹墨:《新时代我国经济从高速增长转向高质量发展的动力转换》,《经济与管理评论》2019年第1期。

任波、戴俊、黄海燕:《中国体育产业供给侧结构性矛盾与改革路径》,《天津体育学院学报》2018年第5期。

任波、戴俊、黄海燕:《中国体育产业结构的形塑逻辑与供给侧改革路径》,《天津体育学院学报》2019年第1期。

任波等:《中国体育产业结构的内涵解析与供给侧优化》,《北京体育大学学报》2018年第4期。

任波、黄海燕:《我国体育产业结构性失衡与供给侧破解路径》,《体育学研究》2020年第1期。

沈克印、吕万刚:《体育产业供给侧结构性改革:学理逻辑、发展现实与推进思路》,《武汉体育学院学报》2016年第11期。

沈克印、吕万刚:《体育产业供给侧改革的现实诉求与实施策略——基于资源要素的视角》,《西安体育学院学报》2017年第6期。

史丹、赵剑波、邓洲:《推动高质量发展的变革机制与政策措施》,《财经问题研究》2018年第9期。

王昌林等:《供给侧结构性改革的基本理论:内涵和逻辑体系》,《宏观经济管理》2017年第9期。

王飞、池建:《我国体育产业发展的制度约束》,《首都体育学院学报》2014年第4期。

王茜、方千华:《体育技术创新水平的时空模式与国家专利战略的路径选择》,《西安体育学院学报》2011年第3期。

徐朝阳、张斌:《经济结构转型期的内需扩展:基于服务业供给抑制的视角》,《中国社会科学》2020年第1期。

杨承训、承谕:《紧紧依靠科技提升质量、协同供需》,《红旗文稿》2014年第17期。

张金桥:《陕西省体育产业开发的制度供给研究》,《四川体育科学》2009年第3期。

张康平:《全民健身公共服务供给侧结构性改革研究》,《体育文化导刊》2016年第11期。

习近平:《决胜全面建成小康社会 夺取新时代中国特色社会主义伟大胜利——在中国共产党第十九次全国代表大会上的报告》(2017年10月18日),《人民日报》2017年10月28日第1版。

习近平:《在庆祝改革开放40周年大会上的讲话》(2018年12月18日),

《人民日报》2018年12月19日第2版。

习近平:《在省部级主要领导干部学习贯彻党的十八届五中全会精神专题研讨班上的讲话》(2016年1月18日),《人民日报》2016年5月10日第2版。

习近平:《坚定不移推进供给侧结构性改革 在发展中不断扩大中等收入群体》,《人民日报》2016年5月17日第1版。

本报评论员:《经济运行呈现新特征》,《人民日报》2014年8月6日第1版。

陈启清:《促进金融资源"脱虚向实"》,《学习时报》2014年10月8日第3版。

董小麟:《着力优化供给主体结构和市场环境》,《南方日报》2016年3月14日第4版。

贾康:《供给侧改革的三个问题》,《学习时报》2016年1月18日第4版。

江小涓:《促进体育消费推动体育产业更高质量发展》,《中国体育报》2019年9月20日第6版。

李若愚:《要素价格改革是经济体制改革重要砝码》,《上海证券报》2013年11月19日第3版。

然玉:《六成健身房亏损 供大于求是症结》,《中国商报》2018年8月14日第2版。

沙金、姚瑶:《"健康中国"背景下全民健身供给侧改革研究》,《中国体育报》2017年4月28日第6版。

许召元:《为什么投资增速下降没有拖累经济增长》,《中国经济时报》2018年1月19日第5版。

殷俊海:《体育产业供给侧改革的方向》,《中国体育报》2016年4月22日第6版。

《2018年居民收入和消费支出情况》,https://www.gov.cn/xinwen/

2019 – 01/21/content_ 5359647. htm。

《2018 年全国居民人均消费支出 19853 元 比上年名义增长 8.4%》，http：//www. gov. cn/xinwen/2019 – 01/21/content_ 5359936. htm。

《2019 年全国体育场地统计调查数据》，https：//www. sport. gov. cn/n315/n9041/n9042/n9143/n9153/c968185/content. html。

《第六次全国体育场地普查数据公报》，https：//www. sport. gov. cn/n4/n210/n28/c328625/content. html。

《国务院关于 2019 年中央决算的报告》，http：//m. mof. gov. cn/czxw/202006/t20200622_ 3536392. htm。

《李克强：关于调整经济结构促进持续发展的几个问题》，https：//www. gov. cn/ldhd/2010 – 06/01/content_ 1618022. htm。

《商务部：部分出口产品同质化程度高 恶性竞争严重》，https：//www. rmzxb. com. cn/c/2016 – 08 – 19/987674. shtml。

《体育总局办公厅关于印发〈社会体育指导员工作评估报告（2011—2014 年）〉的通知》，https：//www. sport. gov. cn/qts/n4986/c670381/content. html。

《统计局工业司何平博士解读 2018 年工业企业利润数据》，https：//www. gov. cn/xinwen/2019 – 01/28/content_ 5361712. htm。

《习近平：在教育文化卫生体育领域专家代表座谈会上的讲话》，https：//www. gov. cn/xinwen/2020 – 09/22/content_ 5546157. htm。

《习近平主持召开中央财经领导小组第十一次会议》，https：//www. gov. cn/guowuyuan/2015 – 11/10/content_ 5006868. htm。

《习近平主持中共中央政治局第二次集体学习并讲话》，https：//www. gov. cn/guowuyuan/2017 – 12/09/content_ 5245520. htm。

《中共中央 国务院印发〈"健康中国 2030"规划纲要〉》，https：//www. gov. cn/zhengce/2016 – 10/25/content_ 5124174. htm。

《中国共产党第十八届中央委员会第三次全体会议公报》，https：//www.gov.cn/ducha/2015-06/09/content_2875841.htm。

《中国人权法治化保障的新进展》，http：//www.gov.cn/zhengce/2017-12/15/content_5247201.htm。

《中国商人眼中的中美制造业真实成本对比》，http：//jer.whu.edu.cn/jjgc/18/2016-01-21/2392.html。

《中华人民共和国2022年国民经济和社会发展统计公报》，https：//www.gov.cn/xinwen/2023-02/28/content_5743623.htm。

蔡昉：《供给侧结构性改革不是西方供给学派的翻版》，https：//theory.gmw.cn/2016-08/31/content_21736288.htm。

道客巴巴：《健身行业深度报告：空间广阔龙头未现，需求渐起布局当时》，https：//www.doc88.com/p-3959649230163.html。

共产党员网：《读懂习近平关于供给侧结构性改革重要论述》，https：//news.12371.cn/2016/03/10/ARTI1457562696369324.shtml。

共产党员网：《习近平谈供给侧结构性改革》，https：//news.12371.cn/2017/12/19/ARTI1513642515489574.shtml。

共产党员网：《习近平治国理政关键词：供给侧结构性改革》，https：//news.12371.cn/2016/03/21/ARTI1458514421708226.shtml。

谷业凯：《我国发明专利有效量达421.2万件　每万人口高价值发明专利拥有量达9.4件》，https：//baijiahao.baidu.com/s?id=1757664-437972757442&wfr=spider&for=pc。

国家体育总局、国家统计局：《2018年全国体育产业总规模和增加值数据公告》，https：//www.sport.gov.cn/n315/n20001395/c20010571/content.html。

国家体育总局、国家统计局：《2022年全国体育产业总规模与增加值数据公告》，https：//www.sport.gov.cn/n315/n20001395/c27260758/

content. html。

国家体育总局：《2014 年全民健身活动状况调查公报（2015 年 11 月 6 日）》，https：//www. sport. gov. cn/n315/n329/c216783/content. html。

国家体育总局：《"十四五"体育发展规划》，https：//www. sport. gov. cn/zfs/n4977/c23655706/part/23656158. pdf。

华经情报网：《2022 年中国体育场馆运营主要产业政策及行业全景产业链分析》，https：//baijiahao. baidu. com/s？id = 1760216018770792709&wfr = spider&for = pc。

黄倩蔚：《P2P 试水知识产权质押融资》，http：//cpc. people. com. cn/n/2015/0123/c87228 - 26434972. html。

江苏省体育局：《2018 年江苏省城乡居民体育消费统计公报》，http：//jsstyj. jiangsu. gov. cn/art/2019/11/25/art_ 79626_ 9391891. html。

江苏省体育局：《2018 年江苏省城乡居民体育消费统计公报》，http：//jsstyj. jiangsu. gov. cn/art/2019/11/25/art_ 79626_ 9391891. html。

李超：《德尔惠们的膨胀与陨落：晋江鞋企的昙花十年》，https：//baijiahao. baidu. com/s？id = 1589756080847768930&wfr = spider&for = pc。

李相如：《我国休闲体育的时代特点与发展趋势》，https：//www. sport. gov. cn/n20001280/n20745751/n20767279/c21256817/content. html。

李远飞：《2014 年 20 岁以上人群 39. 9% 有体育消费人均费 926 元》，http：//politics. people. com. cn/n/2015/1117/c70731 - 27825570. html。

彭江：《为企业融资"消肿止痛"》，https：//www. gov. cn/xinwen/2018 - 05/11/content_ 5290044. htm。

山东省人民政府：《山东首次体育消费专项调查报告出炉》，http：//www. shandong. gov. cn/art/2021/8/29/art_ 97564_ 428046. html。

深圳新闻网：《深圳居民体育消费 2017 年调查数据发布 人均超 2500 元》，https：//www. sznews. com/news/content/2018 - 12/23/content_

21299499. htm。

搜狐网：《科技创新，为什么是应对中国人口问题的最佳路径?》，https：//www. sohu. com/a/302483218_ 120072214。

搜狐网：《新时代我国体育场馆运营模式的变革》，https：//www. sohu. com/a/357186368_ 505583。

搜狐网：《2017全球最具价值品牌榜发布 华为腾讯等4家深企入围百强》，https：//www. sohu. com/a/125625868_ 114731。

孙博洋：《2017年全年社会消费零售总额增长10. 2% 网上零售额超7万亿》，http：//finance. people. com. cn/n1/2018/0118/c1004 - 29773408. html。

腾讯网：《黑天鹅之下，2020年健身品牌如何应对挑战》，https：//new. qq. com/rain/a/20200418A0LXVE00。

王菲：《体育产业大洗牌! 有创业公司曾经估值2.5亿，如今只能借款为生!》，https：//baijiahao. baidu. com/s? id =1605135225050258764&wfr = spider&for = pc。

网易网：《圈钱跑路，续费率仅15%，平均存活半年时间，健身房怎么了?》，https：//m. 163. com/dy/article/EGTEJGSU0511LN6J. html。

晓旭：《以新兴体育项目带动体育产业发展——访国家体育总局体育科学研究所研究员杨越》，https：//baijiahao. baidu. com/s? id = 1702774690148162483&wfr = spider&for = pc。

新浪财经：《美诺奖经济学家：若不改善需求 供给侧改革会增加失业》，http：//finance. sina. com. cn/china/gncj/2016 - 03 - 19/doc - ifxqnski7738741. shtml。

张旭东、赵超、安蓓、何雨欣、王希、王立彬、于佳欣：《供给侧结构性改革如何发力——从中央经济工作会议看政策"含金量"》，https：//www. gov. cn/zhengce/2015 - 12/22/content_ 5026383. htm。

赵银平：《三个"五"——习近平供给侧改革的顶层设计》，http：//www. xinhuanet. com/politics/2016 - 12/16/c_ 1120126006. htm。

中国政府网：《李克强主持召开经济工作专家座谈会：供需两端发力推进结构性改革促进经济长期平稳健康发展》，https：//www. gov. cn/guowuyuan/2015 - 12/03/content_ 5019572. htm。

中央编办理论学习中心组：《加快转变政府职能　推动供给侧结构性改革——深入学习贯彻习近平同志关于供给侧结构性改革的重要论述》，https：//news. 12371. cn/2016/10/26/ARTI1477432302275790. shtml。

周慧、穆阳芬：《经济发展"新风口"：2018年体育消费有望达万亿》，https：//finance. sina. com. cn/roll/2018 - 08 - 03/doc - ihhehtqf9985072. shtml。

周阳：《〈2017年上海市全民健身发展报告〉发布》，https：//www. sport. gov. cn/n20001280/n20745751/n20767277/c21338791/content. html。

Martin, Roger L. , "When Talent Started Driving Economic Growth", *Harvard Business Review Digital Articles*, Vol. 30, 2014.

Michael E. Porter, *The Competitiveness Advantage of Nations*, New York: Free Press, 1990.

North, D. C. , *Institutions, Institutional Change and Economic Performance*, London: Cambridge University Press, 1990.

Porter M. , *The Competitiveness Advantage of Nations*, New York: Free Press, 1990.

参考文献

松涛平(二〇一七).五.——以省部级贪腐案件为视角[J]. http://www.xinhuanet.com/politics/2016-12/16/c_1120128006.htm.

国务院印发《新形势下加强打击侵犯知识产权和制售假冒伪劣商品工作意见的通知》国务院办公厅[EB/OL]. https://www.gov.cn/gongbao/2015-12/03/content_5019772.htm.

中共国务院关于印发《国家监察体制改革试点方案》的通知——从人大立法角度对第十届全国人大常委会第四次会议修改选举法, https://www.12371.cn/2016/10/26/ARTI1477432302275700.shtml.

陶短房.《盗亦有道,"劫富济贫"》2013年俄罗斯经济寡头沉沦记[J]. https://finance.sina.com.cn/roll/2018-05-03/doc-iffkmkkk9558572.shtml.

刘绍江.(2017年上半年中央国企改革要点)[E/OL]. http://www.xinhuanet.gov.cn/fortune/2007-05/20/c_129675772_621557791/content.html.

Martin, Roger L., "When Talent Started Driving Economic Growth", Harvard Business Review, Digital Articles, Vol. 20, 2014.

Michael E. Porter, The Competitiveness Advantage of Nations, New York: Free Press, 1990.

North, D. C., Institutions, Institutional Change and Economic Performance, London: Cambridge University Press, 1990.

Porter, M., The Competitiveness Advantages of Nations, New York: Free Press, 1990.